航空工业·中航信托
AVIC
行稳 致远
中航信托，不辜负每一份信任
信托 AVIC TRUST | 中航财富 AVIC WEALTH | 中航资管 AVIC ASSET MANAGEMENT
热线：400-8855-258 www.avictc.com
中航信托公众号
中航财富公众号
中航资管公众号

LTC 陆家嘴信托
心所善
可信托
行知远
「扫描关注我们」
私募银行 财富管理 资产管理 家族信托 慈善信托
客户专享热线：400-822-7788

昆仑信托
KUNLUN TRUST CO.,LTD.
金鼠送福迎新年，昆仑财富常相伴。昆仑信托全体员工感谢新老朋友的信任，并致以新年的祝福！
昆仑信托坚持“以诚树人，以实立业，以信兴企”的经营管理理念，争做“金融街上的石油人”，产融业务多点开花，融融协同亮点纷呈，为广大石油员工提供了一条低风险、高收益的理财渠道。
新一年，昆仑信托蹄疾而步稳，勇毅而笃行，以源远流长的信仰、分享共赢的信任、大信有成的信誉、不忘初心的信念，信守承诺，砥砺奋进，再谱新篇。
信誉无价
托付有道
昆仑信托金融理财中心
微信公众号
昆仑信托金融理财中心
微信服务号
地　址 北京市 西城区 金融大街1号石油金融大厦B座　邮　编 100033
地　址 浙江省 宁波市 鄞州区 民安东路268号
宁波国际金融服务中心北区E座28－31层　邮　编 315042
理财咨询电话 北京 010－6359777/63597666
宁波 0574－87031714/87031730

# 2020 年中国信托公司经营蓝皮书

中国人民大学信托与基金研究所　编著

战略合作伙伴：中航信托股份有限公司

中国经济出版社
CHINA ECONOMIC PUBLISHING HOUSE
北 京

**图书在版编目（CIP）数据**

2020年中国信托公司经营蓝皮书/中国人民大学信托与基金研究所编著．--北京：中国经济出版社，2020.9

ISBN 978-7-5136-6196-6

Ⅰ．①2… Ⅱ．①中… Ⅲ．①信托公司-经营管理-研究报告-中国-2020 Ⅳ．①F832.39

**中国版本图书馆CIP数据核字（2020）第101242号**

责任编辑　严　莉
责任印制　巢新强
封面设计　任燕飞装帧设计室

**出版发行**　中国经济出版社
**印 刷 者**　北京九州迅驰传媒文化有限公司
**经 销 者**　各地新华书店
**开　　本**　787mm×1092mm　1/16
**印　　张**　15.75　**彩页印张**　0.25
**字　　数**　335千字
**版　　次**　2020年9月第1版
**印　　次**　2020年9月第1次
**定　　价**　198.00元
**广告经营许可证**　京西工商广字第8179号

**中国经济出版社**　**网址** www.economyph.com　**社址** 北京市东城区安定门外大街58号　**邮编** 100011
本版图书如存在印装质量问题，请与本社销售中心联系调换（联系电话：010-57512564）

# 前言

截至2020年4月30日，尽管受到新冠肺炎疫情影响，我国68家信托公司中仍有66家按照规定时间披露了年度报告，这66家信托公司绝大部分实现盈利。2019年信托公司的经营业绩依然骄人，信托业管理的信托资产规模有序回落，全行业信托资产管理规模仍保持在20万亿元大关之上，在极其复杂多变的国际、国内市场环境下保持了平稳发展。

2019年，在国际经济环境更趋严峻，国内宏观经济仍然徘徊于下降通道、增速持续放缓的同时，行业监管更趋严苛，房地产信托规模总量受到控制，融资类信托业务逐步收紧。与此同时，商业银行理财子公司正式落地运营，信托公司面临空前的挑战和竞争压力。信托业作为仅次于银行业的第二大金融行业，受宏观经济下行压力等诸多因素影响，2019年全年信托全行业营业收入总规模和全行业利润增幅都出现回落趋缓的态势，个别指标较上一年出现负增长，甚至出现多家公司经营亏损的情况。信托业必须转型创新，走内涵式、精细化、高科技的发展道路已成为行业共识。《信托公司资金信托管理办法（征求意见稿）》于2020年5月已经推出，其他多项信托监管新政亦在酝酿之中，监管部门不断搭建与时俱进的监管框架，为未来信托业实现健康持续发展铺平了道路。

面对2019年以来泛资管市场和监管部门密集出台的系列监管新政，以及变化多端的市场环境，信托公司经受住了全面的考验，信托业整体大盘仍然基本稳定，增长幅度进入稳定期，核心指标实现平稳增长。就信托公司的整体经营而言，综合业绩仍然骄人。

本报告是中国人民大学信托与基金研究所精心打造的系列报告，迄今已经连续出版了16部。2020年的报告在总结前15部经验的基础上，进一步改进和提升了实证分析模型及研究分析的方法和手段。强调横向分析与纵向比较相结合，通过财务状况实证分析、经营成果实证分析、盈利能力与收益水平分析、经营效率与经营质量以及风险分析等多个方面几十个具体指标，进行了系统、全面、深入、规范、客观、真实的归纳、汇总、概括、提炼、分类、排序和分析。报告突出运用实证分析的方法，客观公正地反映了当前我国信托公司概貌，力求为各信托公司和广大投资者以及监管部门提供一部系统全面、客观真实的研究报告和数据体系。

本报告对进一步加深社会各界和投资者对信托业的了解，全面提升信托公司整体形象，促进各信托公司之间的了解交流、相互借鉴、取长补短等方面，都是一部不可多得的重要学术研究报告和业务参考书。

本报告所引用数据严格依据各信托公司年报公开披露的资料，或在披露数据基础上加以计算。本报告对各公司所披露年报中数据资料的真实性、口径方法的适用性及内容指标的完整性原则上不做主观评判。报告采集数据原则以银保监会规定的信息披露截止日2020年4月30日为最后期限。

本报告力求全面、真实、准确地反映行业全貌，但由于本报告时效性极强，编纂时间紧张，所涉及数据十分庞杂繁复，在数据采集过程中难免有疏漏之处，故所有原始数据最终均以各信托公司公布的年报及年报摘要原文为准。限于篇幅，本报告在附录部分只随机收录了少部分信托公司的年报摘要。

本报告在编纂过程中，得到了中国银保监会信托监管部、中国信托业协会、中航信托有限责任公司、昆仑信托有限责任公司、国投泰康信托有限责任公司以及中国经济出版社毛增余总编辑、严莉编辑的大力支持，在此一并表示衷心的感谢。

中国人民大学信托与基金研究所

2020年7月

# 目　录

第一章　行业纵览 …………………………………………………… (1)

第二章　主要财务指标分析 ……………………………………………… (11)

第一节　资本利润率 ………………………………………………… (13)

第二节　信托报酬率 ………………………………………………… (19)

第三节　人均净利润 ………………………………………………… (25)

第三章　信托资产的分布与运用分析 …………………………………… (31)

第一节　信托资产规模分析 ………………………………………… (33)

第二节　信托资产分布分析 ………………………………………… (35)

第三节　信托资产运用分析 ………………………………………… (41)

第四章　信托资产盈利能力分析 ………………………………………… (49)

第一节　信托收入 …………………………………………………… (51)

第二节　信托项目收益率 …………………………………………… (54)

第三节　新增信托项目 ……………………………………………… (56)

第五章　自营资产分布与运用分析 ……………………………………… (61)

第一节　自营资产规模 ……………………………………………… (63)

第二节　自营资产分布 ……………………………………………… (82)

**第六章　公司收入结构分析** …………………………………………………………（113）
第一节　信托公司营业收入 ……………………………………………………（115）
第二节　信托公司利润总额与净利润 …………………………………………（122）
第三节　信托业务收入 …………………………………………………………（136）

**第七章　风控与资产质量分析** ………………………………………………………（141）
第一节　净资本 …………………………………………………………………（143）
第二节　自营业务不良资产 ……………………………………………………（144）

**第八章　人力资源分析** ……………………………………………………………（149）
第一节　人力资源基本情况 ……………………………………………………（151）
第二节　人力资源岗位分布 ……………………………………………………（153）

**第九章　公司治理结构分析** …………………………………………………………（157）
第一节　信托公司股权结构分析 ………………………………………………（159）
第二节　董事会结构分析 ………………………………………………………（165）

**第十章　非财务信息披露情况分析** …………………………………………………（171）
第一节　影响公司发展的有利因素分析 ………………………………………（173）
第二节　影响公司发展的不利因素分析 ………………………………………（181）

**附　录　2019 年部分信托公司年报摘要** ………………………………………………（191）
国通信托有限责任公司 2019 年年度报告 ……………………………………（193）
杭州工商信托股份有限公司 2019 年年度报告 ………………………………（216）

# 第一章　行业纵览

截至2020年5月底,共有67家信托公司披露了年度财务报告。由于受疫情等不可抗力的影响,信托公司的年报披露时间与以前年度相比出现了一定的滞后现象。从2019年信托行业的财报数据来看,受到宏观经济下行、金融监管政策收紧等多重作用的影响,信托公司普遍对其经营战略和方向进行了一定的调整,更加注重业务发展的"质"而非"量"。具体表现出资本实力有所增强、信托规模持续下降、业务结构不断调整、盈利水平相对稳定的特征。然而,基于行业内公司在资本实力以及管理水平上的差异,行业内部分化格局进一步凸显。

## 一、2019年资本实力行业纵览

信托行业2019年注册资本变动情况如图1-1所示。2019年底,信托行业注册资本总额为2780.35亿元,同比增长4.39%;注册资本均值为42.19亿元,同比增长7.55%。一方面,2019年信托公司资本实力仍然保持增长态势;另一方面,受到内外部环境因素的冲击,注册资本增长速度相比以前年度有所下滑。

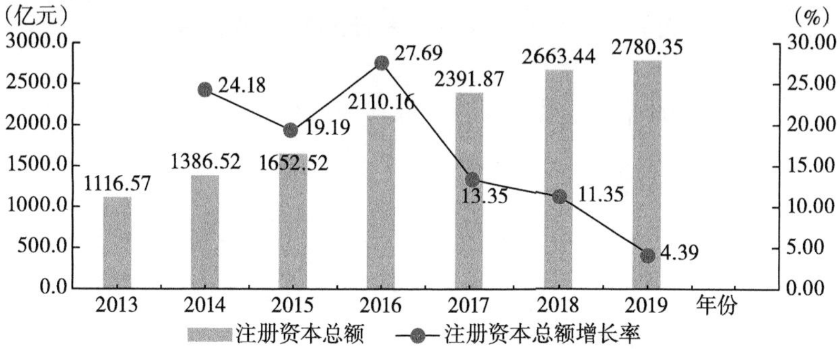


**图1-1 2013—2019年信托行业注册资本变动趋势**

信托行业2019年自营资产规模变动情况如图1-2所示。2019年,信托行业自营资产规模总额为7382.46亿元,相比2018年增长2.63%;信托公司平均自营资产规模为

113.58亿元,相比2018年增长7.36%。

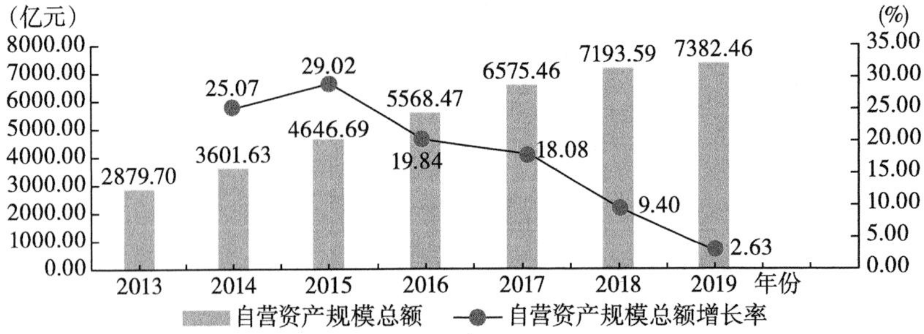


**图1-2 2013—2019年信托行业自营资产变动趋势**

信托行业2019年净资产规模变动情况如图1-3所示。2019年,信托行业净资产规模总额为6077.11亿元,同比增长5.98%;信托公司平均净资产规模为93.49亿元,同比增长10.88%。

**图1-3 2013—2019年信托行业净资产变动趋势**

从行业内部来看,2019年信托行业注册资本、自营资产总额与净资产均有所上升,表明信托公司的资本实力在2019年均有所增强。2019年有8家信托公司实现增资,合计增加注册资本178.95亿元。此外,行业内领先公司资本扩张程要显著高于行业平均水平。如表1-1所示,2019年注册资本排名前10的信托公司均值为104.10亿元,增长率为7.55%;自营资产规模排名前10的信托公司均值为250.26亿元,增长率为7.83%;净资产规模排名前10的信托公司均值为214.31亿元,增长率为14.72%。由此可见,行业内领先公司无论是从资本规模上还是增长幅度上均显著高于行业平均水平,预期在未来一段时间内,信托行业资本实力异质性还将进一步增强。

综上所述，2019 年信托行业资本实力表现出以下三个显著特征：首先，2019 年信托公司资本实力增强的态势没有发生变化，但是其增长速度相比 2018 年略有下滑；其次，信托行业净资产的增长速度高于自营资产总额的增长速度，结合 2019 年信托公司平均资产负债率下降的状况，表明 2019 年信托公司在增强资本实力的同时也在进行资本结构调整，其财务杠杆和财务风险均有所下降；最后，在信托行业资本实力普遍增强的状况下，公司间个体差异有所扩大，对于各个信托公司而言，如何适应内外部环境的变化，保持自身的资本实力与竞争能力，成为未来一段时间内影响其发展的关键因素。

**表 1-1　　2019 年领先公司与行业均值资本实力对比分析**

| | 注册资本 | | 自营资产规模 | | 净资产规模 | |
|---|---|---|---|---|---|---|
| | 金额(亿元) | 同比(%) | 金额(亿元) | 同比(%) | 金额(亿元) | 同比(%) |
| **前 10 位均值** | 104.10 | 7.55 | 250.26 | 7.83 | 214.31 | 14.72 |
| **行业均值** | 42.13 | 6.84 | 113.58 | 7.36 | 93.49 | 10.88 |

## 二、2019 年信托资产规模行业纵览

信托行业 2013—2019 年平均信托资产变动趋势如图 1-4 所示。2019 年，信托资产规模整体有所下降，平均信托资产规模为 3227.34 亿元，相比 2018 年下降 3.42%。值得一提的是，自 2009—2014 年，平均信托资产规模以 30% 左右的速度迅速增长。从 2015 年开始，平均信托资产规模进入波动区间，该指标在 2015 年大幅下跌后，2016 年与 2017 年持续增长，2018 年与 2019 年则再次进入下行通道。相比 2018 年 13.54% 的下降幅度，2019 年信托资产规模收缩的趋势已经有所放缓。

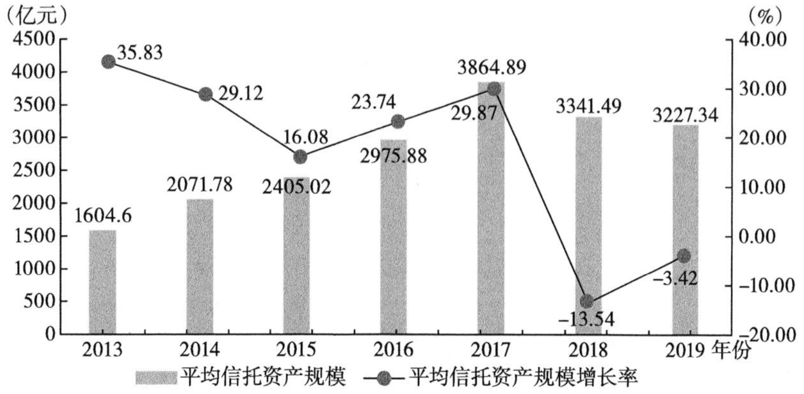


**图 1-4　2013—2019 年信托行业平均信托资产变动趋势**

表1－2为2019年信托行业信托资产增速分布情况。其中，公布该数据的66家信托公司中有20家信托资产相比2018年有所上升，有46家信托资产相比2018年有所下降。因此，有将近70%的信托公司在2019年信托资产规模出现下降。下降10%以内和10%～30%的信托公司数量最多，分别达到20家与21家。在信托资产规模增长的信托公司中，只有2家的增长幅度达到30%以上，而在信托资产规模下降的信托公司中，有5家的下降幅度超过30%。由此可见，信托公司在2019年普遍减少了信托资产规模，并且其负向调整程度要高于正向调整。

**表1－2　　2019年信托行业信托资产增速分布**

| 增速分布 | 公司数量 | 比重（%） |
|---|---|---|
| 增长30%以上 | 2 | 3.03 |
| 增长10%～30% | 9 | 13.64 |
| 增长10%以内 | 9 | 13.64 |
| 下降10%以内 | 20 | 30.30 |
| 下降10%～30% | 21 | 31.82 |
| 下降30%以上 | 5 | 7.58 |
| 合计 | 66 | 100.00 |

表1－3为2019年新增信托资产规模分析。如表所示，虽然2019年信托资产整体规模相比2018年有所下降，但是新增信托资产规模却略有上升。由此可见，2019年信托资产数据下滑主要还是受到以前年度的惯性影响。其中，新增集合信托规模由2018年的3.55亿元上升至2019年的4.37亿元，占比也从2018年的43.83%增长至2019年的53.62%，表明集合信托是2019年信托公司的重点发展领域。新增单一信托规模由2018年的2.46亿元下降至2019年的1.81亿元，占比也从2018年的30.37%下降至2019年的22.21%，出现了较为明显的下滑。新增财产权信托规模则由2018年的2.08亿元下降至2019年的1.97亿元，占比也由2018年的25.68%下降至2019年的24.17%。由此可见，2019年新增信托资产规模的增长主要通过集合信托拉动，而新增单一信托与财产权信托无论是规模还是占比均进入下行通道。

**表1－3　　2018—2019年新增信托资产规模分析**

| | 2019年（亿元） | 占比（%） | 2018年（亿元） | 占比（%） |
|---|---|---|---|---|
| **集合** | 4.37 | 53.62 | 3.55 | 43.83 |
| **单一** | 1.81 | 22.21 | 2.46 | 30.37 |

续表

| | 2019 年 | 占比(%) | 2018 年 | 占比(%) |
|---|---|---|---|---|
| 财产权 | 1.97 | 24.17 | 2.08 | 25.68 |
| 合计 | 8.15 | 100.00 | 8.10 | 100.00 |

## 三、2019 年业务结构行业纵览

2019 年,信托行业主动管理信托比重提高,融资类信托业务有所增长。

表 1-4 列示了 2019 年信托行业主动管理类信托资产规模与占比变化情况。2019 年,披露相关数据的 64 家信托公司中,有 5 家主动管理类信托资产规模占比超过 80%,而 2018 年仅有 1 家信托公司达到此标准。2019 年,主动管理类信托资产规模占比在 50%~80% 的公司为 17 家,显著高于 2018 年的 12 家。而 2019 年主动管理类信托资产规模占比在 30% 以下的公司总计为 18 家,显著低于 2018 年的 28 家。以上数据表明,信托公司在 2019 年的经营过程中更加注重自身主动管理能力的提升,信托行业的转型趋势逐步显现。

**表 1-4　2018—2019 年主动管理类信托资产规模与占比分析**　单位:亿元

| 占比分布 | 2019 年 | | 2018 年 | |
|---|---|---|---|---|
| | 公司数量 | 占比(%) | 公司数量 | 占比(%) |
| 80% 以上 | 5 | 7.81 | 1 | 1.56 |
| 50%~80% | 17 | 26.56 | 12 | 18.75 |
| 30%~50% | 24 | 37.50 | 23 | 35.94 |
| 10%~30% | 15 | 23.44 | 23 | 35.94 |
| 10% 以下 | 3 | 4.69 | 5 | 7.81 |
| 合计 | 64 | 100.00 | 64 | 100.00 |

表 1-5 列示了 2019 年主动管理类信托资产规模按功能分类的增长区间情况。其中,证券投资类主动管理信托资产为 1.42 万亿元,相比 2018 年增长 1.75%;股权投资类主动管理信托资产为 0.71 万亿元,相比 2018 年下降 30.61%;融资类主动管理信托资产为 5.12 万亿元,相比 2018 年增长 48.21%;事务管理类主动管理信托资产为 0.11 万亿元,相比 2018 年下降 18.91%。

从行业内部信托公司主动管理类信托资产的调整上看,2019 年有 4 家信托公司的融资类信托资产规模增幅超过 1000 亿元,有 27 家信托公司增幅超过 100 亿元,只有 17 家信托公司减少了融资类信托资产,占比 26.57%。对于证券投资类信托资产而言,有 22 家信托公司在2019年减少了证券投资类信托资产，占比37.29%；此外还有1家信托公司的证券投资类信托资产减少超过1000亿元人民币。对于股权投资类信托资产而言，有30家信托公司在2019年减少了股权投资类信托资产，占比60%。对于事务管理类信托资产而言，有12家信托公司在2019年减少了事务管理类信托资产，占比24.49%。

综上所述，无论是从信托资产规模、信托资产增速还是行业内信托公司的调整速度来看，2019年大部分信托公司都将业务重点放在融资类信托中，融资类资产规模的增长成为行业内的普遍现象。

**表1-5　2019年主动管理类信托资产规模按功能分类增长区间分析**

| 增长区间 | 证券投资类 | | 股权投资类 | | 融资类 | | 事务管理类 | |
|---|---|---|---|---|---|---|---|---|
| | 数量 | 占比（%） | 数量 | 占比（%） | 数量 | 占比（%） | 数量 | 占比（%） |
| ≥1000亿元 | 1 | 1.69 | 0 | 0.00 | 4 | 6.25 | 0 | 0.00 |
| 100亿元（含）~1000亿元 | 6 | 10.17 | 3 | 6.00 | 27 | 42.19 | 0 | 0.00 |
| 0（含）~100亿元 | 30 | 50.85 | 17 | 34.00 | 16 | 25.00 | 37 | 75.51 |
| -100亿元（含）~0 | 18 | 30.51 | 25 | 50.00 | 13 | 20.31 | 11 | 22.45 |
| -100亿元（含）~1000亿元 | 3 | 5.08 | 5 | 10.00 | 4 | 6.25 | 1 | 2.04 |
| <-1000亿元 | 1 | 1.69 | 0 | 0.00 | 0 | 0.00 | 0 | 0.00 |
| 合计 | 59 | 100.00 | 50 | 100.00 | 64 | 100.00 | 49 | 100.00 |

## 四、2019年盈利能力行业纵览

图1-5列示了2013—2019年信托行业平均信托收入变动情况。2013年，信托行业平均信托收入为1089973万元，之后在2014年与2015年连续两年实现增长。从2016年开始，信托行业平均信托收入进入波动区间，呈现出上升与下降交替出现的局面。2018年信托行业平均实现信托收入1624831万元，2019年增长至2217505万元，同比增长36.48%。由此可见，2019年信托收入水平实现了较大幅度的增长。

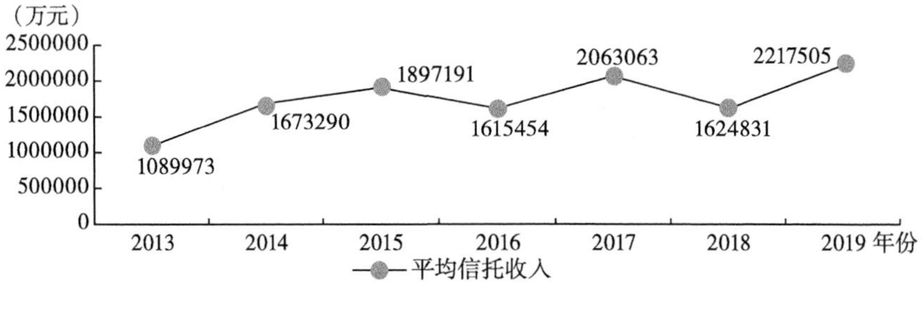


**图1-5　2013—2019年平均信托收入变动轨迹**

图 1 -6 列示了 2013—2019 年信托行业平均资本利润率变动趋势。作为衡量信托公司盈利能力的主要指标,资本利润率主要反映企业所有者剩余权益的获利水平。2009 年以来,以 2012 年为拐点,信托公司的资本利润率经历了 2 个阶段的波动, 2009—2012 年小幅持续上涨,2012—2018 年持续小幅下降至 2018 年的 10. 36% 。2019 年,信托行业平均资本利润率进一步下降至 9. 55% 。由此可见,信托行业单位资本盈利能力弱化的现象在 2019 年没有得到根本转变。

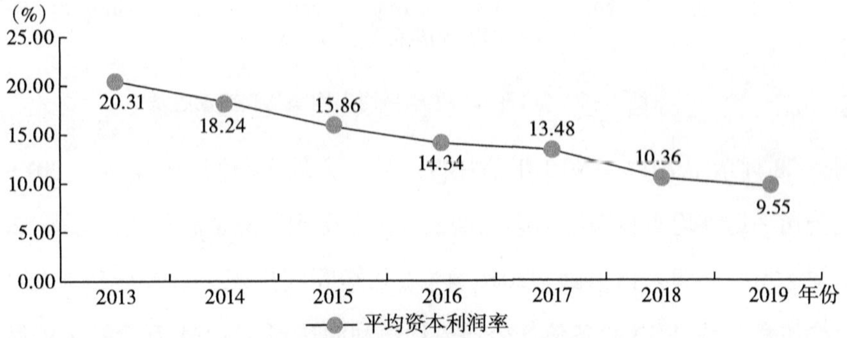


**图 1 -6 2013—2019 年平均资本利润率变动趋势**

图 1 -7 列示了 2013—2019 年信托行业平均信托报酬率变动趋势。2013—2017 年,各信托公司平均信托报酬率在 1% 左右波动,最低值为 2017 年的 0. 62% ,最高值为 2013 年的 0. 88% 。2019 年,平均信托报酬率相比 2018 年有所增长,达到 0. 56% 。经历了 2018 年 0. 52% 的最低值后,该指标在 2019 年虽有小幅回升,但平均信托报酬率持续下行的趋势没有得到根本逆转,信托公司如何在收入增长的同时提高自身的盈利能力仍是未来一段时间需要解决的重要问题。

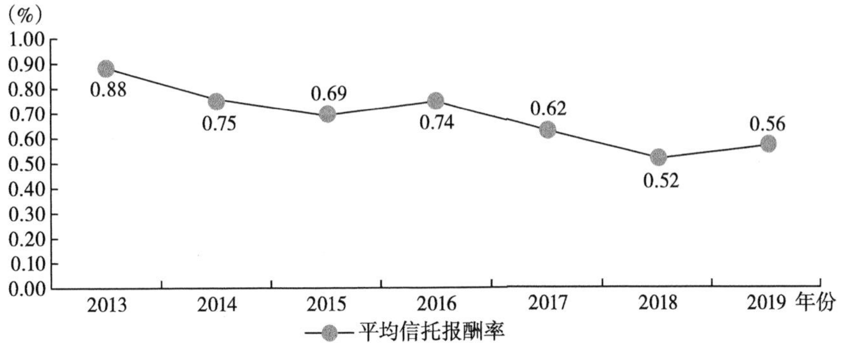


**图 1 -7 2013—2019 年平均信托报酬率变动趋势**

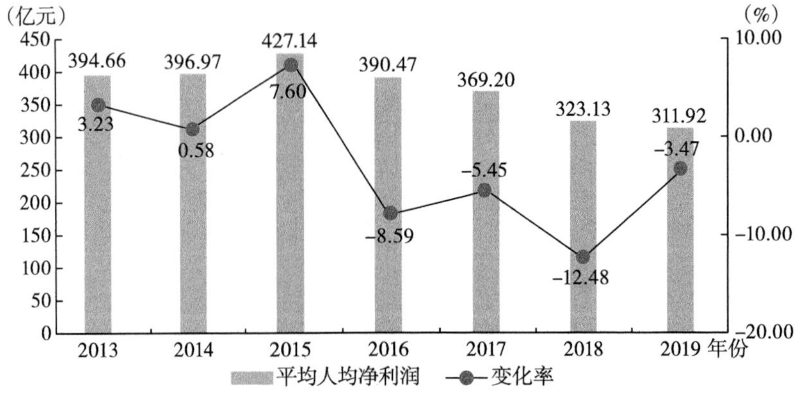


**图1-8 2013—2019年平均人均净利润变动趋势**

图1-8列示了2013—2019年信托行业平均人均净利润变动趋势。2013—2015年，各信托公司平均人均净利润持续小幅增长。由于受到国际金融危机的影响，2008年信托公司平均人均净利润大幅下跌。2016年，人均净利润出现了近8年以来第二次大幅下跌。值得注意的是，2015年各信托公司人均净利润达到427.14万元的历史最高值，2016年在2015年的基础上出现大幅下跌，人均净利润已经恢复到4年前的水平。2017年与2018年，人均净利润分别下降至369.20万元和323.13万元，持续下降的态势并没有得到改善。2019年，信托行业平均人均净利润为311.92万元。一方面，信托行业人均净利润指标仍然出现下降；另一方面，2019年3.47%的降幅相比2018年12.48%的降幅已经有了一定的好转。由此可见，信托公司能否通过合理的经营策略实现人均净利润的回升，成为未来一段时间内需要关注的重要问题。①

① 本章参考了李珮、胡萍、陈彦蓉、和晋予、沈苗妙、崔继培、杨晓东、韩鸣飞、殷晓薇、张炜《2019年信托公司年报深度解读：转型与分化》中的部分指标与观点。

# 第二章　主要财务指标分析

财务指标是考察信托公司整体业绩表现的衡量标准。信托行业的财务考核指标主要包括资本利润率、信托报酬率以及人均净利润。

## 第一节 资本利润率

从本书截至2020年5月25日（以下统计时间口径相同）获得的2019年年报披露情况来看，除安信信托、陕西国信、雪松国信和国通信托以外，其余64家公司均披露了资本利润率这一指标。

资本利润率的主要统计数据如表2－1所示。作为反映信托公司盈利能力的重要指标，全行业平均资本利润率由2018年的10.51%下降至2019年的9.55%，已经连续5年持续下滑。资本利润率下降主要由于信托公司注册资本增加，使资本增长幅度远大于净利润增长幅度。从行业整体来看，在这64家公司中共有32家的资本利润率在10%以上，占比50%，比2017年的37家减少5家。其中，超过20%的信托公司有3家，占比4.69%，与2018年持平。

从资本利润率排名来看，2019年长城新盛资本利润率相较2018年同比下降8.55个百分点，达到22.37%，虽然大幅下降，但长城新盛仍连续3年稳坐年度资本利润率最高的信托公司宝座。万向信托在2019年资本利润率上升2.42个百分点，以21.24%的资本利润率仍保持行业第二名。

纵观信托行业整体情况，2019年各公司资本利润率标准差为5.48%，相比2018年各公司资本利润率离散程度有所下降。该指标近几年基本维持集中的态势，具体数据如表2－1所示。

表 2－1　　2015—2019 年信托公司资本利润率统计分析

| 项目 | 2015 年 | 2016 年 | 2017 年 | 2018 年 | 2019 年 |
|---|---|---|---|---|---|
| 平均值（%） | 15.86 | 14.34 | 13.48 | 10.51 | 9.55 |
| 平均值增长（%） | －2.38 | －1.52 | －0.86 | －3.12 | －0.95 |
| 公司数目 | 66 | 65 | 64 | 66 | 64 |
| 最大值（%） | 28.21 | 28.70 | 30.96 | 30.92 | 22.37 |
| 最小值（%） | 0.57 | 0.80 | 0.80 | －11.03 | －5.88 |
| 标准差（%） | 6.10 | 6.01 | 5.54 | 6.20 | 5.48 |
| 变异系数 | 0.38 | 0.42 | 0.41 | 0.59 | 0.57 |

2019 年，资本利润率表现比较优异的信托公司前 5 名为：长城新盛（22.37%）、万向信托（21.24%）、光大兴陇（21.11%）、国联信托（18.41%）以及爱建信托（17.77%）。而 2018 年资本利润率表现比较优异的信托公司前 5 名为：长城新盛（30.92%）、中海信托（28.92%）、爱建信托（20.30%）、万向信托（18.82%）以及外贸信托（18.07%）。与 2018 年相比，前 5 名公司的组成有较大的变化。从行业整体来看，资本利润率水平也出现一定的下滑趋势。与此同时，2012 年资本利润率在15% ~30% 的公司为 34 家，2013 年达到 42 家，2014 年则为 34 家，2015 年达到 37 家，2016 年为 28 家，2017 年为 24 家，2018 年为 11 家，2019 年为 10 家。由此可见，自 2016 年起，在信托行业整体资本利润率不断下滑的同时，行业中坚阵营的数量也出现了持续下降。

从资本利润率增幅来看，2019 年，资本利润率增幅排名前 5 的公司为国联信托（14.25%）、光大兴陇（5.15%）、华宸信托（5.15%）、西藏信托（4.05%）和国投泰康（3.32%）。

由于信托公司资本利润率是净利润与平均资本的比率，因此公司净利润与注册资本规模的变化均会对资本利润率产生影响。信托公司通过增资或者股权资产出售等方式获取大规模资金后，通过有效的资产管理可以使业绩得到大幅提升。

资本利润率具体指标如表 2－2、表 2－3 所示。

表 2－2　　信托公司资本利润率序列表（2019 年）　　（%）

| 序号 | 公司简称 | 2019 年 | 2018 年 | 2017 年 |
|---|---|---|---|---|
| 1 | 长城新盛 | 22.37 | 30.92 | 30.96 |
| 2 | 万向信托 | 21.24 | 18.82 | 25.26 |
| 3 | 光大兴陇 | 21.11 | 15.96 | 10.96 |
| 4 | 国联信托 | 18.41 | 4.16 | 5.43 |

续表

| 序号 | 公司简称 | 2019 年 | 2018 年 | 2017 年 |
|---|---|---|---|---|
| 5 | 爱建信托 | 17.77 | 20.30 | 20.32 |
| 6 | 华能贵诚 | 16.42 | 17.62 | 17.90 |
| 7 | 西藏信托 | 16.31 | 12.26 | 22.71 |
| 8 | 五矿信托 | 16.01 | 14.49 | 未披露 |
| 9 | 中航信托 | 15.76 | 17.16 | 20.29 |
| 10 | 国投泰康 | 15.13 | 11.81 | 13.95 |
| 11 | 工商信托 | 14.70 | 14.57 | 16.89 |
| 12 | 云南国信 | 14.29 | 11.97 | 11.24 |
| 13 | 华润信托 | 13.81 | 11.22 | 12.95 |
| 14 | 紫金信托 | 13.49 | 12.01 | 12.21 |
| 15 | 江苏国信 | 12.64 | 12.74 | 15.22 |
| 16 | 中信信托 | 12.61 | 15.69 | 11.65 |
| 17 | 百瑞信托 | 12.52 | 13.66 | 15.81 |
| 18 | 粤财信托 | 12.42 | 11.43 | 18.74 |
| 19 | 陆家嘴信托 | 12.37 | 9.92 | 12.34 |
| 20 | 平安信托 | 12.05 | 14.23 | 16.83 |
| 21 | 外贸信托 | 11.82 | 18.07 | 19.48 |
| 22 | 中海信托 | 11.72 | 28.92 | 17.11 |
| 23 | 建信信托 | 11.62 | 15.18 | 15.86 |
| 24 | 重庆国信 | 11.57 | 12.93 | 17.13 |
| 25 | 中建投信托 | 11.28 | 13.05 | 16.14 |
| 26 | 英大信托 | 11.13 | 8.15 | 10.43 |
| 27 | 天津信托 | 10.64 | 12.05 | 12.43 |
| 28 | 厦门国信 | 10.56 | 9.90 | 15.95 |
| 29 | 上海国信 | 10.45 | 10.32 | 13.60 |
| 30 | 华鑫信托 | 10.30 | 10.83 | 14.40 |
| 31 | 北京国信 | 10.11 | 9.64 | 12.61 |
| 32 | 苏州信托 | 10.04 | 8.95 | 11.71 |
| 33 | 交银国信 | 9.80 | 10.02 | 11.44 |
| 34 | 中铁信托 | 9.48 | 16.11 | 20.48 |
| 35 | 东莞信托 | 9.03 | 11.04 | 10.11 |
| 36 | 华宝信托 | 9.03 | 12.65 | 13.35 |
| 37 | 渤海信托 | 8.87 | 8.62 | 13.60 |
| 38 | 中融信托 | 8.79 | 11.48 | 18.29 |
| 39 | 民生信托 | 8.49 | 10.46 | 17.56 |

续表

| 序号 | 公司简称 | 2019 年 | 2018 年 | 2017 年 |
|---|---|---|---|---|
| 40 | 华澳信托 | 7.70 | 11.34 | 10.83 |
| 41 | 昆仑信托 | 7.64 | 7.69 | 9.38 |
| 42 | 兴业信托 | 7.50 | 6.91 | 10.44 |
| 43 | 国民信托 | 7.13 | 4.76 | 4.73 |
| 44 | 长安国信 | 7.00 | 5.32 | 15.61 |
| 45 | 西部信托 | 6.95 | 6.43 | 5.45 |
| 46 | 山东国信 | 6.90 | 9.30 | 13.40 |
| 47 | 四川信托 | 6.72 | 10.27 | 14.27 |
| 48 | 国元信托 | 6.36 | 5.65 | 7.69 |
| 49 | 大业信托 | 5.64 | 8.58 | 24.57 |
| 50 | 中诚信托 | 5.61 | 6.78 | 8.07 |
| 51 | 北方国信 | 5.43 | 9.71 | 10.22 |
| 52 | 吉林信托 | 5.37 | 10.10 | 15.84 |
| 53 | 浙商金汇 | 4.93 | 7.75 | 11.19 |
| 54 | 中原信托 | 4.81 | 5.02 | 9.91 |
| 55 | 湖南信托 | 3.43 | 13.90 | 23.56 |
| 56 | 中粮信托 | 2.92 | 1.08 | 11.66 |
| 57 | 中泰信托 | 2.91 | 3.36 | 5.84 |
| 58 | 华融国信 | 2.47 | 12.74 | 15.22 |
| 59 | 新时代 | 1.75 | 4.51 | 7.16 |
| 60 | 山西信托 | 1.59 | 0.57 | 4.15 |
| 61 | 金谷信托 | 1.30 | 4.38 | 7.59 |
| 62 | 新华信托 | 0.26 | 0.98 | 1.85 |
| 63 | 华信信托 | -1.22 | 6.83 | 8.28 |
| 64 | 华宸信托 | -5.88 | -11.03 | 4.25 |
| 65 | 安信信托 | 未披露 | 未披露 | 未披露 |
| 66 | 陕西国信 | 未披露 | 未披露 | 未披露 |
| 67 | 雪松国信 | 未披露 | 0.96 | 未披露 |
| 68 | 国通信托 | 未披露 | 12.47 | 12.27 |

**表 2-3　信托公司资本利润率增长序列表（2019 年）** （%）

| 序号 | 公司简称 | 2019 年 | 2018 年 | 2017 年 |
|---|---|---|---|---|
| 1 | 国联信托 | 14.25 | -1.27 | -1.17 |
| 2 | 光大兴陇 | 5.15 | 5.00 | 2.91 |
| 3 | 华宸信托 | 5.15 | -15.28 | 1.37 |

续表

| 序号 | 公司简称 | 2019 年 | 2018 年 | 2017 年 |
|---|---|---|---|---|
| 4 | 西藏信托 | 4.05 | -10.45 | -0.50 |
| 5 | 国投泰康 | 3.32 | -2.14 | -0.01 |
| 6 | 英大信托 | 2.98 | -2.28 | -1.56 |
| 7 | 华润信托 | 2.59 | -1.73 | 2.78 |
| 8 | 陆家嘴信托 | 2.45 | -2.42 | -0.95 |
| 9 | 万向信托 | 2.42 | 0.08 | -3.44 |
| 10 | 国民信托 | 2.37 | 0.03 | -4.05 |
| 11 | 云南国信 | 2.32 | 0.73 | 0.88 |
| 12 | 中粮信托 | 1.84 | -10.63 | 1.78 |
| 13 | 长安国信 | 1.68 | -10.29 | -3.47 |
| 14 | 五矿信托 | 1.52 | 2.84 | 未披露 |
| 15 | 紫金信托 | 1.48 | -7.47 | -4.81 |
| 16 | 苏州信托 | 1.09 | -2.76 | -2.29 |
| 17 | 山西信托 | 1.02 | -0.04 | -2.15 |
| 18 | 粤财信托 | 0.99 | -7.31 | -0.04 |
| 19 | 国元信托 | 0.71 | -2.04 | -2.21 |
| 20 | 厦门国信 | 0.66 | -6.05 | -0.84 |
| 21 | 兴业信托 | 0.59 | -3.53 | 0.95 |
| 22 | 西部信托 | 0.52 | 0.98 | -3.81 |
| 23 | 北京国信 | 0.47 | -2.97 | -0.89 |
| 24 | 渤海信托 | 0.25 | -4.98 | 1.65 |
| 25 | 上海国信 | 0.13 | -3.28 | -5.90 |
| 26 | 工商信托 | 0.13 | -2.32 | -0.12 |
| 27 | 昆仑信托 | -0.05 | -1.69 | -4.12 |
| 28 | 江苏国信 | -0.10 | -2.48 | — |
| 29 | 中原信托 | -0.21 | -4.89 | -5.66 |
| 30 | 交银国信 | -0.22 | -1.42 | -1.13 |
| 31 | 中泰信托 | -0.45 | -2.48 | -1.65 |
| 32 | 华鑫信托 | -0.53 | -7.46 | 2.07 |
| 33 | 新华信托 | -0.72 | -0.87 | 1.05 |
| 34 | 百瑞信托 | -1.14 | -2.15 | -0.20 |
| 35 | 中诚信托 | -1.17 | -1.29 | 0.47 |
| 36 | 华能贵诚 | -1.20 | 0.51 | -3.42 |
| 37 | 重庆国信 | -1.36 | -4.20 | -4.20 |
| 38 | 中航信托 | -1.40 | 0.33 | -2.33 |

续表

| 序号 | 公司简称 | 2019年 | 2018年 | 2017年 |
|---|---|---|---|---|
| 39 | 天津信托 | -1.41 | -0.38 | 1.84 |
| 40 | 中建投信托 | -1.77 | -3.09 | 0.31 |
| 41 | 民生信托 | -1.97 | -1.97 | 4.48 |
| 42 | 东莞信托 | -2.01 | 0.93 | -0.73 |
| 43 | 平安信托 | -2.18 | -2.60 | 0.06 |
| 44 | 山东国信 | -2.40 | -4.10 | -1.00 |
| 45 | 爱建信托 | -2.53 | 6.70 | 5.04 |
| 46 | 中融信托 | -2.69 | -6.81 | -2.79 |
| 47 | 新时代 | -2.76 | -2.65 | -1.01 |
| 48 | 浙商金汇 | -2.82 | -10.99 | 3.40 |
| 49 | 大业信托 | -2.94 | -2.38 | 3.10 |
| 50 | 金谷信托 | -3.08 | -11.46 | 2.92 |
| 51 | 中信信托 | -3.08 | 4.04 | -4.34 |
| 52 | 四川信托 | -3.55 | 6.12 | -9.48 |
| 53 | 建信信托 | -3.56 | -0.68 | 1.07 |
| 54 | 华宝信托 | -3.62 | -0.70 | -2.65 |
| 55 | 华澳信托 | -3.64 | -4.61 | 4.83 |
| 56 | 北方国信 | -4.28 | -0.51 | -0.27 |
| 57 | 吉林信托 | -4.73 | -5.74 | 8.18 |
| 58 | 外贸信托 | -6.25 | -1.41 | 4.96 |
| 59 | 中铁信托 | -6.63 | -4.37 | -4.39 |
| 60 | 华信信托 | -8.05 | -1.45 | -7.91 |
| 61 | 长城新盛 | -8.55 | 15.70 | 6.03 |
| 62 | 华融国信 | -10.27 | -2.48 | 0.96 |
| 63 | 湖南信托 | -10.47 | -9.66 | 5.38 |
| 64 | 中海信托 | -17.20 | 11.81 | -6.87 |
| 65 | 安信信托 | 未披露 | 未披露 | 未披露 |
| 66 | 陕西国信 | 未披露 | 未披露 | 未披露 |
| 67 | 雪松国信 | 未披露 | 0.96 | 未披露 |
| 68 | 国通信托 | 未披露 | 未披露 | -2.68 |

## 第二节 信托报酬率

信托报酬是受托人通过管理和运作信托财产而获取的报酬。按照《信托投资公司信息披露管理暂行办法》，信托报酬率的计算是以信托业务收入除以实收信托平均余额，这一指标反映的是信托公司在信托业务中获得的报酬。在实际运作中，信托公司在对信托资产的管理中，如果主动管理能力强、作用发挥大，一般取得的报酬就会较高；反之，信托公司如果在信托业务中并没有进行主动管理，所起的作用小，信托报酬率就会偏低。

从2019年的年报披露情况来看，有51家信托公司公布了信托报酬率，比2018年减少了华融国信、雪松国信和国通信托。2019年，信托行业平均信托报酬率为0.56%，比2018年上升了0.04个百分点。

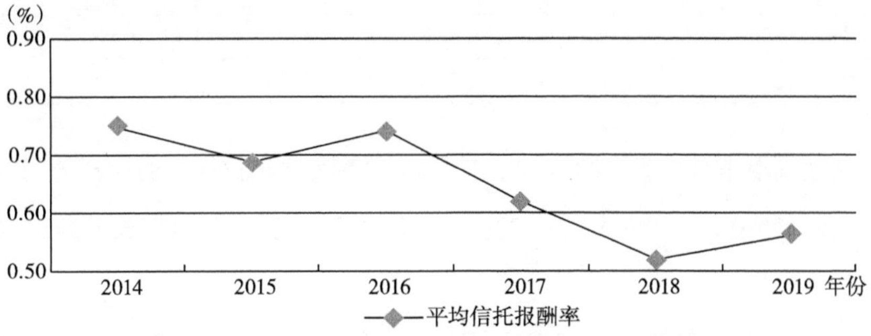


**图2-1　2014—2019年信托公司平均信托报酬率趋势**

如图2-1所示，信托行业的平均报酬率自2014年以来便进入下行通道，2016年该指标虽有小幅反弹，但2017年又明显下降，2018年延续了2017年的下降态势，2019年虽有反弹，但幅度很小。

在统计的50家信托公司中，18家信托公司信托报酬率指标下降，29家信托公司上升，3家信托公司与2018年持平。随着资管行业竞争加剧，信托公司传统业务的盈利空间逐步收窄。

在2019年披露信托报酬率指标的51家信托公司中，下滑比例最大的是华宸信托，同比下降了0.71个百分点；其次是安信信托，同比下降了0.39个百分点。中小信托公司清算项目数量较少，单一项目报酬率对公司整体报酬率指标的影响较大，因此中小信托公司报酬率指标的波动比起大型信托公司会更加明显。有研究显示，主动管理类资产占比较高的信托公司受经营环境影响相对较小，预计行业两极分化的趋势会加大。

从信托报酬率分布的离散程度来看，2019年信托报酬率分布的标准差为0.50%，比2018年的0.45%有所提高。2019年，全行业信托报酬率的差距出现进一步扩大的趋势。在样本公司中，大部分信托公司（45家）的信托报酬率低于1%，其中有29家信托公司（占披露公司数量的56.9%）的信托报酬率低于0.5%，具体数据如表2-4所示。

**表2-4　2015—2019年信托公司信托报酬率的统计分析**

| 项目 | 2015年 | 2016年 | 2017年 | 2018年 | 2019年 |
|---|---|---|---|---|---|
| 平均值（%） | 0.69 | 0.75 | 0.62 | 0.52 | 0.56 |
| 平均值增长幅度（%） | -0.06 | 0.05 | -0.13 | -0.10 | 0.04 |
| 公司数目 | 54 | 53 | 52 | 53 | 51 |
| 最大值（%） | 2.85 | 3.16 | 3.63 | 2.33 | 2.51 |
| 最小值（%） | 0.19 | 0.14 | 0.10 | 0.10 | 0.10 |
| 标准差（%） | 0.53 | 0.60 | 0.63 | 0.45 | 0.50 |
| 变异系数 | 0.77 | 0.80 | 1.02 | 0.86 | 0.88 |

从信托报酬率排名来看，2019年，信托报酬率表现比较优异的信托公司前5名为：工商信托（2.51%）、东莞信托（2.22%）、华信信托（1.89%）、长城新盛（1.49%）和爱建信托（1.10%）。

东莞信托在2015年信托报酬率实现1%的大幅增长之后，在2016年、2017年和2018年分别以3.16%、3.63%和2.33%的信托报酬率连续3年稳居行业首位，2019年信托报酬率出现小幅下滑，排名位居行业第2。工商信托的信托报酬率曾在2013—2015年连续3年在行业中保持第1，2016年、2017年和2018年分别以2.38%、2.73%和1.71%的信托报酬率位居第2位，2019年出现较大幅度增长，排名升至第1位。

信托报酬率具体指标如表2-5、表2-6所示。

**表2-5　信托公司信托报酬率序列表（2019年）**　（%）

| 序号 | 公司简称 | 2019年 | 2018年 | 2017年 |
|---|---|---|---|---|
| 1 | 工商信托 | 2.51 | 1.71 | 2.73 |
| 2 | 东莞信托 | 2.22 | 2.33 | 3.63 |
| 3 | 华信信托 | 1.89 | 1.52 | 1.27 |
| 4 | 长城新盛 | 1.49 | 1.66 | 1.43 |

续表

| 序号 | 公司简称 | 2019 年 | 2018 年 | 2017 年 |
|---|---|---|---|---|
| 5 | 爱建信托 | 1.10 | 0.61 | 0.84 |
| 6 | 重庆国信 | 1.01 | 1.03 | 1.20 |
| 7 | 百瑞信托 | 0.97 | 1.01 | 0.79 |
| 8 | 民生信托 | 0.81 | 1.09 | 1.17 |
| 9 | 浙商金汇 | 0.74 | 0.46 | 0.36 |
| 10 | 中泰信托 | 0.72 | 0.49 | 0.65 |
| 11 | 中航信托 | 0.72 | 0.59 | 0.59 |
| 12 | 紫金信托 | 0.71 | 0.47 | 0.85 |
| 13 | 光大兴陇 | 0.66 | 0.47 | 0.27 |
| 14 | 国联信托 | 0.66 | 0.73 | 0.53 |
| 15 | 大业信托 | 0.63 | 0.49 | 0.47 |
| 16 | 北京国信 | 0.60 | 0.28 | 0.41 |
| 17 | 陆家嘴信托 | 0.58 | 0.55 | 0.73 |
| 18 | 苏州信托 | 0.55 | 0.55 | 0.90 |
| 19 | 国投泰康 | 0.54 | 0.32 | 0.25 |
| 20 | 五矿信托 | 0.54 | 0.48 | 0.42 |
| 21 | 山西信托 | 0.51 | 0.33 | 0.43 |
| 22 | 平安信托 | 0.50 | 0.45 | 0.50 |
| 23 | 长安国信 | 0.42 | 0.34 | 0.40 |
| 24 | 江苏国信 | 0.41 | 0.29 | 0.13 |
| 25 | 外贸信托 | 0.40 | 0.51 | 0.48 |
| 26 | 兴业信托 | 0.39 | 0.26 | 0.18 |
| 27 | 中原信托 | 0.38 | 0.42 | 0.70 |
| 28 | 渤海信托 | 0.38 | 0.35 | 0.28 |
| 29 | 华鑫信托 | 0.38 | 0.25 | 0.23 |
| 30 | 华宸信托 | 0.37 | 1.08 | 0.81 |
| 31 | 英大信托 | 0.34 | 0.34 | 0.32 |
| 32 | 厦门国信 | 0.33 | 0.30 | 0.26 |
| 33 | 云南国信 | 0.33 | 0.22 | 0.21 |
| 34 | 昆仑信托 | 0.32 | 0.27 | 0.40 |
| 35 | 陕西国信 | 0.31 | 0.25 | 0.28 |
| 36 | 华澳信托 | 0.28 | 0.44 | 0.23 |
| 37 | 上海国信 | 0.27 | 0.24 | 0.28 |
| 38 | 安信信托 | 0.26 | 0.65 | 1.92 |
| 39 | 中铁信托 | 0.26 | 0.49 | 0.53 |

续表

| 序号 | 公司简称 | 2019 年 | 2018 年 | 2017 年 |
| --- | --- | --- | --- | --- |
| 40 | 金谷信托 | 0.24 | 0.26 | 0.47 |
| 41 | 新华信托 | 0.22 | 0.31 | 0.43 |
| 42 | 吉林信托 | 0.22 | 0.24 | 未披露 |
| 43 | 国民信托 | 0.22 | 0.21 | 0.51 |
| 44 | 天津信托 | 0.21 | 0.25 | 0.41 |
| 45 | 西部信托 | 0.21 | 0.20 | 0.22 |
| 46 | 交银国信 | 0.20 | 0.17 | 0.22 |
| 47 | 西藏信托 | 0.20 | 0.13 | 0.13 |
| 48 | 北方国信 | 0.20 | 0.18 | 0.16 |
| 49 | 国元信托 | 0.13 | 0.17 | 0.19 |
| 50 | 建信信托 | 0.10 | 0.10 | 0.10 |
| 51 | 新时代 | 0.10 | 0.13 | 0.32 |
| 52 | 中诚信托 | 未披露 | 未披露 | 未披露 |
| 53 | 中海信托 | 未披露 | 未披露 | 未披露 |
| 54 | 中融信托 | 未披露 | 未披露 | 未披露 |
| 55 | 中信信托 | 未披露 | 未披露 | 未披露 |
| 56 | 华融国信 | 未披露 | 0.29 | 0.13 |
| 57 | 粤财信托 | 未披露 | 未披露 | 未披露 |
| 58 | 湖南信托 | 未披露 | 未披露 | 未披露 |
| 59 | 华宝信托 | 未披露 | 未披露 | 未披露 |
| 60 | 山东国信 | 未披露 | 未披露 | 未披露 |
| 61 | 华润信托 | 未披露 | 未披露 | 未披露 |
| 62 | 雪松国信 | 未披露 | 0.52 | 0.64 |
| 63 | 中建投信托 | 未披露 | 未披露 | 未披露 |
| 64 | 华能贵诚 | 未披露 | 未披露 | 未披露 |
| 65 | 国通信托 | 未披露 | 0.40 | 0.35 |
| 66 | 四川信托 | 未披露 | 未披露 | 未披露 |
| 67 | 中粮信托 | 未披露 | 未披露 | 未披露 |
| 68 | 万向信托 | 未披露 | 未披露 | 未披露 |

**表 2－6　　信托公司信托报酬率增长序列表（2019 年）　　（%）**

| 序号 | 公司简称 | 2018 年 | 2017 年 | 2016 年 |
| --- | --- | --- | --- | --- |
| 1 | 工商信托 | 0.80 | －1.02 | 0.35 |
| 2 | 爱建信托 | 0.49 | 0.33 | －0.28 |
| 3 | 华信信托 | 0.37 | 0.25 | －0.18 |

续表

| 序号 | 公司简称 | 2018 年 | 2017 年 | 2016 年 |
|---|---|---|---|---|
| 4 | 北京国信 | 0.32 | -0.13 | 未披露 |
| 5 | 浙商金汇 | 0.28 | 0.10 | -0.47 |
| 6 | 紫金信托 | 0.24 | -0.38 | -0.30 |
| 7 | 中泰信托 | 0.23 | -0.16 | 0.14 |
| 8 | 国投泰康 | 0.22 | 0.07 | 0.02 |
| 9 | 光大兴陇 | 0.19 | 0.20 | 0.04 |
| 10 | 山西信托 | 0.18 | -0.10 | -0.48 |
| 11 | 大业信托 | 0.14 | 0.02 | -0.05 |
| 12 | 兴业信托 | 0.13 | 0.08 | 0.01 |
| 13 | 中航信托 | 0.13 | 0.00 | -0.14 |
| 14 | 华鑫信托 | 0.13 | 0.02 | -0.01 |
| 15 | 江苏国信 | 0.12 | 0.16 | — |
| 16 | 云南国信 | 0.11 | 0.01 | -0.02 |
| 17 | 长安国信 | 0.08 | -0.06 | -0.19 |
| 18 | 西藏信托 | 0.07 | 0.00 | -0.01 |
| 19 | 五矿信托 | 0.06 | 0.06 | -0.11 |
| 20 | 陕西国信 | 0.06 | -0.03 | -0.01 |
| 21 | 平安信托 | 0.05 | -0.05 | -0.45 |
| 22 | 昆仑信托 | 0.05 | -0.13 | -0.44 |
| 23 | 交银国信 | 0.03 | -0.05 | -0.07 |
| 24 | 厦门国信 | 0.03 | 0.04 | -0.20 |
| 25 | 渤海信托 | 0.03 | 0.07 | -0.05 |
| 26 | 陆家嘴信托 | 0.03 | -0.18 | -0.26 |
| 27 | 上海国信 | 0.02 | -0.04 | -0.19 |
| 28 | 北方国信 | 0.02 | 0.01 | -0.07 |
| 29 | 国民信托 | 0.01 | -0.30 | -0.01 |
| 30 | 西部信托 | 0.01 | -0.02 | -0.04 |
| 31 | 苏州信托 | 0.00 | -0.35 | 0.04 |
| 32 | 建信信托 | 0.00 | 0.00 | -0.05 |
| 33 | 英大信托 | 0.00 | 0.02 | -0.20 |
| 34 | 吉林信托 | -0.02 | 0.24 | 未披露 |
| 35 | 金谷信托 | -0.02 | -0.21 | 0.19 |
| 36 | 重庆国信 | -0.02 | -0.17 | -0.04 |
| 37 | 新时代 | -0.03 | -0.19 | 0.09 |
| 38 | 百瑞信托 | -0.04 | 0.22 | -0.20 |

续表

| 序号 | 公司简称 | 2018 年 | 2017 年 | 2016 年 |
|---|---|---|---|---|
| 39 | 中原信托 | -0.04 | -0.28 | -0.22 |
| 40 | 国元信托 | -0.04 | -0.02 | -0.16 |
| 41 | 天津信托 | -0.04 | -0.16 | -0.03 |
| 42 | 国联信托 | -0.07 | 0.20 | -0.05 |
| 43 | 新华信托 | -0.09 | -0.12 | -0.04 |
| 44 | 东莞信托 | -0.10 | -1.30 | 0.47 |
| 45 | 外贸信托 | -0.11 | 0.03 | 0.15 |
| 46 | 华澳信托 | -0.16 | 0.21 | -0.56 |
| 47 | 长城新盛 | -0.17 | 0.23 | -0.58 |
| 48 | 中铁信托 | -0.23 | -0.04 | -0.24 |
| 49 | 民生信托 | -0.28 | -0.08 | 0.26 |
| 50 | 安信信托 | -0.39 | -1.27 | 0.37 |
| 51 | 华宸信托 | -0.71 | 0.27 | -1.02 |
| 52 | 中诚信托 | 未披露 | 未披露 | 未披露 |
| 53 | 中海信托 | 未披露 | 未披露 | 未披露 |
| 54 | 中融信托 | 未披露 | 未披露 | 未披露 |
| 55 | 中信信托 | 未披露 | 未披露 | 未披露 |
| 56 | 华融国信 | 未披露 | 0.16 | -0.10 |
| 57 | 粤财信托 | 未披露 | 未披露 | 未披露 |
| 58 | 湖南信托 | 未披露 | 未披露 | 未披露 |
| 59 | 华宝信托 | 未披露 | 未披露 | 未披露 |
| 60 | 山东国信 | 未披露 | 未披露 | 未披露 |
| 61 | 华润信托 | 未披露 | 未披露 | 未披露 |
| 62 | 雪松国信 | 未披露 | -0.12 | 0.03 |
| 63 | 中建投信托 | 未披露 | 未披露 | 未披露 |
| 64 | 华能贵诚 | 未披露 | 未披露 | 未披露 |
| 65 | 国通信托 | 未披露 | 0.05 | -0.11 |
| 66 | 四川信托 | 未披露 | 未披露 | 未披露 |
| 67 | 中粮信托 | 未披露 | 未披露 | 未披露 |
| 68 | 万向信托 | 未披露 | 未披露 | 未披露 |

# 第三节 人均净利润

从 2019 年的年报披露情况来看，有 63 家信托公司公布了人均净利润，与 2018 年相比增加了浙商金汇，减少了雪松国信、国通信托。

2019 年，信托行业平均人均净利润为 311. 92 万元，比 2018 年下降了 11. 21 万元。自 2016 年平均人均净利润指标出现下降以来，至 2019 年已经连续 4 年呈现下降态势。

从人均净利润的统计分析来看，人均净利润超过 1000 万元的信托公司为重庆国信、江苏国信以及国联信托，这 3 家信托公司的人均净利润分别达到了 1760. 48 万元、1448. 22 万元和 1115. 33 万元。其他公司人均净利润均没有超过 1000 万元。表 2 –7 显示了2015—2019 年信托公司人均净利润的主要统计指标。

表 2 –7　　2015—2019 年信托公司人均净利润的统计分析

| 项目 | 2015 年 | 2016 年 | 2017 年 | 2018 年 | 2019 年 |
| --- | --- | --- | --- | --- | --- |
| 平均值（万元） | 427. 14 | 390. 47 | 369. 20 | 323. 13 | 311. 92 |
| 平均值增长幅度（万元） | 30. 17 | –36. 67 | –21. 27 | –46. 07 | –11. 21 |
| 平均值增长率（%） | 7. 60 | –8. 59 | –5. 45 | –12. 48 | –0. 03 |
| 公司数目 | 65 | 64 | 64 | 64 | 63 |
| 最大值（万元） | 3357. 92 | 2519. 74 | 2295. 53 | 1711. 21 | 1760. 48 |
| 最小值（万元） | 6. 44 | 22. 17 | 36. 14 | –149. 05 | –98. 99 |
| 标准差（万元） | 464. 71 | 365. 68 | 325. 61 | 287. 61 | 320. 66 |
| 变异系数 | 1. 09 | 0. 94 | 0. 88 | 0. 89 | 1. 03 |

从人均净利润排名来看，2019 年，人均净利润表现比较优异的信托公司前 5 名为：重庆国信（1760. 48 万元）、江苏国信（1448. 22 万元）、国联信托（1115. 33 万元）、华能贵诚（870. 55 万元）和华润信托（767. 73 万元）。2014 年有 50 家信托公司的人均净利润达到了 150 万元以上，2015 年实现 150 万元以上的公司达到了 54 家，2017 年与 2016 年持平，都保持在 53 家，2018 年则下降为 49 家，2019 年下降至 44 家。具体变化趋势如图 2 –2 所示。

从人均净利润增幅来看，2019 年，人均净利润增幅排名前 5 的信托公司为：华融国信（791. 58%）、国联信托（356. 65%）、山西信托（170. 70%）、中粮信托（121. 60%）、中融信托（101. 72%）。人均净利润降幅最大的公司是华信信托，降幅达

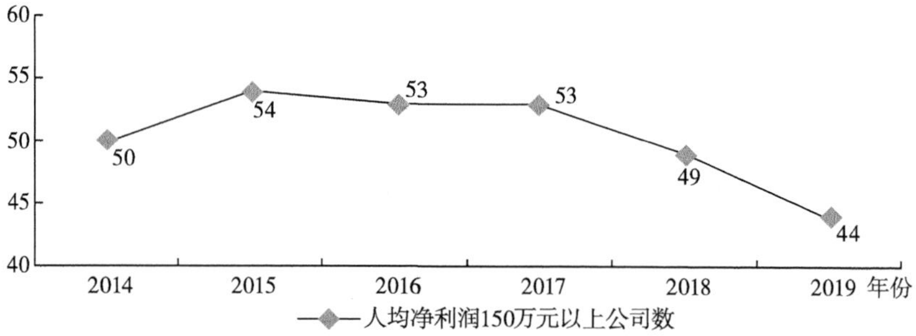


**图 2-2 2014—2019 年人均净利润 150 万元以上公司数**

到 120.55%。由此可见，行业内部分公司的人均净利润指标的年度差异性较大。

相比 2018 年，2019 年信托公司人均净利润增幅放缓。前 5 名平均上涨 308.45%，而 2018 年前 5 名平均上涨 70.00%，前 5 名涨幅上升 238.45%。行业平均增幅下降 3.13%，比 2018 年 19.24% 的降幅缩小 16.10 个百分点。2019 年，在宏观经济提质减速的大背景下，整个信托行业面临降杠杆、去通道、压规模、告别粗放增长的压力，各信托公司的经营重点主要在合规及出险的项目上，同时受到资本市场波动加大等因素的不利影响，行业平均盈利水平整体下滑。

重庆国信营业收入和净利润均出现了小幅上涨，人均净利润为 1760.48 万元，连续 6 年蝉联行业榜首。其主要原因有两个：一方面，重庆国信固有资金投资规模巨大，布局多家优质金融机构，投资收益是其净利润的主要来源；另一方面，重庆国信员工人数较少，2019 年重庆国信一共有 160 名员工。

当前值得关注的是，对注册资本规模超过百亿元的部分信托公司而言，如何处理好信托本源业务与公司固有业务之间的关系，如何既能保证信托主业的主导地位，又能较高效率地运用好固有资金并使之服务于信托主业，而不是喧宾夺主、主次倒置，是部分信托公司面临的又一个新的挑战和课题。另外两个人均净利润超过千万元的信托公司分别为江苏国信和国联信托，达到 1448.22 万元和 1115.33 万元。其中，国联信托是首次人均利润突破 1000 万元。

表 2－8　　信托公司人均净利润序列表（2019 年）　　单位：万元

| 序号 | 公司简称 | 2019 年 | 2018 年 | 2017 年 |
|---|---|---|---|---|
| 1 | 重庆国信 | 1760.48 | 1711.21 | 2295.53 |
| 2 | 江苏国信 | 1448.22 | 1280.97 | 1382.88 |
| 3 | 国联信托 | 1115.33 | 244.24 | 358.65 |
| 4 | 华能贵诚 | 870.55 | 699.94 | 620.46 |
| 5 | 华润信托 | 767.73 | 581.66 | 672.62 |
| 6 | 平安信托 | 627.58 | 564.31 | 455.95 |
| 7 | 中航信托 | 605.97 | 604.38 | 624.18 |
| 8 | 英大信托 | 577.93 | 373.03 | 385.38 |
| 9 | 百瑞信托 | 572.16 | 486.29 | 515.22 |
| 10 | 五矿信托 | 518.71 | 585.88 | 489.73 |
| 11 | 交银国信 | 492.61 | 478.44 | 466.62 |
| 12 | 西藏信托 | 486.74 | 263.05 | 509.75 |
| 13 | 中信信托 | 478.66 | 540.31 | 443.76 |
| 14 | 建信信托 | 470.93 | 481.22 | 460.88 |
| 15 | 粤财信托 | 470.78 | 458.33 | 800.08 |
| 16 | 渤海信托 | 434.19 | 414.10 | 516.85 |
| 17 | 外贸信托 | 424.54 | 555.65 | 510.52 |
| 18 | 国投泰康 | 392.87 | 294.80 | 194.40 |
| 19 | 上海国信 | 379.83 | 337.99 | 417.80 |
| 20 | 天津信托 | 363.62 | 381.82 | 370.11 |
| 21 | 中海信托 | 362.34 | 830.25 | 444.26 |
| 22 | 昆仑信托 | 357.89 | 380.56 | 315.97 |
| 23 | 华鑫信托 | 337.25 | 318.51 | 319.04 |
| 24 | 中铁信托 | 325.00 | 557.00 | 657.00 |
| 25 | 工商信托 | 299.00 | 282.00 | 284.00 |
| 26 | 光大兴陇 | 289.37 | 279.86 | 170.43 |
| 27 | 中诚信托 | 286.19 | 343.11 | 428.80 |
| 28 | 北京国信 | 272.00 | 260.00 | 321.00 |
| 29 | 苏州信托 | 270.18 | 232.33 | 355.28 |
| 30 | 浙商金汇 | 266.41 | 未披露 | 未披露 |
| 31 | 爱建信托 | 265.64 | 326.11 | 359.94 |
| 32 | 国元信托 | 265.30 | 232.31 | 304.43 |
| 33 | 紫金信托 | 258.32 | 234.36 | 240.30 |
| 34 | 长城新盛 | 244.03 | 239.21 | 191.21 |
| 35 | 厦门国信 | 237.94 | 208.9 | 303.35 |

续表

| 序号 | 公司简称 | 2019年 | 2018年 | 2017年 |
|---|---|---|---|---|
| 36 | 华宝信托 | 232.70 | 283.69 | 292.16 |
| 37 | 中融信托 | 228.19 | 113.12 | 144.60 |
| 38 | 中建投信托 | 213.59 | 220.55 | 249.87 |
| 39 | 兴业信托 | 209.28 | 184.95 | 271.16 |
| 40 | 陆家嘴信托 | 191.60 | 146.21 | 162.94 |
| 41 | 万向信托 | 182.33 | 167.38 | 246.91 |
| 42 | 东莞信托 | 178.22 | 240.46 | 230.85 |
| 43 | 民生信托 | 173.19 | 262.64 | 528.62 |
| 44 | 中原信托 | 164.69 | 160.81 | 318.96 |
| 45 | 华澳信托 | 142.08 | 229.48 | 182.00 |
| 46 | 吉林信托 | 134.69 | 280.57 | 125.53 |
| 47 | 华融国信 | 130.26 | 14.61 | 247.74 |
| 48 | 云南国信 | 126.00 | 101.00 | 103.47 |
| 49 | 湖南信托 | 123.00 | 562.00 | 588.00 |
| 50 | 中泰信托 | 119.83 | 94.83 | 123.48 |
| 51 | 西部信托 | 103.24 | 118.97 | 157.40 |
| 52 | 北方国信 | 87.35 | 176.61 | 241.75 |
| 53 | 国民信托 | 79.49 | 49.29 | 46.67 |
| 54 | 大业信托 | 68.42 | 97.68 | 252.56 |
| 55 | 四川信托 | 68.33 | 99.88 | 124.92 |
| 56 | 长安国信 | 65.39 | 53.09 | 149.07 |
| 57 | 新时代 | 60.10 | 158.51 | 234.18 |
| 58 | 中粮信托 | 45.56 | 20.56 | 251.78 |
| 59 | 金谷信托 | 34.32 | 116.11 | 205.15 |
| 60 | 山西信托 | 12.75 | 4.71 | 36.14 |
| 61 | 新华信托 | 10.29 | 36.32 | 62.12 |
| 62 | 华宸信托 | -69.58 | 149.05 | 57.97 |
| 63 | 华信信托 | -98.99 | 481.66 | 548.11 |
| 64 | 安信信托 | 未披露 | 未披露 | 未披露 |
| 65 | 陕西国信 | 未披露 | 未披露 | 未披露 |
| 66 | 山东国信 | 未披露 | 未披露 | 未披露 |
| 67 | 雪松国信 | 未披露 | 27.03 | 65.14 |
| 68 | 国通信托 | 未披露 | 192.84 | 193.08 |

表 2-9 信托公司人均净利润增幅序列表（2019 年） （%）

| 序号 | 公司简称 | 2019 年 | 2018 年 | 2017 年 |
|---|---|---|---|---|
| 1 | 华融国信 | 791.58 | -94.10 | -16.29 |
| 2 | 国联信托 | 356.65 | -31.90 | -4.72 |
| 3 | 山西信托 | 170.70 | -86.97 | -46.80 |
| 4 | 中粮信托 | 121.60 | -65.08 | 13.70 |
| 5 | 中融信托 | 101.72 | -21.77 | 3.21 |
| 6 | 西藏信托 | 85.04 | -48.40 | -7.82 |
| 7 | 国民信托 | 61.27 | 5.61 | -45.43 |
| 8 | 英大信托 | 54.93 | -3.20 | -8.93 |
| 9 | 国投泰康 | 33.27 | 51.65 | -55.52 |
| 10 | 华润信托 | 31.99 | -13.52 | 20.43 |
| 11 | 陆家嘴信托 | 31.04 | -10.27 | -8.27 |
| 12 | 中泰信托 | 26.36 | -23.20 | -4.25 |
| 13 | 云南国信 | 24.75 | -2.39 | 8.31 |
| 14 | 华能贵诚 | 24.37 | 17.89 | 9.56 |
| 15 | 长安国信 | 23.17 | -64.39 | -3.42 |
| 16 | 百瑞信托 | 17.66 | -5.62 | 4.99 |
| 17 | 苏州信托 | 16.29 | -34.61 | -17.42 |
| 18 | 国元信托 | 14.20 | -23.69 | -18.13 |
| 19 | 厦门国信 | 13.90 | -31.14 | -4.20 |
| 20 | 兴业信托 | 13.15 | -31.79 | 16.93 |
| 21 | 江苏国信 | 13.06 | -7.37 | -13.63 |
| 22 | 上海国信 | 12.38 | -19.10 | -6.90 |
| 23 | 平安信托 | 11.21 | 23.77 | 25.60 |
| 24 | 紫金信托 | 10.22 | -1.16 | -4.67 |
| 25 | 万向信托 | 8.93 | -32.21 | -4.55 |
| 26 | 工商信托 | 6.03 | -0.70 | -3.73 |
| 27 | 华鑫信托 | 5.88 | -0.37 | 20.85 |
| 28 | 渤海信托 | 4.85 | -19.88 | 67.13 |
| 29 | 北京国信 | 4.62 | -19.00 | 4.90 |
| 30 | 光大兴陇 | 3.40 | 64.21 | 28.30 |
| 31 | 交银国信 | 2.96 | 2.53 | 8.26 |
| 32 | 重庆国信 | 2.88 | -25.45 | -8.90 |
| 33 | 粤财信托 | 2.72 | -42.71 | -1.68 |
| 34 | 中原信托 | 2.41 | -49.58 | -7.95 |
| 35 | 长城新盛 | 2.01 | 3.47 | 27.46 |

续表

| 序号 | 公司简称 | 2019年 | 2018年 | 2017年 |
| --- | --- | --- | --- | --- |
| 36 | 中航信托 | 0.26 | -4.34 | 4.82 |
| 37 | 建信信托 | -2.14 | 4.41 | 5.92 |
| 38 | 中建投信托 | -3.16 | -11.73 | 2.62 |
| 39 | 天津信托 | -4.77 | 3.16 | 25.58 |
| 40 | 昆仑信托 | -5.96 | 20.44 | 8.72 |
| 41 | 中信信托 | -11.41 | 21.76 | -23.77 |
| 42 | 五矿信托 | -11.46 | 21.67 | 未披露 |
| 43 | 西部信托 | -13.22 | -24.42 | -63.41 |
| 44 | 中诚信托 | -16.59 | -19.98 | -1.44 |
| 45 | 华宝信托 | -17.97 | -2.90 | -15.58 |
| 46 | 爱建信托 | -18.54 | -8.10 | 7.35 |
| 47 | 外贸信托 | -23.60 | 8.84 | 24.41 |
| 48 | 东莞信托 | -25.88 | 4.16 | -4.88 |
| 49 | 大业信托 | -29.95 | -90.88 | 18.62 |
| 50 | 四川信托 | -31.59 | -69.29 | -29.98 |
| 51 | 民生信托 | -34.06 | -50.32 | 42.99 |
| 52 | 华澳信托 | -38.09 | 15.65 | 420.00 |
| 53 | 中铁信托 | -41.65 | -15.22 | -5.87 |
| 54 | 北方国信 | -50.54 | -26.95 | -5.20 |
| 55 | 吉林信托 | -51.99 | 123.51 | -12.66 |
| 56 | 华宸信托 | -53.32 | -357.12 | 54.09 |
| 57 | 中海信托 | -56.36 | 86.88 | -36.03 |
| 58 | 新时代 | -62.08 | -32.31 | 39.80 |
| 59 | 金谷信托 | -70.44 | -70.93 | 70.25 |
| 60 | 新华信托 | -71.67 | -41.53 | 180.20 |
| 61 | 湖南信托 | -78.11 | -4.42 | 51.94 |
| 62 | 华信信托 | -120.55 | -12.12 | -36.53 |
| 63 | 安信信托 | 未披露 | 未披露 | 未披露 |
| 64 | 陕西国信 | 未披露 | 未披露 | 未披露 |
| 65 | 山东国信 | 未披露 | 未披露 | 未披露 |
| 66 | 雪松国信 | 未披露 | -58.50 | -92.49 |
| 67 | 国通信托 | 未披露 | -0.10 | -14.40 |
| 68 | 浙商金汇 | — | 未披露 | 未披露 |

# 第三章　信托资产的分布与运用分析

# 第一节　信托资产规模分析

## 一、信托资产规模的整体分析

2019 年，信托行业平均信托资产规模为 32273384 万元，比 2018 年下降了 1141505 万元，下降幅度为 3.42%。2014—2017 年，信托公司的信托资产规模连续 3 年实现增长，并且增速也呈现递增趋势。但是，2018 年随着宏观经济增速放缓以及金融监管机制的不断增强，信托行业面临了严峻挑战。2018 年，信托行业平均信托资产规模为 33414889 万元，出现了 10.89% 的下滑。2019 年，信托资产规模下降的趋势并没有得到逆转，但是降幅相比 2018 年已经有所放缓。这可能表明经过 2018 年的不利状况，一些信托公司开始对信托业务进行积极调整，使整个行业的信心有一定程度的恢复。

2019 年，有 47 家公司缩减了信托资产规模。虽然与 2017 年仅有 11 家缩减相比仍然存在一定差距，但是相比 2018 年减少了 5 家。从公司层面来看，中信信托仍然维持在单个公司年度信托资产规模排名的第 1 位，但其数值却由 2018 年的 165219704 万元下降至 2019 年的 157415596 万元，经历了 2017 年的最高值之后，中信信托已经连续两年收缩了资产规模。从信托资产规模分布的平均程度来看，2019 年信托资产规模分布的标准差（30354435 万元）与 2018 年的标准差（29825848 万元）相比有了一定程度的上升。与此同时，变异系数在经历了 2015—2018 年连续 4 年的持续下行之后，2019 年出现拐点，增加至 0.94。这表明经过 2018 年的不利行业环境后，由于不同信托公司的调整能力存在一定的差异，行业内的差距有所扩大。从中观层面来看，信托行业的信托资产规模均值在 2019 年出现了 3.42% 的下降；与此同时，该指标的标准差和变异系数也同比出现了一定幅度的上升。从微观层面来看，行业内信托资产规模的最大值与最小值相比上年均有所减少。这些数据表明，2019年信托资产规模平均值的下行并不是受个别公司战略调整的影响，而是整个行业都在进行信托资产的调整与收缩。如何应对系统性风险对信托行业的冲击将是未来一段时间亟待解决的重要问题。具体数据如表3－1所示。

**表3－1　　2015—2019年信托公司信托资产规模的统计分析**

| 项目 | 2015年 | 2016年 | 2017年 | 2018年 | 2019年 |
|---|---|---|---|---|---|
| 平均值（万元） | 24050170 | 29758782 | 38648885 | 33414889 | 32273384 |
| 平均值增长幅度（万元） | 3332333 | 5708612 | 8890103 | －5233996 | －1141505 |
| 平均值增长率（%） | 16.08 | 23.74 | 29.87 | －10.89 | －3.42 |
| 公司数目 | 68 | 68 | 68 | 68 | 66 |
| 信托资产缩减的公司数 | 26 | 11 | 11 | 52 | 47 |
| 最大值（万元） | 109683950 | 142488879 | 198672976 | 165219704 | 157415596 |
| 最小值（万元） | 980256 | 971111 | 396584 | 219914 | 213840 |
| 标准差（万元） | 23583490 | 28279946 | 35079305 | 29825848 | 30354435 |
| 变异系数 | 0.98 | 0.95 | 0.91 | 0.89 | 0.94 |

## 二、信托资产规模的公司分析

从信托资产规模排名来看，2019年，信托资产规模排名前5的信托公司为：中信信托（157415596万元）、建信信托（139123224万元）、华润信托（95488578万元）、五矿信托（88497647万元）和中融信托（76545192万元）。整体而言，2019年的信托资产规模排名与2018年相比出现了一定程度的变化。其中，五矿信托由2018年的第11名上升至2019年的第4名，上升幅度较大，中融信托则由2018年的第8名上升至2019年的第5名。交银国信由2018年的第4名下降至2019年的第6名，上海国信则由2018年的第5名下降至2019年的第9名。值得注意的是，虽然中信信托、建信信托以及华润信托的信托资产规模排名相对稳定，但并不能说明这些信托公司没有对其信托资产进行调整，其信托资产规模相比2018年均出现了一定程度的下降。其中，中信信托的信托资产规模下降了7804109万元，下降幅度最大。建信信托下降了1270668万元，华润信托也下降了3366万元。同时可以发现，2019年信托资产规模达到1000亿元以上的公司为54家，比2018年减少5家。此外，信托资产规模达到500亿元以上的公司，2015年为58家，2016年增加至59家，2017年又增加至63家，2018年增加至64家，2019年小幅下降至62家。

从信托资产增长幅度来看，2019 年，信托资产增长幅度前 5 名的信托公司分别为：五矿信托（+28557968 万元）、光大兴陇（+16998715 万元）、中融信托（+11078693 万元）、英大信托（+7917074 万元）以及天津信托（+6738841 万元）。与 2018 年相比，信托资产增长前 5 名的信托公司出现了一定的变化。其中，西部信托、湖南信托分别由 2018 年的第 3 名和第 4 名下降至 2019 年的第 25 名和第 33 名。这两家信托公司在经历了 2018 年信托资产的大幅增长之后，在 2019 年增幅放缓。中融信托和天津信托则分别由 2018 年的第 29 名和第 48 名上升至 2019 年的第 3 名和第 5 名，上升幅度较大。此外，五矿信托、光大兴陇与英大信托虽然在 2018 年与 2019 年均处于信托资产增长幅度的前 5 名，但其排位也发生了一定的变化。其中，五矿信托由 2018 年的第 2 名上升至 2019 年的第 1 名，连续两年信托资产快速增长。英大信托由 2018 年的第 5 名上升至 2019 年的第 4 名，光大兴陇则由 2018 年的第 1 名下降至 2019 年的第 2 名。

从信托资产规模增长率来看，2019 年，信托资产规模增长率排名前 5 的信托公司分别为：五矿信托（47.64%）、天津信托（45.13%%）、光大兴陇（29.28%）、百瑞信托（27.57%）以及英大信托（24.82%）。值得一提的是，2019 年信托资产规模增长率排名前 5 的信托公司其增长率小幅高于 2018 年的前 5 名。

从自 2013 年以来各年信托资产规模的稳定程度来看，最稳定公司的前 3 名分别为：山东国信（变异系数为 0.11）、苏州信托（变异系数为 0.12）以及中融信托（变异系数为 0.12）。山东国信自 2013 年以来一直保持了稳定的信托资产规模，平均值为 2962007 万元。另外，信托资产规模波动程度最大的前 3 家公司分别为光大兴陇（变异系数为 0.73）、浙江金汇（变异系数为 0.72）以及国民信托（变异系数为 0.70）。

## 第二节　信托资产分布分析

### 一、信托资产分布的行业分析

信托公司的信托资产可以分为基础产业资产、房地产业资产、证券业资产、实业资产以及金融机构资产等五大行业类别。2014—2019 年，信托公司信托资产的行业分布特征如图 3－1 所示。

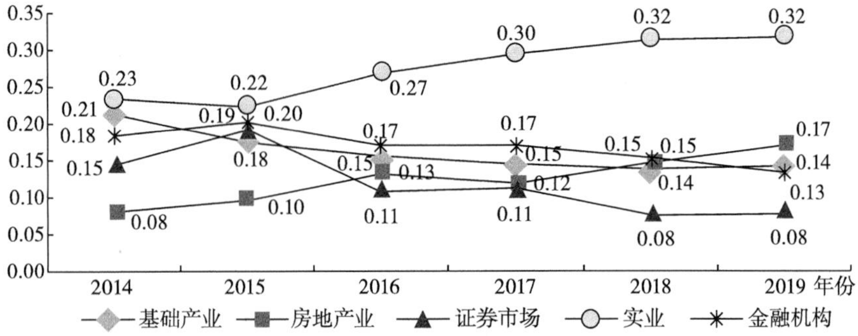


**图3-1 2014—2019年信托资产的行业占比平均值分布**

第一，2012年以前，信托资产在基础产业的分布比例最大，此后连续6年实业资产超过了基础资产，位于资产比例的首位。2019年，实业资产占比与2018年相比小幅上升，表明信托行业服务实体经济的特性正在进一步加强。而基础产业资产在2012年以后开始进入下行通道，2019年基础产业占比均值仅为14%，相比于2013年的26%下降了12%。第二，信托资产在金融机构和证券市场的分布比例曲线惊人的一致，2011—2015年占比呈上升趋势，2016—2018年则进入波动状态，经历了下降与上升交替出现的局面。2019年金融机构资产占比与证券市场资产占比均值分别为13%和8%。第三，房地产业资产的分布占比在近7年基本徘徊在10%左右的水平，与其他类型资产相比表现得较为平稳。2019年，房地产业资产占比进一步增至17%，为近年来的最高水平。

通过对上述数据的综合分析可以发现，与2018年信托公司普遍对原有信托资产配置结构进行调整不同，2019年信托资产行业分布结构相对较为稳定。其中，基础产业资产占比、证券市场占比与2018年基本相同，而实业资产占比仍然出现了微小幅度的上升。2019年金融机构资产占比相比2018年小幅下降。房地产资产的配置规模相比2018年出现了大幅度上升，2018年房地产市场占比均值为15%，2019年上升至17%。由此可以得出如下规律：信托公司普遍重视对实业资产的支持力度，近年来无论宏观经济以及监管环境如何变化，实业资产的配置规模始终呈现上升状态。而对于基础资产投资，由于中国经济结构的不断调整，通过投资拉动宏观经济的模式正在发生变化，其投资比重仍然呈下降趋势。金融机构资产与证券市场资产由于在性质上较为相近，因此其变动趋势较为一致。而房地产资产的变动趋势则与上述两种资产呈现反向变动的特征，这一方面说明对于这三类资产的配置，信托公司会根据情况进行动态调整；

另一方面也说明这些资产之间具备一定的替代性和互补性。

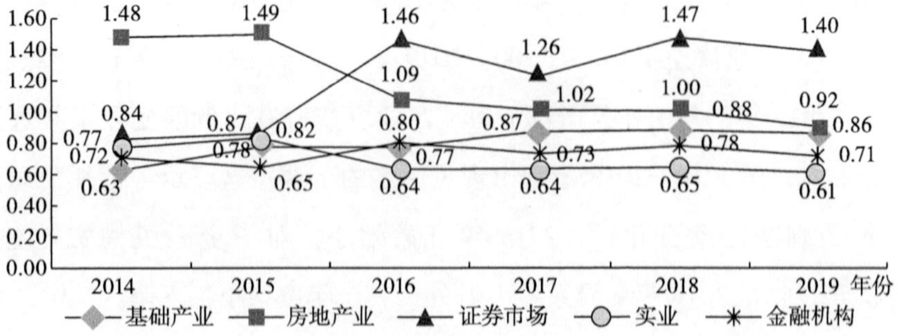


**图 3－2　2014—2019 年信托资产行业分布比例的变异系数**

图 3－2 描述了 2014—2019 年信托资产的行业构成比例在不同信托公司之间的变异系数。首先，2015 年以前，基础产业资产的变异系数一直比较低，而且相对稳定，一直维持在 0.60 左右。其中，2014 年该指标为 0.63。从 2015 年开始，该指标进入上行通道，增长至 0.78。2016 年与 2015 年基本持平，而 2017 年与 2018 年该指标又大幅上升至 0.87 与 0.88，2019 年回落至 0.86。上述数据表明，由于基础设施投资一度在我国宏观经济增长中扮演重要角色，因此在 2015 年以前大部分信托公司都将基础产业作为资产配置的重点。2015 年以后，随着基础产业资产占比开始放缓，行业内不同信托公司之间对于基础产业资产配置的差异也在逐步加大。然而，经历了 2012—2018 年连续 7 年的持续上涨之后，2018 年基础产业资产变异系数首次出现下降，表明经过若干年的业务实践以后，信托行业对于基础产业资产的态度开始趋于一致。

其次，证券产业资产的变异系数波动较大。2014—2018 年，证券产业资产变异系数有 3 年都超过 1，相对较高。2014 年，证券产业资产变异系数大幅下降至 0.84，之后呈现上升与下降相交替的波动状态。2015 年持续小幅上升至 0.87，2016 年增加至 1.46，2017 年下降至 1.26，2018 年反弹至 1.47。2019 年，虽然该指标下降为 1.40，但仍是 5 个行业中的最高值。2016—2019 年，证券产业资产变异系数已经连续 4 年位列 5 个行业中的最高值。这说明基于信托公司对证券行业的预期存在较大分歧，其资产配置规模也存在着较大的差异。此外，各信托公司对于实业资产的态度在各年的变化相对较小。2014 年实业资产变异系数为 0.77，2015 年持续加大至 0.82，2016 年又一次大幅下调至 0.64，并在 2017 年和 2018 年基本保持不变。2019 年，该指标下降至 0.61。

对于房地产业，2013—2015 年其变异系数逐渐加大，2015 年达到创纪录的 1.49。从 2016 年开始，该指标逐步下滑，变异系数为 1.09，相比 2015 年出现了大幅度的下降，2017 年与 2018 年分别降至 1.02 与 1.00。2019 年，该指标进一步降至 0.92。值得注意的是，2012—2015 年，各信托公司对于房地产业资产持有比例的变异系数远远高于其他几种资产形式，而 2016—2019 年则出现了一定的下调，这显示各信托公司对房地产业发展前景的判断逐渐分化后，2016 年开始缩小。对于金融机构资产分布比例，2014—2017 年，除了 2016 年变异系数上升外，其余年度均小幅下调。其中，2013 年大幅下跌至 0.78，2014 年延续了 2013 年的跌势，微跌至 0.72，2015 年持续大幅下跌至 0.65，2016 年则大幅上升至 0.80，2017 年又下降至 0.73，2018 年小幅上升至 0.78，2019 年重新下降至 0.71。

2015—2019 年信托公司信托资产的行业分布占比情况如表 3-2 所示。

**表 3-2　　2015—2019 年信托公司信托资产行业分布占比**

| 项目 | | 2015 年 | 2016 年 | 2017 年 | 2018 年 | 2019 年 |
|---|---|---|---|---|---|---|
| 披露公司数目 | | 66 | 67 | 65 | 66 | 66 |
| 基础产业 | 规模（万元） | 4353447 | 4954380 | 5543222 | 4715148 | 4760873 |
| | 占比（%） | 17.73 | 15.47 | 14.52 | 13.76 | 14.40 |
| | 占比最大值（%） | 55.35 | 53.67 | 57.63 | 68.33 | 72.46 |
| | 占比最小值（%） | 0.00 | 0.08 | 0.00 | 0.00 | 0.00 |
| | 标准差（%） | 13.79 | 11.90 | 12.63 | 12.17 | 12.37 |
| | 变异系数 | 0.78 | 0.77 | 0.87 | 0.88 | 0.86 |
| 房地产 | 规模（万元） | 1986838 | 2735452 | 3449852 | 3912241 | 5301268 |
| | 占比（%） | 9.51 | 13.32 | 12.02 | 14.81 | 17.09 |
| | 占比最大值（%） | 76.64 | 69.91 | 69.45 | 79.33 | 78.48 |
| | 占比最小值（%） | 0.00 | 0.28 | 0.33 | 0.17 | 0.12 |
| | 标准差（%） | 14.18 | 14.56 | 12.28 | 14.85 | 15.73 |
| | 变异系数 | 1.49 | 1.09 | 1.02 | 1.00 | 0.92 |
| 证券资产 | 规模（万元） | 4670180 | 4615884 | 5497438 | 3786329 | 3517235 |
| | 占比（%） | 19.02 | 10.90 | 11.07 | 7.81 | 7.81 |
| | 最大值（%） | 34.62 | 75.94 | 58.63 | 52.41 | 51.77 |
| | 最小值（%） | 0.00 | 0.00 | 0.01 | 0.00 | 0.00 |
| | 标准差（%） | 16.52 | 15.91 | 13.93 | 11.51 | 10.91 |
| | 变异系数 | 0.87 | 1.46 | 1.26 | 1.47 | 1.40 |

续表

| 项目 | | 2015 年 | 2016 年 | 2017 年 | 2018 年 | 2019 年 |
|---|---|---|---|---|---|---|
| 实业 | 规模（万元） | 5482718 | 7634547 | 9976555 | 8903421 | 9072175 |
| | 占比（%） | 22.33 | 26.97 | 29.60 | 31.56 | 31.87 |
| | 最大值（%） | 83.59 | 81.57 | 87.02 | 94.19 | 94.75 |
| | 最小值（%） | 0.00 | 0.20 | 1.47 | 1.70 | 1.84 |
| | 标准差（%） | 18.31 | 17.29 | 18.84 | 20.66 | 19.50 |
| | 变异系数 | 0.82 | 0.64 | 0.64 | 0.65 | 0.61 |
| 金融机构 | 规模（万元） | 4884625 | 6028036 | 8293402 | 5740746 | 5041472 |
| | 占比（%） | 19.89 | 16.83 | 17.04 | 15.24 | 13.40 |
| | 最大值（%） | 64.16 | 48.37 | 50.33 | 48.50 | 35.89 |
| | 最小值（%） | 0.00 | 0.00 | 0.00 | 0.00 | 0.00 |
| | 标准差（%） | 13.03 | 13.53 | 12.50 | 11.88 | 9.54 |
| | 变异系数 | 0.65 | 0.80 | 0.73 | 0.78 | 0.71 |

## 二、信托资产分布的公司分析

2019 年各项信托资产比例最大的前 3 名如表 3－3 所示。

**表 3－3　　2019 年各项信托资产比例最大的前 3 名**

| 项目 | 第 1 名 | 第 2 名 | 第 3 名 |
|---|---|---|---|
| 基础产业资产 | 英大信托（72.46%） | 国元信托（47.93%） | 陆家嘴信托（35.18%） |
| 房地产业资产 | 华宸信托（78.48%） | 工商信托（75.98%） | 万向信托（50.78%） |
| 证券业资产 | 外贸信托（51.77%） | 江苏国信（41.58%） | 华润信托（39.43%） |
| 实业资产 | 新时代（94.75%） | 天津信托（82.24%） | 山西信托（81.46%） |
| 金融机构资产 | 中海信托（35.89%） | 民生信托（33.49%） | 西藏信托（32.21%） |

基础产业资产占比相比 2018 年变化不大。其中，英大信托和国元信托继 2018 年后该指标分别继续保持在第 1 名和第 2 名，陆家嘴信托由 2018 年的第 8 名上升至 2019 年的第 3 名，上升幅度较大。华澳信托则由 2018 年的第 3 名下降至 2019 年的第 4 名。

房地产业资产占比前 3 名相比 2018 年发生了一定的变化，其中华宸信托与工商信托的排名出现了互换，华宸信托在 2019 年超越工商信托成为房地产资产占比中的第 1 名，而工商信托下降至第 2 名。万向信托与中建投信托的排名也出现了互换，万向信托由 2018 年的第 5 名上升至 2019 年的第 3 名，中建投信托则由 2018 年的第 3 名下降至 2019 年的第 5 名。

证券业资产占比的前3名仍然是外贸信托、江苏国信与华润信托，但是名次出现了一定的变化。外贸信托由2018年的第3名上升至2019年的第1名，江苏国信由2018年的第1名下降至2019年的第2名，华润信托则由2018年的第2名下降至2019年的第3名。

实业资产占比排名前3的企业变化相对较小，新时代和天津信托继续保持在行业前2的位置，山西信托由2018年的第4名上升至2019年的第3名，民生信托则由2018年的第3名下降至2019年的第20名。

金融机构资产占比变化较大，中海信托在2019年金融机构资产占比中排名第1。民生信托由2018年的第1名下降至2019年的第2名，西藏信托由2018年的第6名上升至2019年的第3名，湖南信托则由2018年的第3名下降至2019年的第29名。

2019年各项信托资产规模最大的前3名如表3－4所示。

**表3－4　　2019年各项信托资产规模最大的前3名**　　单位：亿元

| 项目 | 第1名 | 第2名 | 第3名 |
|---|---|---|---|
| 基础产业资产 | 中信信托（3021） | 英大信托（2885） | 上海国信（2344） |
| 房地产业资产 | 北京国信（7704） | 中信信托（2718） | 兴业信托（1374） |
| 证券业资产 | 华润信托（3765） | 建信信托（2685） | 外贸信托（2308） |
| 实业资产 | 中信信托（3562） | 渤海信托（3383） | 新时代（3055） |
| 金融机构资产 | 中信信托（3762） | 建信信托（3167） | 中融信托（2274） |

基础产业资产规模前3名的信托公司发生了一定的变化。其中，中信信托继续维持在第1名，英大信托由2018年的第4名上升至2019年的第2名，上海国信由2018年的第2名下降至2019年的第3名，交银国信则由2018年的第3名下降至2019年的第5名。

房地产业资产规模排名在2019年也发生了较大的变化。北京国信由2018年的第10名上升至2019年的第1名，兴业信托由2018年的第31名上升至2019年的第3名，上升幅度均较大。中信信托由2018年的第1名下降至2019年的第2名，平安信托由2018年的第2名下降至2019年的第5名，中诚信托则由2018年的第3名下降至2019年的第12名。

证券业资产规模前3名的信托公司变动相对较小。华润信托和建信信托仍然保持在行业前2名。外贸信托与江苏国信的排名发生了互换，外贸信托由2018年的第4名上升至2019年的第3名，江苏国信则由2018年的第3名下降至2019年的第4名。

实业资产规模前3名的信托公司与2018年相比发生了一定的变化。中信信托由2018年的第8名上升至2019年的第1名，渤海信托维持在第2名的位置，新时代由2018年的第1名下降至2019年的第3名，国民信托则由2018年的第3名下降至2019

年的第 12 名。

金融机构资产规模前 3 名的信托公司与 2018 年相比有所变化。2019 年，中信信托上升至第 1 名，中融信托维持在第 3 名不变，建信信托由 2018 年的第 1 名下降至 2019 年的第 2 名，兴业信托则由 2018 年的第 2 名下降至 2019 年的第 7 名。

另外，从自 2015 年以来各年信托资产构成比例的稳定程度来看，山东国信、大业信托、北方国信、天津信托、华信信托分别在基础产业资产、房地产业资产、证券业资产、实业资产和金融机构资产中的投资比例较为稳定。具体数据如表 3－5 所示。

**表 3－5　2015—2019 年各项信托资产投资比例最稳定的前 3 名**

| 项目 | 第 1 名 | 第 2 名 | 第 3 名 |
|---|---|---|---|
| 基础产业资产 | 山东国信（16.45%，0.02） | 兴业信托（6.68%，0.05） | 国元信托（46.11%，0.07） |
| 房地产业资产 | 大业信托（24.31%，0.05） | 工商信托（75.60%，0.07） | 华融国信（21.11%，0.11） |
| 证券业资产 | 北方国信（17.83%，0.06） | 外贸信托（48.32%，0.08） | 华宝信托（30.72%，0.14） |
| 实业资产 | 天津信托（80.84%，0.01） | 华信信托（15.20%，0.03） | 紫金信托（41.19%，0.05） |
| 金融机构资产 | 华信信托（22.05%，0.12） | 华能贵诚（12.93%，0.14） | 华融信托（35.27%，0.14） |

注：表中括号内第一个数字是平均值，第二个数字是变异系数。

# 第三节　信托资产运用分析

## 一、信托资产的运用分析

信托资产的运用方式可以分为货币资产、贷款、长期投资以及交易性金融资产等。2014—2019 年信托公司信托资产运用的分布特征如图 3－3 所示。

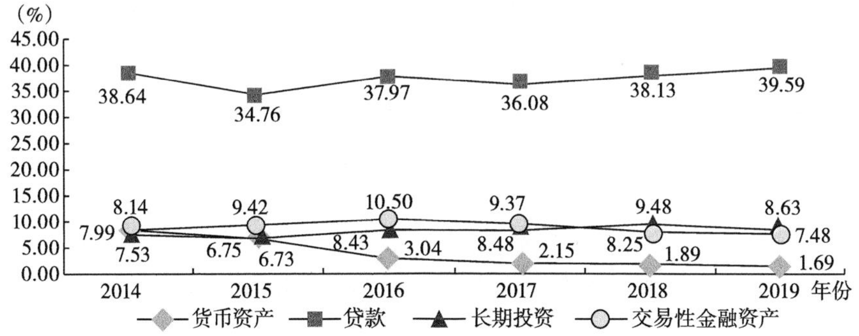


**图 3－3　2014—2019 年信托公司信托资产的运用分布**

自2014年以来，贷款资产的比例一直居于首位，但其数值存在一定波动。2011—2013年，贷款资产比例持续上升，由2011年的36.76%上升至2013年的45.05%，2014年和2015年连续两年下跌至34.76%，2016年又出现上升，小幅反弹至37.97%，2017年小幅下降至36.08%，2018年进一步上升至38.13%。2019年，该指标上升至39.59%。由此可见，贷款资产在信托资产中仍然占有举足轻重的地位。

2019年，长期投资比例仍然居于信托资产运用的第2位。整体而言，2014—2018年，长期投资比例呈现先降后升的“V”字形变化特征。2013年，该指标达到8.67%，2014年和2015年分别降至7.53%和6.73%。从2016年开始该指标进入上升通道，2016年和2017年分别增至8.43%和8.48%，2018年达到了9.48%。2019年，该指标虽然有所滑落，但8.63%的占比仍然高于货币资产与交易性金融资产。这在一定程度上表明信托公司普遍愿意通过降低资产的流动性来获取更高的信托资产收益水平。

2019年，交易性金融资产比例位居第3。2014—2019年，该指标呈现小幅波动的特征。2014年该指标为7.99%，2015年和2016年连续两年出现上涨，分别达到9.42%和10.50%。2017—2019年，该指标连续3年出现下行趋势，2017年和2018年分别为9.37%和8.25%，2019年该指标进一步降至7.48%。值得注意的是，从2017年开始，交易性金融资产排名第2的位置开始被长期投资取代。信托公司在运用信托资金时，将投资的目标由追求短期收益的交易性金融资产转换为投资期限更长的长期投资，这表明随着信托市场与资管规范的不断完善，信托公司的经营策略转为更加追求长期收益。

2014—2019年，货币资产的比例除了2014年大幅增加外其余年份均逐年下降，从2012年的最高值9.55%降为2013年的6.80%，2014年小幅增加至8.14%，2015年小幅下跌至6.75%，2016年大幅下跌至3.04%，2017年和2018年更是进一步分别降至2.15%和1.89%的低点。2019年该趋势没有得到逆转，货币资产占比仅为1.69%，为近年来的最低水平。由此可见，货币资产虽然风险水平相对较低，但是由于其盈利能力相对较差，因此在信托行业发展过程中，该类资产占比在逐渐缩减。

综上所述，我们不难看出，2019年各信托公司的投资资产运用策略的整体变化呈现“一高三低”的局面。其中，贷款比例由2018年的38.13%上升至2019年的39.59%，该类资产的比例仍然最高。同时与2018年相比，虽然长期投资、交易性金融资产与货币资产的排名没有发生变化，但这三类资产比重在2019年均出现了下滑。这些数据表明，信托行业在信托资产运用中主要依赖贷款资产的格局并没有发生变化，货币资产与交易性金融资产两类流动性较强的信托资产比例在逐渐缩减，长期投资仍然占据较为重要的位置。在信托行业发展面临严峻挑战的今天，信托公司的投资重点由流动性较强的资产转换为盈利能力更强的长期投资，并由此提高其主动管理能力。

图 3－4 描述了 2013—2019 年信托公司信托资产运用方式比例的变化速度。

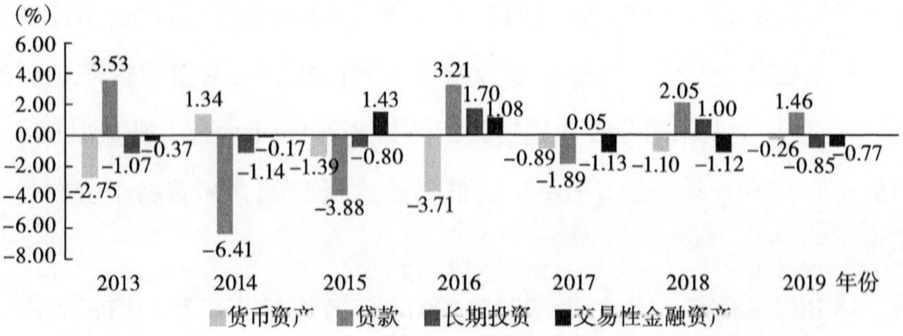


**图 3－4 2013—2019 年信托公司信托资产运用方式比例的变化速度**

其中，交易性金融资产的波动性最小，波动区间为－0.37%～1.43%，最大跌幅为 2017 年的－1.13%，最大涨幅则为 2015 年的 1.43%。值得注意的是，经过 2013 年与 2014 年的相对稳定期，从 2015 年开始交易性金融资产的波动程度有所加大。2013—2015 年，长期投资资产比例均实现了负增长，2016 年增长了 1.70%，2017 年增长了 0.05%，2018 年增长了 1.00%，然而 2019 年该指标下降了 0.85%。

在过去 6 年中，除 2015 年与 2017 年外，货币资产与贷款的变动基本是负相关的，即其中一项资产比例的增长必定伴随另一项资产比例的下降。2014 年货币资产比例上升了 1.34%，而长期投资资产比例下降了 1.14%；2018 年货币资产比例下降了 1.10%，而长期投资资产比例上升了 1.00%；2019 年货币资产比例下降了 0.26%，而贷款资产比例提高了 1.46%。这可能表明信托公司仍然在资产的流动性与盈利性之间进行权衡。两类资产之间是否存在替代关系还有待未来数据的进一步验证。

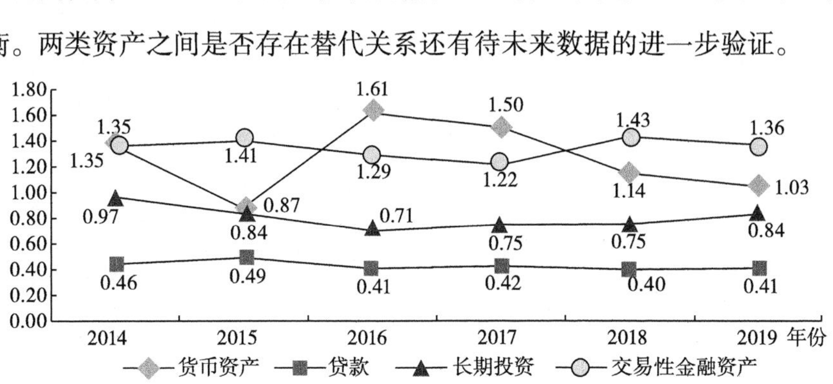


**图 3－5 2014—2019 年信托资产运用方式构成比例的变异系数**

图3－5描述了2014—2019年信托资产的运用方式构成比例在不同信托公司之间的变异系数。首先，贷款的变异系数一直比较低，2014年之后，变异系数都在0.50以下，除2014年为0.46、2015年为0.49外，其余4年均在0.40左右徘徊。这表明不同信托公司对贷款资产比例的态度比较一致。其次，长期投资资产的变异系数也比较稳定，过去6年均为0.71～0.97。这表明在近6年，不同信托公司对长期投资资产比例的态度分歧基本稳定。另外，从变异系数看，不同信托公司对货币资产比例的态度除了2015年外，在其余4年的分歧均比较大，尤其是2016年大幅上升至1.61，达到近6年以来的最高值。2019年虽然有所下降，但仍然达到1.03，显著高于贷款资产与长期投资资产。

综合上述分析，我们不难发现，2013—2014年各信托公司对于信托资产运用的变异性变化不大，而在2015年这一趋势发生了变化，2016—2019年继续保持这一趋势。这显示各信托公司在信托资产运用方面的态度近年来开始出现了分化，2015年以来各信托公司的同质化竞争形势有了明显的松动，这有利于信托行业的可持续发展。2015—2019年信托公司信托资产运用方式分布情况如表3－6所示。

**表3－6　　2015—2019年信托公司信托资产运用方式分布**

| 项目 | | 2015年 | 2016年 | 2017年 | 2018年 | 2019年 |
|---|---|---|---|---|---|---|
| 披露公司数目 | | 66 | 64 | 62 | 64 | 64 |
| 货币资产 | 规模（万元） | 1658037 | 1656976 | 1031960 | 1043376 | 816590 |
| | 占比（%） | 6.75 | 3.04 | 2.15 | 1.89 | 1.69 |
| | 占比增长（%） | －1.39 | －3.71 | －0.89 | －0.26 | －0.20 |
| | 最大值（%） | 33.30 | 29.82 | 17.54 | 12.75 | 10.24 |
| | 最小值（%） | 0.00 | 0.00 | 0.18 | 0.05 | 0.06 |
| | 标准差（%） | 5.91 | 4.90 | 3.22 | 0.02 | 1.74 |
| | 变异系数 | 0.87 | 1.61 | 1.50 | 1.14 | 1.03 |
| 贷款 | 规模（万元） | 8533610 | 9844327 | 13649619 | 12893638 | 12560479 |
| | 占比（%） | 34.76 | 37.97 | 36.08 | 38.13 | 39.59 |
| | 占比增长（%） | －3.88 | 3.21 | －1.89 | 2.05 | 1.46 |
| | 最大值（%） | 86.60 | 68.70 | 80.84 | 72.35 | 76.99 |
| | 最小值（%） | 0.03 | 8.60 | 3.25 | 3.31 | 0.59 |
| | 标准差（%） | 16.93 | 15.54 | 15.30 | 15.36 | 16.18 |
| | 变异系数 | 0.49 | 0.41 | 0.42 | 0.40 | 0.41 |

续表

| 项目 | | 2015 年 | 2016 年 | 2017 年 | 2018 年 | 2019 年 |
|---|---|---|---|---|---|---|
| 长期投资 | 规模（万元） | 1652335 | 2146446 | 2886342 | 2850223 | 2461784 |
| | 占比（%） | 6.73 | 8.43 | 8.48 | 9.48 | 8.63 |
| | 占比增长（%） | -0.80 | 1.70 | 0.05 | 1.00 | -0.85 |
| | 最大值（%） | 52.50 | 28.01 | 31.39 | 37.25 | 38.96 |
| | 最小值（%） | 0.85 | 0.86 | 0.22 | 0.20 | 0.00 |
| | 标准差（%） | 5.65 | 5.98 | 6.37 | 7.07 | 7.21 |
| | 变异系数 | 0.84 | 0.71 | 0.75 | 0.75 | 0.84 |
| 交易性金融资产 | 规模（万元） | 3669147 | 4283962 | 4800038 | 3375954 | 3195170 |
| | 占比（%） | 9.42 | 10.50 | 9.37 | 8.25 | 7.48 |
| | 占比增长（%） | 1.43 | 1.08 | -1.13 | -1.12 | -0.77 |
| | 最大值（%） | 69.07 | 73.08 | 45.84 | 56.18 | 52.59 |
| | 最小值（%） | 0.00 | 0.00 | 0.00 | 0.00 | 0.00 |
| | 标准差（%） | 13.17 | 13.41 | 11.46 | 11.81 | 10.19 |
| | 变异系数 | 1.41 | 1.29 | 1.22 | 1.43 | 1.36 |

## 二、信托资产运用的公司分析

2019 年各项信托资产运用方式比例最大的前 3 名如表 3－7 所示。

**表 3－7　　2019 年各项信托资产运用方式比例最大的前 3 名**

| 项目 | 第 1 名 | 第 2 名 | 第 3 名 |
|---|---|---|---|
| 货币资产 | 江苏国信（10.24%） | 中信信托（8.73%） | 建信信托（4.57%） |
| 贷款 | 山西信托（76.99%） | 湖南信托（72.94%） | 万向信托（70.23%） |
| 长期投资 | 长城新盛（38.96%） | 中粮信托（34.80%） | 北京国信（27.92%） |
| 交易性金融资产 | 外贸信托（52.59%） | 华润信托（32.79%） | 东莞信托（27.45%） |

从表 3－7 可以看出，2019 年货币资产占比行业前 3 名与 2018 年相比变化不大。其中，江苏国信由 2018 年的第 3 名上升至 2019 年的第 1 名，建信信托由 2018 年的第 1 名下降至 2019 年的第 3 名，中信信托则维持在行业第 2 名不变。

贷款占比在 2019 年发生了一定的变化。其中，山西信托在 2018 年与 2019 年连续两年维持在行业第 1 名，湖南信托由 2018 年的第 7 名上升至 2019 年的第 2 名，万向信托由 2018 年的第 11 名上升至 2019 年的第 3 名，国民信托由 2018 年的第 2 名下降至 2019 年的第 7 名，中原信托则由 2018 年的第 3 名下降至 2019 年的第 4 名。

长期投资占比在2019年相对变化不大。长城新盛与中粮信托排名出现互换，长城新盛由2018年的第2名上升至2019年的第1名，中粮信托则由2018年的第1名下降至2019年的第2名，北京国信仍位于行业第3名。

交易性金融资产占比也发生了一定的变化。外贸信托与华润信托分别由2018年的第2名和第3名上升至2019年的第1名和第2名，东莞信托由2018年的第6名上升至2019年的第3名，新华信托则由2018年的第1名下降至2019年的第32名。

2019年各项信托资产运用方式规模最大的前3名如表3-8所示。

**表3-8　　2019年各项信托资产规模最大的前3名**　　单位：万元

| 项目 | 第1名 | 第2名 | 第3名 |
|---|---|---|---|
| 货币资产 | 中信信托（13737753） | 建信信托（6360188） | 江苏国信（3765095） |
| 贷款 | 建信信托（67391180） | 中信信托（61569260） | 华润信托（41243380） |
| 长期投资 | 中信信托（17023936） | 中航信托（10398216） | 中融信托（10232737） |
| 交易性金融资产 | 华润信托（35130462） | 外贸信托（23445330） | 建信信托（13987041） |

2019年货币资产规模排名变化幅度较小。中信信托与建信信托互换排名，中信信托由2018年的第2名上升至2019年的第1名，建信信托由2018年的第1名下降至2019年的第2名，江苏国信则维持在第3名不变。

贷款资产规模排名出现了一定的变化，中信信托与建信信托互换排名。建信信托由2018年的第2名上升至2019年的第1名，中信信托由2018年的第1名下降至2019年的第2名。华润信托由2018年的第5名上升至2019年的第3名，渤海信托由2018年的第3名下降至2019年的第4名。

长期投资资产规模排名在2019年也出现了一定的变化。中信信托、中航信托仍然维持在行业前2位。中融信托由2018年的第4名上升至2019年的第3名，华能贵诚则由2018年的第3名下降至2019年的第6名。

2019年交易性金融资产规模排名前2位的仍然是华润信托与外贸信托，建信信托由2018年的第6名上升至2019年的第3名，江苏国信则由2018年的第3名下降至2019年的第6名。

2015—2019年各项信托资产比例最稳定的前3名如表3-9所示。

表 3-9　　2015—2019 年各项信托资产比例最稳定的前 3 名

| 项目 | 第 1 名 | 第 2 名 | 第 3 名 |
| --- | --- | --- | --- |
| 货币资产 | 长安国信（1.46%，0.05） | 中融信托（2.14%，0.12） | 国民信托（0.51%，0.14） |
| 贷款 | 北方国信（49.11%，0.03） | 中建投信托（48.75%，0.05） | 雪松信托（63.64%，0.06） |
| 长期投资 | 大业信托（11.27%，0.05） | 中诚信托（15.86%，0.09） | 中融信托（14.74%，0.09） |
| 交易性金融资产 | 北方国信（16.74%，0.04） | 兴业信托（11.32%，0.08） | 东莞信托（23.89%，0.12） |

注：表中括号内第一个数字是平均值，第二个数字是变异系数。

如表 3-9 所示，中融信托在货币资产与长期投资两方面的比重均较为稳定，北方国信则在贷款资产与交易性金融资产中的比重较为稳定。

# 第四章　信托资产盈利能力分析

# 第一节 信托收入

## 一、信托收入的历史分析

截至2020年5月底，共有66家信托公司披露了2019年信托收入相关数据。

根据信托公司最新披露信息显示，2019年，信托行业平均信托收入为2217505万元，相比2018年出现了较大幅度的上升，平均增幅为592674万元，增长率达到36.48%。自2014年以来，信托公司的信托收入在2014年的上升幅度最大，达到53.52%，而2017年的增幅也达到了39.11%，但从2015年开始，信托收入增幅开始放缓。其中，2015年的增幅仅有13.38%，2016年出现了14.85%的下滑，2018年下降幅度进一步提高至21.24%，2019年36.48%的增幅仅次于2014年。值得注意的是，2015—2019年，信托业务收入的平均增长率出现正负交替的局面，这可能表明信托公司会根据上一年度的信托收入情况对其业务规模进行周期性调整。具体数据如表4－1所示。

**表4－1　　2015—2019年信托公司信托收入的统计分析**

| 项目 | 2015年 | 2016年 | 2017年 | 2018年 | 2019年 |
|---|---|---|---|---|---|
| 平均值（万元） | 1897191 | 1615454 | 2063063 | 1624831 | 2217505 |
| 均值增长幅度（万元） | 223901 | －281737 | 447609 | －438232 | 592674 |
| 平均值增长率（%） | 13.38 | －14.85 | 39.11 | －21.24 | 36.48 |
| 公司数目 | 68 | 68 | 68 | 68 | 66 |
| 最大值（万元） | 7067050 | 7552412 | 7807201 | 7171351 | 11042094 |
| 最小值（万元） | 74021 | 51312 | 53725 | －2102189 | 19438 |
| 标准差（万元） | 1712474 | 1398304 | 1707978 | 1618546 | 2081975 |
| 变异系数 | 0.90 | 0.87 | 0.83 | 1.00 | 0.94 |

2018年以前，从未出现信托公司的信托收入为负值的情况。在2018年收录的所有68家信托公司中，有64家信托公司的信托收入为正数，只有4家信托公司出现了信托收入为负的情况。这些信托公司营业收入出现负值主要受到外部环境对投资收益以及公允价值变动损益等财务指标的负面影响。但是，在2019年所有公布相关数据的信托公司中信托收入均为正值。

2007年，单个信托公司的信托收入出现历史高点2137956万元。在之后的4年中，该指标一直在100亿元级别徘徊。2012年信托收入最高值远远突破了2007年的纪录，达到3081299万元，2013年单个信托公司的信托收入又在2012年的基础上达到3824727万元，2014年这一指标又创新高，达到5760493万元，2015年与2016年继续刷新历史纪录，分别达到7067050万元和7552412万元，2017年该指标进一步增长至7807201万元。2018年该指标出现一定回落，仅为7171351万元，然而2019年又增长至11042094万元，为近年来的最大值。这可能由于经过2018年的行业调整后，很多信托公司开始加大业务规模。

2015—2019年，信托公司的信托收入变异系数呈现出周期性波动的趋势。2015年该指标上涨至0.90，2016年和2017年有所下降，分别为0.87和0.83。2018年，该指标达到1.00，为近5年来的最高值。2019年，该指标小幅下降至0.94。由此可见，相比2018年的行业调整期，2019年信托公司之间的信托收入差异度有所降低。

综合上述分析，我们不难发现，2014—2015年，信托公司的平均信托收入逐年持续增长。尤其是2014年，在2012年、2013年连续出现129.52%和50.22%的增幅基础上持续增长53.52%。但是，2015年信托公司平均信托收入增幅大幅缩减，以往持续高速增长的态势在2015年发生了转变。2016年则延续了这一趋势，出现了近5年以来的首次下跌。2017年该指标出现了一定的反弹迹象，实现了39.11%的增长，变异系数也进一步降至0.83。2018年，信托公司平均信托收入下降21.24%，变异系数增加至近几年的最大值1.00，这表明2018年信托行业面临了较为严峻的发展环境。2019年，信托公司平均信托收入增长36.48%，变异系数也降低至0.94，信托行业在经历2018年的阵痛后，整体业绩水平均有所回升。

## 二、信托收入的公司分析

从信托收入排名来看，2019年，信托收入最大的前5名信托公司为：中信信托（11042094万元）、建信信托（7929574万元）、华润信托（7734685万元）、中融信托

（6012037 万元）与华能贵城（5369311 万元）。

与 2018 年相比，信托公司信托收入前 5 名发生了一定的变化。其中，中信信托由 2018 年的 7024115 万元大幅上升至 2019 年的 11042094 万元，排名也由 2018 年的第 2 名上升至 2019 年的第 1 名。华润信托 2019 年的信托收入达到 7734685 万元，由 2018 年的第 29 名上升至 2019 年的第 3 名，提升幅度较大。中融信托的信托收入由 2018 年的 3552569 万元增长至 2019 年的 6012037 万元，排名也由 2018 年的第 8 名上升至 2019 年的第 4 名。建信信托的信托收入由 2018 年的 7171351 万元上升至 2019 年的 7929574 万元，但由于其增长速度低于中信信托，因此排名由 2018 年的第 1 名下降至 2019 年的第 2 名。华能贵诚 2019 年的信托业务收入为 5369311 万元，相比 2018 年略有下降，其排名也由 2018 年的第 3 名下降至 2019 年的第 5 名。交银国信 2019 年的信托收入为 4992775 万元，虽然相比 2018 年的 4680385 万元有所上升，但是其排名却由 2018 年的第 4 名下降至 2019 年的第 7 名。渤海信托 2019 年的信托收入为 3199810 万元，相比 2018 年有所下降，其排名也由 2018 年的第 5 名下降至 2019 年的第 15 名。

另外，2005 年 68 家信托公司中信托收入超过 10 亿元的有 67 家，仅有 1 家信托公司的信托收入不足 10 亿元。2016 年不足 10 亿元的公司增加到 2 家，2017 年重新减少至 1 家。2018 年，有 5 家信托公司的信托收入不足 10 亿元，其中还有 4 家信托公司出现了负数。2019 年，只有 1 家信托公司的信托收入不足 10 亿元，并且所有公布该数据的 66 家信托公司的信托收入均为正数。

从信托收入增幅来看，2019 年，信托收入增幅排名前 5 的公司分别为：粤财信托（761. 41%）、华润信托（402. 83%）、华信信托（107. 57%）、光大兴陇（101. 49%）以及湖南信托（99. 82%）。通过对该数据的分析发现，2019 年各公司的信托收入增幅与 2018 年相比发生了较大变化，2018 年增幅排名前 5 的信托公司在 2019 年均没有进入前 5。同时，2019 年排名前 5 的信托公司的增幅数据也远远高于 2018 年排名前 5 的信托公司。由此可见，许多信托公司都在 2019 年对信托业务进行了正向调整。

从 2014—2019 年 5 年以来各年信托收入的稳定程度来看，最稳定公司的前 3 名分别是英大信托（变异系数为 0. 05，平均值为 1352654 万元）、国联信托（变异系数为 0. 11，平均值为 444333 万元）以及吉林信托（变异系数为 0. 12，平均值为 459851 万元）。另外，信托收入波动程度最大的前 3 家公司分别是陕西国信（变异系数为 1. 38，平均值为 1098448 万元）、云南国信（变异系数为 0. 94，平均值为 1279341 万元）以及山西信托（变异系数为 0.78，平均值为 393178 万元）。

## 第二节　信托项目收益率

### 一、集合类信托项目收益率

2019 年度蓝皮书得到 65 家信托公司披露的集合类信托项目加权平均实际收益率数据，与 2018 年度蓝皮书相比略有下降。

对于全体信托公司集合类信托项目加权平均实际收益率来讲，2015 年以来，信托公司集合类信托项目平均收益率在 5% ~10% 波动，经历 2012 年的最低值 6.87% 之后，2013 年、2014 年和 2015 年该指标持续上升，在 2015 年达到近 5 年的最高值 9.70%，2016 年则又小幅下跌至 8.26%，2017 年降至 7.30%，2018 年进一步降至近年来的最低值 5.08%，2019 年增加至 5.84%。值得注意的是，经过 2016—2018 年连续 3 年的持续下降，集合类信托项目平均收益率在 2019 年有所上升，但 2019 年是否会成为集合类信托项目收益率的拐点，还有待未来进一步的观测与分析。

就单个公司集合类信托项目收益率而言，只有 2014 年与 2017 年全部公司的集合类信托项目收益率均为正数。2015 年和 2016 年，分别有 1 家公司该指标为负值，2018 年有 6 家信托公司的集合类信托项目收益率为负值，为近年来的最大值。2019 年只有 2 家信托公司的集合类信托项目收益率为负值，相比 2018 年，无论是从均值还是收益率大于 0 的公司数均有所提升。

从各信托公司在指标上的表现差异度方面来看，近 5 年来，2015 年与 2018 年的变异系数分别为 0.75 和 0.85，其余 3 年的变异系数均不超过 0.40。2015 年该指标上升至 0.75，2016 年又大幅下跌至 0.25，2017 年又上升至 0.29，2018 年则上升至近 5 年来的最大值 0.85，2019 年该指标回落至 0.40，这表明信托公司之间的集合类信托项目收益率之间的差异在 2019 年有所缩小。具体数据如表 4－2 所示。

**表 4－2　2015—2019 年信托公司集合类信托项目平均收益率统计**

| 项目 | 2015 年 | 2016 年 | 2017 年 | 2018 年 | 2019 年 |
|---|---|---|---|---|---|
| 平均值（%） | 9.70 | 8.26 | 7.30 | 5.08 | 5.84 |
| 均值增长幅度（%） | 0.14 | －1.44 | －1.11 | －2.22 | 0.76 |

续表

| 项目 | 2015 年 | 2016 年 | 2017 年 | 2018 年 | 2019 年 |
|---|---|---|---|---|---|
| 披露公司数目 | 66 | 68 | 68 | 68 | 65 |
| 收益率为负的公司数 | 1 | 1 | 0 | 6 | 2 |
| 最大值（%） | 38.21 | 9.74 | 14.34 | 10.28 | 9.92 |
| 最小值（%） | -2.64 | -1.59 | 1.02 | -13.35 | -5.22 |
| 标准差（%） | 7.25 | 2.08 | 2.11 | 4.32 | 2.36 |
| 变异系数 | 0.75 | 0.25 | 0.29 | 0.85 | 0.40 |

2019 年集合类信托项目收益率排名前 3 位的公司分别是：山西信托（9.92%）、中融信托（9.10%）以及北京国信（9.04%），与 2018 年的前 3 名完全相同。

从该指标历年的稳定程度来看，中建投信托、英大信托与建信信托从 2015 年以来保持了非常稳定的表现，每年分别实现 7.88%、9.65% 以及 6.97% 的平均集合类项目收益率，其变异系数分别为 0.07、0.08 与 0.09，位于行业领先水平。

## 二、单一类信托项目收益率

2015—2016 年，信托公司单一类信托项目收益率持续上升。如表 4-3 所示，2013 年该指标为 7.03%，2014 年、2015 年则持续小幅上涨，2016 年单一收益率的最高值达到 7.90%。然而 2017 年单一类信托项目收益率平均值首次出现下降，降幅为 1.13%。2018 年该指标进一步下降至 5.93%，降幅为 0.38%。单一类信托项目收益率经历了 2017—2018 年连续两年的下降，在 2019 年出现了反弹，2019 年单一类信托项目收益率平均值增长至 6.58%，最高为 33.55%，为近年来的最大值，最低值为 1.65%，增长由负转正。

从变异系数来看，2019 年为 0.56，为近年来的最大值。由此可见，2019 年，虽然信托行业单一类信托项目收益率整体水平有所上升，但是信托公司间的差异程度却显著提升。具体数据如表 4-3 所示。

**表 4-3　　2015—2019 年信托公司单一类信托项目收益率统计**

| 项目 | 2015 年 | 2016 年 | 2017 年 | 2018 年 | 2019 年 |
|---|---|---|---|---|---|
| 平均值（%） | 7.43 | 7.44 | 6.31 | 5.93 | 6.58 |
| 均值增长幅度（%） | 0.39 | 0.01 | -1.13 | -0.38 | 0.65 |
| 披露公司数目 | 67 | 68 | 68 | 68 | 66 |
| 最大值（%） | 16.21 | 7.90 | 9.77 | 10.30 | 33.55 |

续表

| 项目 | 2015 年 | 2016 年 | 2017 年 | 2018 年 | 2019 年 |
|---|---|---|---|---|---|
| 最小值（%） | 5. 40 | 4. 67 | 0. 47 | -1. 49 | 1. 65 |
| 标准差（%） | 1. 80 | 1. 47 | 1. 46 | 1. 43 | 3. 70 |
| 变异系数 | 0. 24 | 0. 20 | 0. 23 | 0. 24 | 0. 56 |

2019 年，单一类信托项目收益率前 3 名的信托公司分别为：中泰信托（33. 55%）、华宸信托（12. 14%）以及工商信托（11. 77%）。通过对比可以发现，单一类信托项目收益率排名相比 2018 年发生了较大的变化。2018 年单一类信托项目收益率排名前 3 的浙商金汇、中原信托以及安信信托在 2019 年分别排名第 45 位（5. 62%）、第 24 位（6. 30%）以及第 23 位（6. 31%）。同时，单一类信托项目收益率的年度变化要显著高于集合类信托项目。

从该指标历年的稳定程度来看，交银国信自 2015 年以来保持了比较稳定的收益率，单一类信托项目平均收益率为 5. 49%，变异系数为 0. 03。另外，百瑞信托与雪松国信的单一收益率也比较稳定，收益率平均值分别为 7. 07% 和 6. 52%，变异系数分别为 0. 04 和 0. 05。

## 第三节　新增信托项目

2019 年度蓝皮书得到 66 家信托公司披露的新增信托项目数据，相比 2018 年度有所减少。

### 一、新增信托项目规模

2019 年，信托公司平均新增信托项目规模为 12343321 万元，比 2018 年增加 3. 65%。值得注意的是，经过 2018 年新增信托项目规模均值下降之后，2019 年该指标出现了回升。另外，2019 年披露的 66 家公司中有 62 家新增信托项目规模超过百亿元。

各公司新增信托项目规模的变异系数在 2015 年为 1. 04，2016 年达到近 5 年的最高值 1. 06，2017 年与 2018 年又分别降到 0. 95 和 0. 84，2019 年重新增长至 1. 03。这表明 2019 年虽然新增信托项目规模出现增长，但是信托公司间的差异也有所扩大。具体数据如表 4 -4 所示。

表 4-4 2015—2019 年新增信托项目规模统计分析

| 项目 | 2015 年 | 2016 年 | 2017 年 | 2018 年 | 2019 年 |
|---|---|---|---|---|---|
| 平均值（万元） | 13239438 | 18521612 | 22988470 | 11908250 | 12343321 |
| 均值增长幅度（万元） | 2295963 | 5282173 | 4466858 | -11080220 | 435071 |
| 均值增长率（%） | 20.98 | 39.9 | 24.12 | -48.20 | 3.65 |
| 公司数目 | 68 | 68 | 68 | 68 | 66 |
| 最大值（万元） | 63084277 | 111100654 | 114257851 | 49142998 | 52281448 |
| 最小值（万元） | 258746 | 436870 | 1769509 | 5000 | 130 |
| 标准差（万元） | 13728662 | 19639874 | 21930626 | 10055794 | 12690511 |
| 变异系数 | 1.04 | 1.06 | 0.95 | 0.84 | 1.03 |

新增信托项目规模 2019 年排前 3 名的信托公司为：五矿信托（52281448 万元）、中信信托（52052345 万元）以及光大兴陇（47965910 万元）。2019 年，新增信托项目规模排前 3 名的信托公司与 2018 年相比发生了一定的变化。其中，中信信托与光大兴陇在 2019 年的新增信托项目规模有所增加，其排名仍然位居第 2 名和第 3 名。五矿信托新增信托项目规模为 52281448 万元，由 2018 年的第 8 名上升至 2019 年的第 1 名，上升速度较快。而建信信托则由 2018 年的第 1 名下降至 2019 年的第 5 名（36323680 万元）。

## 二、新增信托项目数量

2019 年，信托公司平均新增信托项目数量为 315 个，比 2018 年增加了 47 个，增长率为 17.54%。2012—2014 年，信托公司平均新增信托项目数量已经连续 3 年增长，2014 年达到较高水平，但是 2015 年新增信托项目数量均值大幅下降至 287 个。从 2016 年开始，该指标呈现出周期性波动特征，其中 2016 年下降 8 个，2017 年上升 105 个，2018 年大幅下降 116 个，2019 年该指标出现反弹，增长 47 个。

2019 年，新增项目数量排名前 3 位的信托公司分别为：中信信托（1480 个）、中航信托（1283 个）、外贸信托（1099 个）。在 2019 年披露该指标的 66 家公司中，有 43 家信托公司新增信托项目数量高于 2018 年，有 22 家信托公司新增信托项目数量少于 2018 年，有 1 家信托公司新增信托项目数量与 2018 年持平。从年度最小值来看，2015 年新增信托项目最小值为 3 个，2016 年小幅增加至 12 个，2017 年进一步增加至 19 个，2018 年则降为 1 个。2019 年该指标仍然为 1 个，与 2018 年持平。

此外，2015—2017 年，各公司新增项目数量的变异系数均在 0.80 ~ 0.90 波动。2015 年为 0.88，2016 年小幅下降至 0.85，2017 年进一步下降至 0.81，2018 年该指标上升至 1.02，2019 年进一步上升至 1.03，为近年来的最大值，这说明信托公司之间在新增信托项目数量上的差异有所扩大。具体数据如表 4 - 5 所示。

**表 4 - 5　　2015—2019 年新增信托项目数量统计分析**

| 项目 | 2015 年 | 2016 年 | 2017 年 | 2018 年 | 2019 年 |
|---|---|---|---|---|---|
| 平均值（个） | 287 | 279 | 384 | 268 | 315 |
| 均值增长幅度（个） | -31 | -8 | 105 | -116 | 47 |
| 均值增长率（%） | -9.75 | -2.79 | 37.54 | -30.21 | 17.54 |
| 披露公司数目 | 66 | 68 | 68 | 68 | 66 |
| 最大值（个） | 1148 | 1280 | 1552 | 1256 | 1480 |
| 最小值（个） | 3 | 12 | 19 | 1 | 1 |
| 标准差（个） | 250 | 238 | 310 | 272 | 326 |
| 变异系数 | 0.88 | 0.85 | 0.81 | 1.02 | 1.03 |

## 三、新增集合项目比例

新增信托项目可以分为集合类项目和单一类项目，在 2015—2019 年新增信托项目中，集合类项目的比例如表 4 - 6 所示。2015 年新增集合类信托项目比例为 35.35%，2016 年小幅增加至 35.76%，2017 年继续增加至 41.21%，2018 年增加至 43.86%，2019 年增加至 50.32%，为近年来的最高水平。从变异系数来看，2015 年的变异系数为 0.63，2016 年降至 0.56，2017 年降至 0.48，2018 年则上升至 0.60，2019 年回落至 0.55。根据数据显示，2019 年新增集合类信托项目占比均值有所上升，而行业内变异系数有所下降，这表明 2019 年信托公司普遍将经营重点关注于集合类信托项目。

**表 4 - 6　　2015—2019 年新增集合类信托项目比例统计分析**

| 项目 | 2015 年 | 2016 年 | 2017 年 | 2018 年 | 2019 年 |
|---|---|---|---|---|---|
| 平均值（%） | 35.35 | 35.76 | 41.21 | 43.86 | 50.32 |
| 均值增长幅度（%） | 3.55 | 0.41 | 5.45 | 2.65 | 6.46 |
| 最大值（%） | 91.32 | 91.85 | 92.32 | 100.00 | 100.00 |
| 最小值（%） | 0.00 | 0.00 | 4.04 | 0.21 | 0.00 |
| 标准差（%） | 22.38 | 20.12 | 19.87 | 26.30 | 27.55 |
| 变异系数 | 0.63 | 0.56 | 0.48 | 0.60 | 0.55 |

2019 年，新增集合类项目比例最高的前 3 名信托公司为：安信信托（100%）、工商信托（94.88%）以及东莞信托（93.37%）。该指标的前 3 名与 2018 年相比发生了较大的变化。安信信托由 2018 年的第 40 名（36.93%）上升至 2019 年的第 1 名，工商信托由 2018 年的第 4 名（88.63%）上升至 2019 年的第 2 名，东莞信托由 2018 年的第 39 名（37.04%）上升至 2019 年的第 3 名。而 2018 年排名前 3 位的长城新盛、国联信托与交银国信在 2019 年均不在前 3 名之列，这表明信托公司对于新增集合项目比例的调整较为频繁。

## 四、新增主动型比例

2019 年，信托公司新增主动管理型信托资产项目平均规模为 7597687 万元，相比 2018 年有所增长，增幅为 2711713 万元；新增主动管理型平均占比为 57.45%，相比 2018 年的 41.03% 有所增加。其中，在披露该指标的 65 家信托公司中有 8 家信托公司的新增信托项目主动管理型比例超过 90%，相比 2018 年的 3 家有所增加。具体数据如表 4－7 所示。

**表 4－7　2015—2019 年新增主动管理型项目金额比例统计分析**

| 项目 | 2015 年 | 2016 年 | 2017 年 | 2018 年 | 2019 年 |
| --- | --- | --- | --- | --- | --- |
| 平均值（%） | 43.11 | 27.39 | 31.54 | 41.03 | 57.45 |
| 均值增长幅度（%） | －1.45 | －15.72 | 4.15 | 9.49 | 16.42 |
| 最大值（%） | 100.00 | 92.89 | 274.26 | 100.00 | 100.00 |
| 最小值（%） | 0.00 | 0.00 | 0.63 | 0.31 | 0.00 |
| 标准差（%） | 24.93 | 23.73 | 43.52 | 26.50 | 25.92 |
| 变异系数 | 0.58 | 0.87 | 1.38 | 0.65 | 0.45 |

# 第五章　自营资产分布与运用分析

# 第一节 自营资产规模

## 一、自营资产规模的整体分析

从本报告获得的2019年年报披露情况来看，有65家信托公司公布了自营资产规模相关数据。

2019年，信托行业自营资产规模继续攀升，平均每家信托公司自营总资产规模为113.58亿元，比2018年上升7.79亿元，上升幅度为7.36%，增速继续放缓。自2004年以来，信托公司的自营总资产规模2007年增长率最大，达到34.94%；2005年下跌幅度最大，下跌了22028万元，下跌比率为14.53%。

自营总资产缩减的公司数目的最大值出现在2005年，达到27家，在2007年降到9家之后，2008年上升到25家，2009年又回降到7家，2010年也是7家，2012年则继续减少为3家，2016年这一数据有所上升，达到8家，2017年为13家，2019年与2018年持平，维持在17家。对于自营净资产，2008年发生缩减的公司数目为史上最多的15家，此后逐年下降，2011年、2012年及2013年均降为3家，2014年增长至4家，2015年增至5家，2016年增至7家，2017年维持在8家，2018年则大幅上升至13家，2019年又下降至4家。

2019年，信托行业中自营总资产规模最大的公司为中信信托，其2019年自营总资产为320.54亿元，自营净资产为296.83亿元。

从各年度信托公司之间的自营资产规模差异来看，2004年差异性最小，变异系数为0.76，然后逐年上升，到2007年上升到最大值1.12，接下来的3年基本稳定在1.06~1.08。2017年变异系数进一步降低到0.66，2018年持续下降至0.59，而2019

年上升至0.66，这说明各公司的自营资产规模的差异性出现了扩大的情况。同样，自营净资产的变异系数也延续了2008年以来的下降趋势，2013年继续下降到0.80，2015年与2014年持平，为0.74，2016年下降为0.68，2017年继续下降至0.65，2018年保持了下降态势，降至0.64，2019年出现小幅上升，升至0.67。自营总资产与自营净资产的相关描述性统计如表5－1与表5－2所示。

**表5－1　　2015—2019年信托公司自营资产规模统计分析**

| 项目 | 2015年 | 2016年 | 2017年 | 2018年 | 2019年 |
|---|---|---|---|---|---|
| 平均值（万元） | 683336 | 818893 | 965308 | 1057880 | 1135763 |
| 平均值增长额（万元） | 153685 | 135557 | 146415 | 92572 | 77883 |
| 平均值增长率（%） | 29.02 | 19.84 | 17.88 | 9.59 | 7.36 |
| 公司数目 | 68 | 68 | 67 | 68 | 65 |
| 自营资产缩减的公司数 | 5 | 8 | 13 | 17 | 17 |
| 最大值（万元） | 2925275 | 2611260 | 2813417 | 2978535 | 3205376 |
| 最小值（万元） | 43113 | 70574 | 117865 | 121622 | 153672 |
| 标准差（万元） | 542345 | 591021 | 637047 | 628634 | 744183 |
| 变异系数 | 0.79 | 0.72 | 0.66 | 0.59 | 0.66 |

**表5－2　　2015—2019年信托公司自营净资产规模统计分析**

| 项目 | 2015年 | 2016年 | 2017年 | 2018年 | 2019年 |
|---|---|---|---|---|---|
| 平均值（万元） | 560325 | 659106 | 770141 | 843228 | 934940 |
| 平均值增长额（万元） | 90142 | 98781 | 111035 | 73087 | 91711 |
| 平均值增长率（%） | 19.17 | 17.63 | 16.85 | 9.49 | 9.81 |
| 自营净资产缩减的公司数 | 5 | 7 | 8 | 13 | 4 |
| 最大值（万元） | 2277467 | 2251071 | 2391441 | 2427288 | 2968253 |
| 最小值（万元） | 38456 | 49402 | 67046 | 91544 | 106950 |
| 标准差（万元） | 416468 | 453099 | 504608 | 540201 | 630323 |
| 变异系数 | 0.74 | 0.68 | 0.65 | 0.64 | 0.67 |

具体公司的相关指标如表5－3至表5－8所示。

**表5－3　　信托公司自营资产总额序列表（2019年）**　　单位：万元

| 序号 | 公司简称 | 2019年 | 2018年 | 2017年 |
|---|---|---|---|---|
| 1 | 中信信托 | 3205376 | 2753179 | 2650088 |
| 2 | 重庆国信 | 3164752 | 2978535 | 2789507 |
| 3 | 平安信托 | 2940109 | 2510927 | 2790803 |

续表

| 序号 | 公司简称 | 2019 年 | 2018 年 | 2017 年 |
|---|---|---|---|---|
| 4 | 华润信托 | 2554554 | 2318059 | 2171416 |
| 5 | 华能贵诚 | 2441961 | 2131577 | 1384124 |
| 6 | 江苏国信 | 2342805 | 2064442 | 1325878 |
| 7 | 中诚信托 | 2255173 | 2246331 | 2212703 |
| 8 | 中融信托 | 2159485 | 2393427 | 2098952 |
| 9 | 建信信托 | 2120451 | 1375824 | 1160659 |
| 10 | 外贸信托 | 1841343 | 1500319 | 1253175 |
| 11 | 上海国信 | 1836274 | 1651847 | 1667017 |
| 12 | 五矿信托 | 1822631 | 1650898 | 1179961 |
| 13 | 兴业信托 | 1821966 | 1835789 | 1896201 |
| 14 | 安信信托 | 1742339 | 1974894 | 2260503 |
| 15 | 华融国信 | 1716154 | 1626735 | 1327725 |
| 16 | 中航信托 | 1650718 | 1536915 | 1182475 |
| 17 | 渤海信托 | 1582019 | 1403723 | 1401426 |
| 18 | 中铁信托 | 1422139 | 1320047 | 1289098 |
| 19 | 民生信托 | 1420147 | 1525936 | 1333650 |
| 20 | 光大兴陇 | 1395488 | 1101583 | 585468 |
| 21 | 昆仑信托 | 1374046 | 1317572 | 1303305 |
| 22 | 北京国信 | 1353554 | 1162316 | 1085555 |
| 23 | 陕西国信 | 1326400 | 1227935 | 944821 |
| 24 | 交银国信 | 1284772 | 1208700 | 1038089 |
| 25 | 华信信托 | 1237600 | 1219451 | 1360128 |
| 26 | 华宝信托 | 1060782 | 1007250 | 1052338 |
| 27 | 中原信托 | 1040356 | 956567 | 1005374 |
| 28 | 中建投信托 | 1037444 | 860618 | 884439 |
| 29 | 长安国信 | 1030986 | 895600 | 849294 |
| 30 | 爱建信托 | 1012368 | 990237 | 706710 |
| 31 | 百瑞信托 | 1000246 | 949133 | 906914 |
| 32 | 英大信托 | 990906 | 901660 | 602202 |
| 33 | 四川信托 | 989133 | 999447 | 868335 |
| 34 | 新时代 | 935835 | 1150533 | 1034755 |
| 35 | 湖南信托 | 918328 | 1029951 | 886376 |
| 36 | 天津信托 | 806937 | 749330 | 629273 |
| 37 | 华鑫信托 | 774874 | 744682 | 499726 |
| 38 | 粤财信托 | 755700 | 650849 | 625805 |

续表

| 序号 | 公司简称 | 2019 年 | 2018 年 | 2017 年 |
|---|---|---|---|---|
| 39 | 新华信托 | 735797 | 778375 | 658983 |
| 40 | 国元信托 | 729704 | 721272 | 709355 |
| 41 | 厦门国信 | 713892 | 590607 | 577701 |
| 42 | 中海信托 | 710342 | 717589 | 1071895 |
| 43 | 国投泰康 | 700786 | 711091 | 619626 |
| 44 | 吉林信托 | 671260 | 668842 | 663172 |
| 45 | 陆家嘴信托 | 657811 | 686019 | 547976 |
| 46 | 西部信托 | 637938 | 555547 | 733703 |
| 47 | 东莞信托 | 609402 | 650940 | 432548 |
| 48 | 国联信托 | 557662 | 509004 | 541406 |
| 49 | 苏州信托 | 546398 | 475324 | 461548 |
| 50 | 北方国信 | 545023 | 515312 | 457400 |
| 51 | 华澳信托 | 540972 | 570828 | 483788 |
| 52 | 金谷信托 | 529531 | 473789 | 410656 |
| 53 | 西藏信托 | 501338 | 265662 | 246166 |
| 54 | 工商信托 | 499967 | 520577 | 451123 |
| 55 | 中粮信托 | 493428 | 468129 | 518994 |
| 56 | 中泰信托 | 474725 | 455863 | 441119 |
| 57 | 紫金信托 | 465159 | 421478 | 425242 |
| 58 | 万向信托 | 437000 | 388636 | 406212 |
| 59 | 云南国信 | 358845 | 307662 | 279702 |
| 60 | 国民信托 | 323818 | 361595 | 430744 |
| 61 | 浙商金汇 | 250109 | 298462 | 266723 |
| 62 | 大业信托 | 245523 | 271626 | 242560 |
| 63 | 山西信托 | 239961 | 236429 | 216924 |
| 64 | 长城新盛 | 153672 | 137304 | 117865 |
| 65 | 华宸信托 | 128393 | 121622 | 131239 |
| 66 | 山东国信 | 未披露 | 1361175 | 1290205 |
| 67 | 雪松国信 | 未披露 | 942449 | 1099636 |
| 68 | 国通信托 | 未披露 | 829842 | 576169 |

**表 5－4　　信托公司自营资产总额增长序列表（2019 年）**　　单位：万元

| 序号 | 公司简称 | 2019 年 | 2018 年 | 2017 年 |
|---|---|---|---|---|
| 1 | 建信信托 | 744627 | 215165 | 74408 |
| 2 | 中信信托 | 452197 | 103091 | 231854 |

续表

| 序号 | 公司简称 | 2019 年 | 2018 年 | 2017 年 |
|---|---|---|---|---|
| 3 | 平安信托 | 429182 | -279876 | 179543 |
| 4 | 外贸信托 | 341025 | 247144 | 469987 |
| 5 | 华能贵诚 | 310384 | 747454 | -82441 |
| 6 | 光大兴陇 | 293905 | 516115 | 62392 |
| 7 | 江苏国信 | 278363 | 738564 | 173043 |
| 8 | 华润信托 | 236495 | 146643 | 326215 |
| 9 | 西藏信托 | 235676 | 19496 | 25869 |
| 10 | 北京国信 | 191239 | 76761 | 245600 |
| 11 | 重庆国信 | 186217 | 189028 | 215849 |
| 12 | 上海国信 | 184427 | -15170 | 279019 |
| 13 | 渤海信托 | 178296 | 2296 | 545235 |
| 14 | 中建投信托 | 176826 | -23821 | 71209 |
| 15 | 五矿信托 | 171732 | 470937 | 459379 |
| 16 | 长安国信 | 135386 | 46306 | 110107 |
| 17 | 厦门国信 | 123285 | 12906 | 92344 |
| 18 | 中航信托 | 113803 | 354440 | 311082 |
| 19 | 粤财信托 | 104851 | 25045 | 136166 |
| 20 | 中铁信托 | 102092 | 30949 | 163014 |
| 21 | 陕西国信 | 98465 | 283114 | -5645 |
| 22 | 华融国信 | 89420 | 299010 | 311017 |
| 23 | 英大信托 | 89246 | 299459 | 38160 |
| 24 | 中原信托 | 83790 | -48807 | 246390 |
| 25 | 西部信托 | 82391 | -178156 | -129257 |
| 26 | 交银国信 | 76071 | 170612 | 297806 |
| 27 | 苏州信托 | 71074 | 13777 | -20274 |
| 28 | 天津信托 | 57607 | 120057 | 180886 |
| 29 | 昆仑信托 | 56474 | 14267 | 660809 |
| 30 | 金谷信托 | 55742 | 63132 | -63539 |
| 31 | 华宝信托 | 53533 | -45088 | 294804 |
| 32 | 云南国信 | 51183 | 27960 | 38923 |
| 33 | 百瑞信托 | 51113 | 42219 | 160538 |
| 34 | 国联信托 | 48658 | -32402 | -26371 |
| 35 | 万向信托 | 48364 | -17576 | 117162 |
| 36 | 紫金信托 | 43681 | -3763 | 57552 |
| 37 | 华鑫信托 | 30192 | 244956 | 77294 |

续表

| 序号 | 公司简称 | 2019 年 | 2018 年 | 2017 年 |
|---|---|---|---|---|
| 38 | 北方国信 | 29711 | 57912 | 2694 |
| 39 | 中粮信托 | 25299 | -50864 | 106326 |
| 40 | 爱建信托 | 22131 | 283527 | 159841 |
| 41 | 中泰信托 | 18862 | 14744 | -31888 |
| 42 | 华信信托 | 18149 | -140677 | 10381 |
| 43 | 长城新盛 | 16368 | 19439 | 47291 |
| 44 | 中诚信托 | 8841 | 33629 | 306965 |
| 45 | 国元信托 | 8432 | 11917 | 85217 |
| 46 | 华宸信托 | 6771 | -9617 | -12254 |
| 47 | 山西信托 | 3532 | 19505 | -11904 |
| 48 | 吉林信托 | 2418 | 5671 | 216 |
| 49 | 中海信托 | -7247 | -354307 | -1430 |
| 50 | 国投泰康 | -10306 | 91466 | 28758 |
| 51 | 四川信托 | -10313 | 131112 | 230787 |
| 52 | 兴业信托 | -13823 | -60412 | 484004 |
| 53 | 工商信托 | -20610 | 69454 | 50056 |
| 54 | 大业信托 | -26103 | 29066 | 32055 |
| 55 | 陆家嘴信托 | -28208 | 138042 | -19973 |
| 56 | 华澳信托 | -29856 | 87040 | 278420 |
| 57 | 国民信托 | -37777 | -69149 | 28709 |
| 58 | 东莞信托 | -41537 | 218392 | 22624 |
| 59 | 新华信托 | -42578 | 119392 | -105215 |
| 60 | 浙商金汇 | -48353 | 31738 | 176408 |
| 61 | 民生信托 | -105789 | 192286 | 68956 |
| 62 | 湖南信托 | -111623 | 143575 | 410412 |
| 63 | 新时代 | -214697 | 115778 | 25437 |
| 64 | 安信信托 | -232555 | -285609 | 475170 |
| 65 | 中融信托 | -233942 | 294475 | 242668 |
| 66 | 山东国信 | 未披露 | 70971 | 579978 |
| 67 | 国通信托 | 未披露 | 253673 | 59267 |
| 68 | 雪松国信 | 未披露 | -157187 | 13830 |

表 5－5　　信托公司自营资产总额增幅序列表（2019 年）　　（%）

| 序号 | 公司简称 | 2019 年 | 2018 年 | 2017 年 |
|---|---|---|---|---|
| 1 | 西藏信托 | 88.71 | 7.92 | 11.74 |
| 2 | 建信信托 | 54.12 | 18.54 | 6.85 |
| 3 | 光大兴陇 | 26.68 | 88.15 | 11.93 |
| 4 | 外贸信托 | 22.73 | 19.72 | 60.01 |
| 5 | 厦门国信 | 20.87 | 2.23 | 19.03 |
| 6 | 中建投信托 | 20.55 | －2.69 | 8.76 |
| 7 | 平安信托 | 17.09 | －10.03 | 6.88 |
| 8 | 云南国信 | 16.64 | 10.00 | 16.17 |
| 9 | 北京国信 | 16.45 | 7.07 | 29.23 |
| 10 | 中信信托 | 16.42 | 3.89 | 9.59 |
| 11 | 粤财信托 | 16.11 | 4.00 | 27.81 |
| 12 | 长安国信 | 15.12 | 5.45 | 14.90 |
| 13 | 苏州信托 | 14.95 | 2.98 | －4.21 |
| 14 | 西部信托 | 14.83 | －24.28 | －14.98 |
| 15 | 华能贵诚 | 14.56 | 54.00 | －5.62 |
| 16 | 江苏国信 | 13.48 | 55.70 | 15.01 |
| 17 | 渤海信托 | 12.70 | 0.16 | 63.68 |
| 18 | 万向信托 | 12.44 | －4.33 | 40.53 |
| 19 | 长城新盛 | 11.92 | 16.49 | 67.01 |
| 20 | 金谷信托 | 11.77 | 15.37 | －13.40 |
| 21 | 上海国信 | 11.16 | －0.91 | 20.10 |
| 22 | 五矿信托 | 10.40 | 39.91 | 63.75 |
| 23 | 紫金信托 | 10.36 | －0.88 | 15.65 |
| 24 | 华润信托 | 10.20 | 6.75 | 17.68 |
| 25 | 英大信托 | 9.90 | 49.73 | 6.77 |
| 26 | 国联信托 | 9.56 | －5.98 | －4.64 |
| 27 | 中原信托 | 8.76 | －4.85 | 32.46 |
| 28 | 陕西国信 | 8.02 | 29.96 | －0.59 |
| 29 | 中铁信托 | 7.73 | 2.40 | 14.48 |
| 30 | 天津信托 | 7.69 | 19.08 | 40.34 |
| 31 | 中航信托 | 7.40 | 29.97 | 35.70 |
| 32 | 交银国信 | 6.29 | 16.44 | 40.23 |
| 33 | 重庆国信 | 6.25 | 6.78 | 8.39 |
| 34 | 北方国信 | 5.77 | 12.66 | 0.59 |
| 35 | 华宸信托 | 5.57 | －7.33 | －8.54 |

续表

| 序号 | 公司简称 | 2019年 | 2018年 | 2017年 |
| --- | --- | --- | --- | --- |
| 36 | 华融国信 | 5.50 | 22.52 | 30.59 |
| 37 | 中粮信托 | 5.40 | -9.80 | 25.77 |
| 38 | 百瑞信托 | 5.39 | 4.66 | 21.51 |
| 39 | 华宝信托 | 5.31 | -4.28 | 38.92 |
| 40 | 昆仑信托 | 4.29 | 1.09 | 102.85 |
| 41 | 中泰信托 | 4.14 | 3.34 | -6.74 |
| 42 | 华鑫信托 | 4.05 | 49.02 | 18.30 |
| 43 | 爱建信托 | 2.23 | 40.12 | 29.23 |
| 44 | 山西信托 | 1.49 | 8.99 | -5.20 |
| 45 | 华信信托 | 1.49 | -10.34 | 0.77 |
| 46 | 国元信托 | 1.17 | 1.68 | 13.65 |
| 47 | 中诚信托 | 0.39 | 1.52 | 16.11 |
| 48 | 吉林信托 | 0.36 | 0.86 | 0.03 |
| 49 | 兴业信托 | -0.75 | -3.19 | 34.27 |
| 50 | 中海信托 | -1.01 | -33.05 | -0.13 |
| 51 | 四川信托 | -1.03 | 15.10 | 36.20 |
| 52 | 国投泰康 | -1.45 | 14.76 | 4.87 |
| 53 | 工商信托 | -3.96 | 15.40 | 12.48 |
| 54 | 陆家嘴信托 | -4.11 | 25.19 | -3.52 |
| 55 | 华澳信托 | -5.23 | 17.99 | 135.57 |
| 56 | 新华信托 | -5.47 | 18.12 | -13.77 |
| 57 | 东莞信托 | -6.38 | 50.49 | 5.52 |
| 58 | 民生信托 | -6.93 | 14.42 | 5.45 |
| 59 | 大业信托 | -9.61 | 11.98 | 15.23 |
| 60 | 中融信托 | -9.77 | 14.03 | 13.07 |
| 61 | 国民信托 | -10.45 | -16.05 | 7.14 |
| 62 | 湖南信托 | -10.84 | 16.20 | 86.23 |
| 63 | 安信信托 | -11.78 | -12.63 | 26.62 |
| 64 | 浙商金汇 | -16.20 | 11.90 | 195.33 |
| 65 | 新时代 | -18.66 | 11.19 | 2.52 |
| 66 | 山东国信 | 未披露 | 5.50 | 81.66 |
| 67 | 国通信托 | 未披露 | 44.03 | 11.47 |
| 68 | 雪松国信 | 未披露 | -14.29 | 1.27 |

表 5－6　　信托公司自营净资产序列表（2019 年）　　单位：万元

| 序号 | 公司简称 | 2019 年 | 2018 年 | 2017 年 |
|---|---|---|---|---|
| 1 | 中信信托 | 2968253 | 2427288 | 2149317 |
| 2 | 重庆国信 | 2485667 | 2247209 | 2044178 |
| 3 | 平安信托 | 2330436 | 2071331 | 2391441 |
| 4 | 华润信托 | 2210242 | 1969872 | 1846469 |
| 5 | 江苏国信 | 2048618 | 1779080 | 1137839 |
| 6 | 华能贵诚 | 2043079 | 1845099 | 1221453 |
| 7 | 建信信托 | 1977686 | 1287651 | 1105522 |
| 8 | 中融信托 | 1831537 | 1720839 | 1587169 |
| 9 | 外贸信托 | 1771665 | 1258865 | 895267 |
| 10 | 中诚信托 | 1764113 | 1682380 | 1657800 |
| 11 | 兴业信托 | 1668817 | 1577013 | 1478514 |
| 12 | 上海国信 | 1522758 | 1360449 | 1226826 |
| 13 | 五矿信托 | 1385372 | 1236204 | 1137868 |
| 14 | 昆仑信托 | 1320232 | 1283269 | 1260880 |
| 15 | 渤海信托 | 1313421 | 1203324 | 1154386 |
| 16 | 中航信托 | 1280975 | 1179449 | 974592 |
| 17 | 华信信托 | 1228925 | 1205708 | 1174731 |
| 18 | 交银国信 | 1210003 | 1103281 | 1001536 |
| 19 | 陕西国信 | 1097736 | 1041486 | 793113 |
| 20 | 民生信托 | 1095998 | 1075551 | 1104753 |
| 21 | 光大兴陇 | 1071113 | 897176 | 501988 |
| 22 | 英大信托 | 941233 | 844268 | 610605 |
| 23 | 百瑞信托 | 926385 | 779454 | 701450 |
| 24 | 北京国信 | 926193 | 872069 | 827630 |
| 25 | 华宝信托 | 916383 | 779474 | 721199 |
| 26 | 中铁信托 | 905696 | 860505 | 765138 |
| 27 | 中原信托 | 883281 | 841233 | 804666 |
| 28 | 华融国信 | 875077 | 924424 | 962064 |
| 29 | 新时代 | 861616 | 845298 | 808048 |
| 30 | 中建投信托 | 834455 | 739705 | 667033 |
| 31 | 四川信托 | 801230 | 750405 | 691329 |
| 32 | 安信信托 | 769631 | 1205035 | 1619148 |
| 33 | 长安国信 | 746668 | 650655 | 658795 |
| 34 | 爱建信托 | 744042 | 648856 | 449686 |
| 35 | 粤财信托 | 721762 | 627250 | 564171 |

续表

| 序号 | 公司简称 | 2019年 | 2018年 | 2017年 |
|---|---|---|---|---|
| 36 | 湖南信托 | 697647 | 751529 | 687067 |
| 37 | 国元信托 | 694661 | 656127 | 643853 |
| 38 | 国投泰康 | 653637 | 553373 | 509742 |
| 39 | 中海信托 | 633979 | 627648 | 474635 |
| 40 | 华鑫信托 | 616366 | 653712 | 451627 |
| 41 | 新华信托 | 596072 | 594546 | 603015 |
| 42 | 天津信托 | 573006 | 513789 | 455751 |
| 43 | 东莞信托 | 565774 | 541783 | 399178 |
| 44 | 陆家嘴信托 | 552549 | 485564 | 382544 |
| 45 | 厦门国信 | 530570 | 502474 | 484771 |
| 46 | 西部信托 | 530111 | 455372 | 565808 |
| 47 | 国联信托 | 513101 | 468153 | 482233 |
| 48 | 苏州信托 | 489923 | 428464 | 410173 |
| 49 | 北方国信 | 469285 | 434809 | 429118 |
| 50 | 西藏信托 | 464362 | 224493 | 221680 |
| 51 | 中泰信托 | 455253 | 435122 | 422800 |
| 52 | 中粮信托 | 438101 | 425482 | 459769 |
| 53 | 工商信托 | 428468 | 396970 | 368305 |
| 54 | 华澳信托 | 413136 | 382518 | 341477 |
| 55 | 紫金信托 | 406410 | 382469 | 363218 |
| 56 | 金谷信托 | 404358 | 401298 | 384533 |
| 57 | 吉林信托 | 401763 | 363477 | 382901 |
| 58 | 万向信托 | 363716 | 293885 | 243336 |
| 59 | 云南国信 | 302257 | 261932 | 232361 |
| 60 | 国民信托 | 274918 | 256000 | 244097 |
| 61 | 浙商金汇 | 211042 | 206967 | 191525 |
| 62 | 大业信托 | 195716 | 184974 | 181447 |
| 63 | 山西信托 | 193038 | 190889 | 196323 |
| 64 | 长城新盛 | 114605 | 91544 | 67046 |
| 65 | 华宸信托 | 106950 | 99135 | 117012 |
| 66 | 山东国信 | 未披露 | 954069 | 914754 |
| 67 | 雪松国信 | 未披露 | 744689 | 870546 |
| 68 | 国通信托 | 未披露 | 555108 | 490316 |

表 5-7　　信托公司自营净资产增长序列表（2019 年）　　单位：万元

| 序号 | 公司简称 | 2019 年 | 2018 年 | 2017 年 |
|---|---|---|---|---|
| 1 | 建信信托 | 690035 | 182129 | 130250 |
| 2 | 中信信托 | 540966 | 277970 | 141219 |
| 3 | 外贸信托 | 512800 | 363599 | 125631 |
| 4 | 江苏国信 | 269538 | 641241 | 149692 |
| 5 | 平安信托 | 259105 | -320111 | 140370 |
| 6 | 华润信托 | 240371 | 123402 | 202123 |
| 7 | 西藏信托 | 239870 | 2812 | 30299 |
| 8 | 重庆国信 | 238458 | 203031 | 198982 |
| 9 | 华能贵诚 | 197981 | 623646 | 128588 |
| 10 | 光大兴陇 | 173938 | 395187 | 42637 |
| 11 | 上海国信 | 162309 | 133623 | 159356 |
| 12 | 五矿信托 | 149168 | 98336 | 566728 |
| 13 | 百瑞信托 | 146931 | 78004 | 92751 |
| 14 | 华宝信托 | 136909 | 58275 | 63843 |
| 15 | 中融信托 | 110698 | 133671 | 306121 |
| 16 | 渤海信托 | 110097 | 48938 | 449762 |
| 17 | 交银国信 | 106722 | 101745 | 292552 |
| 18 | 中航信托 | 101526 | 204857 | 343817 |
| 19 | 国投泰康 | 100264 | 43631 | 15797 |
| 20 | 英大信托 | 96965 | 233663 | 53630 |
| 21 | 长安国信 | 96013 | -8140 | 97478 |
| 22 | 爱建信托 | 95186 | 199170 | 46431 |
| 23 | 中建投信托 | 94750 | 72672 | 89147 |
| 24 | 粤财信托 | 94512 | 63079 | 94919 |
| 25 | 兴业信托 | 91803 | 98500 | 142015 |
| 26 | 中诚信托 | 81733 | 24579 | 127073 |
| 27 | 西部信托 | 74739 | -110436 | -132632 |
| 28 | 万向信托 | 69831 | 50549 | 48807 |
| 29 | 陆家嘴信托 | 66986 | 103020 | -40766 |
| 30 | 苏州信托 | 61459 | 18291 | -20732 |
| 31 | 天津信托 | 59217 | 58038 | 54242 |
| 32 | 陕西国信 | 56251 | 248373 | 20277 |
| 33 | 北京国信 | 54125 | 44442 | 64216 |
| 34 | 四川信托 | 50826 | 59076 | 92713 |
| 35 | 中铁信托 | 45190 | 95367 | 112652 |

续表

| 序号 | 公司简称 | 2019年 | 2018年 | 2017年 |
|---|---|---|---|---|
| 36 | 国联信托 | 44948 | -14080 | -26649 |
| 37 | 中原信托 | 42048 | 36567 | 76252 |
| 38 | 云南国信 | 40325 | 29571 | 24730 |
| 39 | 国元信托 | 38534 | 12273 | 44164 |
| 40 | 吉林信托 | 38286 | -19424 | -829 |
| 41 | 昆仑信托 | 36964 | 22389 | 763452 |
| 42 | 北方国信 | 34476 | 5691 | 27747 |
| 43 | 工商信托 | 31498 | 28665 | 35783 |
| 44 | 华澳信托 | 30618 | 41042 | 220201 |
| 45 | 厦门国信 | 28096 | 17703 | 110706 |
| 46 | 东莞信托 | 23991 | 142605 | 18127 |
| 47 | 紫金信托 | 23941 | 19251 | 289328 |
| 48 | 华信信托 | 23218 | 30977 | -22375 |
| 49 | 长城新盛 | 23061 | 24498 | 17644 |
| 50 | 民生信托 | 20447 | -29202 | 111514 |
| 51 | 中泰信托 | 20131 | 12322 | 25205 |
| 52 | 国民信托 | 18918 | 11903 | 11270 |
| 53 | 新时代 | 16319 | 37250 | 70555 |
| 54 | 中粮信托 | 12619 | -34287 | 68376 |
| 55 | 大业信托 | 10742 | 3528 | 31848 |
| 56 | 华宸信托 | 7815 | -17876 | -6002 |
| 57 | 中海信托 | 6331 | 153013 | 29893 |
| 58 | 浙商金汇 | 4075 | 15443 | 110902 |
| 59 | 金谷信托 | 3060 | 16765 | 28105 |
| 60 | 山西信托 | 2148 | -5434 | 491 |
| 61 | 新华信托 | 1526 | -8469 | 25147 |
| 62 | 华鑫信托 | -37345 | 202084 | 61533 |
| 63 | 华融国信 | -49347 | -37640 | 284458 |
| 64 | 湖南信托 | -53882 | 64462 | 375096 |
| 65 | 安信信托 | -435404 | -414113 | 247332 |
| 66 | 山东国信 | 未披露 | 39315 | 281091 |
| 67 | 国通信托 | 未披露 | 64792 | 57236 |
| 68 | 雪松国信 | 未披露 | -125857 | -4503 |

表 5-8 信托公司自营净资产增幅序列表（2019 年） （%）

| 序号 | 公司简称 | 2019 年 | 2018 年 | 2017 年 |
|---|---|---|---|---|
| 1 | 西藏信托 | 106.85 | 1.27 | 15.83 |
| 2 | 建信信托 | 53.59 | 16.47 | 13.36 |
| 3 | 外贸信托 | 40.74 | 40.61 | 16.32 |
| 4 | 长城新盛 | 25.19 | 36.54 | 35.71 |
| 5 | 万向信托 | 23.76 | 20.77 | 25.09 |
| 6 | 中信信托 | 22.29 | 12.93 | 7.03 |
| 7 | 光大兴陇 | 19.39 | 78.72 | 9.28 |
| 8 | 百瑞信托 | 18.85 | 11.12 | 15.24 |
| 9 | 国投泰康 | 18.12 | 8.56 | 3.20 |
| 10 | 华宝信托 | 17.56 | 8.08 | 9.71 |
| 11 | 西部信托 | 16.41 | -19.52 | -18.99 |
| 12 | 云南国信 | 15.40 | 12.73 | 11.91 |
| 13 | 江苏国信 | 15.15 | 56.36 | 15.15 |
| 14 | 粤财信托 | 15.07 | 11.18 | 20.23 |
| 15 | 长安国信 | 14.76 | -1.24 | 17.37 |
| 16 | 爱建信托 | 14.67 | 44.29 | 11.51 |
| 17 | 苏州信托 | 14.34 | 4.46 | -4.81 |
| 18 | 陆家嘴信托 | 13.80 | 26.93 | -9.63 |
| 19 | 中建投信托 | 12.81 | 10.89 | 15.43 |
| 20 | 平安信托 | 12.51 | -13.39 | 6.24 |
| 21 | 华润信托 | 12.20 | 6.68 | 12.29 |
| 22 | 五矿信托 | 12.07 | 8.64 | 99.23 |
| 23 | 上海国信 | 11.93 | 10.89 | 14.93 |
| 24 | 天津信托 | 11.53 | 12.73 | 13.51 |
| 25 | 英大信托 | 11.49 | 38.27 | 9.63 |
| 26 | 华能贵诚 | 10.73 | 51.06 | 11.77 |
| 27 | 重庆国信 | 10.61 | 9.93 | 10.78 |
| 28 | 吉林信托 | 10.53 | -5.07 | -0.22 |
| 29 | 交银国信 | 9.67 | 10.16 | 41.26 |
| 30 | 国联信托 | 9.60 | -2.92 | -5.24 |
| 31 | 渤海信托 | 9.15 | 4.24 | 63.83 |
| 32 | 中航信托 | 8.61 | 21.02 | 54.51 |
| 33 | 华澳信托 | 8.00 | 12.02 | 181.57 |
| 34 | 工商信托 | 7.93 | 7.78 | 10.76 |
| 35 | 北方国信 | 7.93 | 1.33 | 6.91 |

续表

| 序号 | 公司简称 | 2019 年 | 2018 年 | 2017 年 |
|---|---|---|---|---|
| 36 | 华宸信托 | 7.88 | -15.28 | -4.88 |
| 37 | 国民信托 | 7.39 | 4.88 | 4.84 |
| 38 | 四川信托 | 6.77 | 8.55 | 15.49 |
| 39 | 中融信托 | 6.43 | 8.42 | 23.90 |
| 40 | 紫金信托 | 6.26 | 5.30 | 391.56 |
| 41 | 北京国信 | 6.21 | 5.37 | 8.41 |
| 42 | 国元信托 | 5.87 | 1.91 | 7.36 |
| 43 | 兴业信托 | 5.82 | 6.66 | 10.63 |
| 44 | 大业信托 | 5.81 | 1.94 | 21.29 |
| 45 | 厦门国信 | 5.59 | 3.65 | 29.60 |
| 46 | 陕西国信 | 5.40 | 31.32 | 2.62 |
| 47 | 中铁信托 | 5.25 | 12.46 | 17.27 |
| 48 | 中原信托 | 5.00 | 4.54 | 10.47 |
| 49 | 中诚信托 | 4.86 | 1.48 | 8.30 |
| 50 | 中泰信托 | 4.63 | 2.91 | 6.34 |
| 51 | 东莞信托 | 4.43 | 35.72 | 4.76 |
| 52 | 中粮信托 | 2.97 | -7.46 | 17.47 |
| 53 | 昆仑信托 | 2.88 | 1.78 | 153.48 |
| 54 | 浙商金汇 | 1.97 | 8.06 | 137.56 |
| 55 | 新时代 | 1.93 | 4.61 | 9.57 |
| 56 | 华信信托 | 1.93 | 2.64 | -1.87 |
| 57 | 民生信托 | 1.90 | -2.64 | 11.23 |
| 58 | 山西信托 | 1.13 | -2.77 | 0.25 |
| 59 | 中海信托 | 1.01 | 32.24 | 6.72 |
| 60 | 金谷信托 | 0.76 | 4.36 | 7.89 |
| 61 | 新华信托 | 0.26 | -1.40 | 4.35 |
| 62 | 华融国信 | -5.34 | -3.91 | 41.98 |
| 63 | 华鑫信托 | -5.71 | 44.75 | 15.77 |
| 64 | 湖南信托 | -7.17 | 9.38 | 120.23 |
| 65 | 安信信托 | -36.13 | -25.58 | 18.03 |
| 66 | 山东国信 | 未披露 | 4.30 | 44.36 |
| 67 | 国通信托 | 未披露 | 13.21 | 13.22 |
| 68 | 雪松国信 | 未披露 | -14.46 | -0.51 |

2004年以来，自营资产负债率指标的全行业平均值连续10年基本呈逐年下降趋势，2012年为11.45%，2013年为11.35%，2014年为11.21%。从2015年开始，信托行业的自营财务杠杆又开始逐年上升，2015年信托公司平均自营资产负债率为18.00%，2016年该指标上升至19.51%，2017年进一步上升至20.38%，2018年与2017年基本持平，为20.29%，2019年下降至17.17%。全行业最高的资产负债率出现在2004年，达到81.42%，之后逐年下降，到2012年已经下降到33.70%，2013年有所上升，达到45.97%，2014年下降至40.83%，2015年回升至47.62%，2016年又上升至58.58%，2017年为55.72%，2018年为45.66%，2019年为55.83%。从全行业自营资产负债率分布的离散程度来看，变异系数自2008年以来逐年下降，2013年上升至0.82，2014年下降至0.74，2015年下降至0.57，2016年为0.58，2017年下降至0.55，2018年保持了下降态势，为0.49，2019年上升至0.60。自营资产负债率指标的描述性统计如表5-9所示。

**表5-9　　2015—2019年信托公司自营资产负债率统计分析**

| 项目 | 2015年 | 2016年 | 2017年 | 2018年 | 2019年 |
|---|---|---|---|---|---|
| 平均值（%） | 18.00 | 19.51 | 20.38 | 20.29 | 17.17 |
| 平均值增长（%） | 6.79 | 1.51 | 0.87 | -0.09 | -3.12 |
| 公司数目 | 68 | 68 | 68 | 68 | 65 |
| 最大值（%） | 47.62 | 58.58 | 55.72 | 45.66 | 55.83 |
| 最小值（%） | 2.07 | 1.25 | 1.59 | 1.13 | 0.70 |
| 标准差（%） | 10.25 | 11.31 | 11.21 | 9.89 | 10.32 |
| 变异系数 | 0.57 | 0.58 | 0.55 | 0.49 | 0.60 |

自营资产负债率最高的5家信托公司为安信信托（55.83%）、华融国信（49.01%）、吉林信托（40.15%）、中铁信托（36.31%）和北京国信（31.57%）。自营资产负债率最小的5家信托公司为华信信托（0.70%）、外贸信托（3.78%）、昆仑信托（3.92%）、中泰信托（4.10%）以及粤财信托（4.49%）。具体如表5-10、表5-11所示。

**表5-10　　信托公司自营资产负债率序列表（2019年）　　（%）**

| 序号 | 公司简称 | 2019年 | 2018年 | 2017年 |
|---|---|---|---|---|
| 1 | 安信信托 | 55.83 | 38.98 | 28.37 |
| 2 | 华融国信 | 49.01 | 43.17 | 27.54 |
| 3 | 吉林信托 | 40.15 | 45.66 | 42.26 |
| 4 | 中铁信托 | 36.31 | 34.81 | 40.65 |

续表

| 序号 | 公司简称 | 2019年 | 2018年 | 2017年 |
|---|---|---|---|---|
| 5 | 北京国信 | 31.57 | 24.97 | 23.76 |
| 6 | 天津信托 | 28.99 | 31.43 | 27.58 |
| 7 | 长安国信 | 27.58 | 27.35 | 22.43 |
| 8 | 爱建信托 | 26.50 | 34.47 | 36.37 |
| 9 | 厦门国信 | 25.68 | 14.92 | 16.09 |
| 10 | 长城新盛 | 25.42 | 33.33 | 43.12 |
| 11 | 湖南信托 | 24.03 | 27.03 | 22.49 |
| 12 | 五矿信托 | 23.99 | 25.12 | 3.57 |
| 13 | 金谷信托 | 23.64 | 15.30 | 6.36 |
| 14 | 华澳信托 | 23.63 | 32.99 | 29.42 |
| 15 | 光大兴陇 | 23.24 | 18.56 | 14.26 |
| 16 | 民生信托 | 22.83 | 29.52 | 17.16 |
| 17 | 中航信托 | 22.40 | 23.26 | 17.58 |
| 18 | 中诚信托 | 21.77 | 25.11 | 25.08 |
| 19 | 重庆国信 | 21.46 | 24.55 | 26.72 |
| 20 | 平安信托 | 20.74 | 17.51 | 14.31 |
| 21 | 华鑫信托 | 20.46 | 12.22 | 9.63 |
| 22 | 大业信托 | 20.29 | 31.90 | 25.20 |
| 23 | 中建投信托 | 19.57 | 14.05 | 24.58 |
| 24 | 山西信托 | 19.55 | 19.26 | 9.50 |
| 25 | 四川信托 | 19.00 | 24.92 | 20.38 |
| 26 | 新华信托 | 18.99 | 23.62 | 8.49 |
| 27 | 陕西国信 | 17.24 | 15.18 | 16.06 |
| 28 | 上海国信 | 17.07 | 17.64 | 26.41 |
| 29 | 渤海信托 | 16.98 | 14.28 | 17.63 |
| 30 | 西部信托 | 16.90 | 18.03 | 22.88 |
| 31 | 万向信托 | 16.77 | 24.38 | 40.10 |
| 32 | 华宸信托 | 16.70 | 18.49 | 10.84 |
| 33 | 华能贵诚 | 16.33 | 13.44 | 11.75 |
| 34 | 陆家嘴信托 | 16.00 | 29.22 | 30.19 |
| 35 | 云南国信 | 15.77 | 14.86 | 16.93 |
| 36 | 浙商金汇 | 15.62 | 30.66 | 28.19 |
| 37 | 中融信托 | 15.19 | 28.10 | 24.38 |
| 38 | 国民信托 | 15.10 | 29.20 | 43.33 |
| 39 | 中原信托 | 15.10 | 12.06 | 19.96 |

续表

| 序号 | 公司简称 | 2019 年 | 2018 年 | 2017 年 |
|---|---|---|---|---|
| 40 | 工商信托 | 14.30 | 23.74 | 18.36 |
| 41 | 北方国信 | 13.90 | 15.62 | 6.18 |
| 42 | 华宝信托 | 13.61 | 22.61 | 31.47 |
| 43 | 华润信托 | 13.48 | 15.02 | 14.96 |
| 44 | 紫金信托 | 12.63 | 9.26 | 14.59 |
| 45 | 江苏国信 | 12.56 | 13.82 | 14.18 |
| 46 | 中粮信托 | 11.21 | 9.11 | 11.41 |
| 47 | 中海信托 | 10.75 | 12.53 | 55.72 |
| 48 | 苏州信托 | 10.34 | 9.86 | 11.13 |
| 49 | 兴业信托 | 8.41 | 14.10 | 22.03 |
| 50 | 国联信托 | 7.99 | 8.03 | 10.93 |
| 51 | 新时代 | 7.93 | 26.53 | 21.91 |
| 52 | 中信信托 | 7.40 | 11.84 | 18.90 |
| 53 | 百瑞信托 | 7.38 | 17.88 | 22.66 |
| 54 | 西藏信托 | 7.38 | 15.50 | 9.95 |
| 55 | 东莞信托 | 7.16 | 16.77 | 7.71 |
| 56 | 建信信托 | 6.73 | 6.41 | 4.75 |
| 57 | 国投泰康 | 6.73 | 22.18 | 17.73 |
| 58 | 交银国信 | 5.82 | 8.72 | 3.52 |
| 59 | 英大信托 | 5.01 | 6.37 | 1.59 |
| 60 | 国元信托 | 4.80 | 9.03 | 9.23 |
| 61 | 粤财信托 | 4.49 | 3.63 | 9.85 |
| 62 | 中泰信托 | 4.10 | 4.55 | 4.15 |
| 63 | 昆仑信托 | 3.92 | 2.60 | 3.26 |
| 64 | 外贸信托 | 3.78 | 16.09 | 28.56 |
| 65 | 华信信托 | 0.70 | 1.13 | 13.63 |
| 66 | 山东国信 | 未披露 | 29.91 | 29.10 |
| 67 | 雪松国信 | 未披露 | 20.98 | 20.83 |
| 68 | 国通信托 | 未披露 | 33.11 | 14.90 |

**表 5-11　　信托公司自营资产负债率增长序列表（2019 年）　　（%）**

| 序号 | 公司简称 | 2019 年 | 2018 年 | 2017 年 |
|---|---|---|---|---|
| 1 | 安信信托 | 16.85 | 10.61 | 5.21 |
| 2 | 厦门国信 | 10.76 | -1.16 | -6.84 |
| 3 | 金谷信托 | 8.34 | 8.94 | -18.47 |

续表

| 序号 | 公司简称 | 2019 年 | 2018 年 | 2017 年 |
|---|---|---|---|---|
| 4 | 华鑫信托 | 8.24 | 2.59 | 1.97 |
| 5 | 北京国信 | 6.60 | 1.21 | 14.65 |
| 6 | 华融国信 | 5.84 | 15.63 | -5.81 |
| 7 | 中建投信托 | 5.52 | -10.53 | -4.36 |
| 8 | 光大兴陇 | 4.69 | 4.30 | 2.08 |
| 9 | 紫金信托 | 3.37 | -5.33 | 7.42 |
| 10 | 平安信托 | 3.23 | 3.20 | 0.52 |
| 11 | 中原信托 | 3.04 | -7.91 | 15.94 |
| 12 | 华能贵诚 | 2.89 | 1.69 | -13.73 |
| 13 | 渤海信托 | 2.70 | -3.35 | -0.07 |
| 14 | 中粮信托 | 2.10 | -2.30 | 6.26 |
| 15 | 陕西国信 | 2.06 | -0.87 | -2.63 |
| 16 | 中铁信托 | 1.50 | -5.83 | -1.41 |
| 17 | 昆仑信托 | 1.31 | -0.65 | -19.32 |
| 18 | 云南国信 | 0.91 | -2.06 | 3.16 |
| 19 | 粤财信托 | 0.87 | -6.22 | 5.69 |
| 20 | 苏州信托 | 0.48 | -1.27 | 0.56 |
| 21 | 建信信托 | 0.32 | 1.66 | -5.47 |
| 22 | 山西信托 | 0.29 | 9.76 | -4.92 |
| 23 | 长安国信 | 0.23 | 4.92 | -1.63 |
| 24 | 国联信托 | -0.03 | -2.90 | 0.56 |
| 25 | 华信信托 | -0.43 | -12.50 | 2.32 |
| 26 | 中泰信托 | -0.45 | 0.40 | -11.79 |
| 27 | 上海国信 | -0.57 | -8.77 | 3.31 |
| 28 | 中航信托 | -0.86 | 5.68 | -10.03 |
| 29 | 五矿信托 | -1.13 | 21.55 | -17.17 |
| 30 | 西部信托 | -1.13 | -4.85 | 3.82 |
| 31 | 江苏国信 | -1.27 | -0.36 | -0.10 |
| 32 | 英大信托 | -1.35 | 4.77 | 0.34 |
| 33 | 华润信托 | -1.54 | 0.06 | 4.08 |
| 34 | 北方国信 | -1.73 | 9.44 | -5.55 |
| 35 | 中海信托 | -1.78 | -43.19 | -2.84 |
| 36 | 华宸信托 | -1.79 | 7.65 | -3.43 |
| 37 | 天津信托 | -2.44 | 3.86 | 17.12 |
| 38 | 交银国信 | -2.90 | 5.20 | -0.71 |

续表

| 序号 | 公司简称 | 2019 年 | 2018 年 | 2017 年 |
|---|---|---|---|---|
| 39 | 湖南信托 | -3.00 | 4.55 | -11.97 |
| 40 | 重庆国信 | -3.10 | -2.17 | -1.59 |
| 41 | 中诚信托 | -3.33 | 0.03 | 5.40 |
| 42 | 国元信托 | -4.23 | -0.20 | 5.32 |
| 43 | 中信信托 | -4.44 | -7.06 | 1.94 |
| 44 | 新华信托 | -4.63 | 15.12 | -15.89 |
| 45 | 吉林信托 | -5.51 | 3.39 | 0.14 |
| 46 | 兴业信托 | -5.69 | -7.93 | 16.67 |
| 47 | 四川信托 | -5.92 | 4.53 | 14.28 |
| 48 | 民生信托 | -6.69 | 12.35 | -4.30 |
| 49 | 万向信托 | -7.61 | -15.72 | 7.40 |
| 50 | 长城新盛 | -7.90 | -9.79 | 13.12 |
| 51 | 爱建信托 | -7.97 | -1.89 | 10.11 |
| 52 | 西藏信托 | -8.12 | 5.55 | -3.18 |
| 53 | 华宝信托 | -9.00 | -8.85 | 18.24 |
| 54 | 华澳信托 | -9.36 | 3.57 | -11.53 |
| 55 | 工商信托 | -9.44 | 5.39 | 1.27 |
| 56 | 东莞信托 | -9.61 | 9.05 | 0.67 |
| 57 | 百瑞信托 | -10.49 | -4.78 | 4.21 |
| 58 | 大业信托 | -11.62 | 6.71 | -3.74 |
| 59 | 外贸信托 | -12.31 | -12.47 | 26.83 |
| 60 | 中融信托 | -12.92 | 3.72 | -6.61 |
| 61 | 陆家嘴信托 | -13.22 | -0.97 | 4.72 |
| 62 | 国民信托 | -14.10 | -14.13 | 1.24 |
| 63 | 浙商金汇 | -15.04 | 2.46 | 17.46 |
| 64 | 国投泰康 | -15.45 | 4.45 | 1.33 |
| 65 | 新时代 | -18.60 | 4.62 | -5.02 |
| 66 | 山东国信 | 未披露 | 0.81 | 18.32 |
| 67 | 雪松国信 | 未披露 | 0.15 | 1.42 |
| 68 | 国通信托 | 未披露 | 18.21 | -1.32 |

## 二、自营资产规模的公司分析

从自营资产规模排名来看，2019 年，自营资产规模最大的 5 个信托公司为：中信信托（3205376 万元）、重庆国信（3164752 万元）、平安信托（2940109 万元）、华润信托（2554554万元）和华能贵诚（2441961万元）。

同时可以发现，2013年自营资产规模达到20亿元以上的公司有52家，2014年增至56家，2015年增至63家，2016年达到65家，2017年维持在65家，2018年增至66家，2019年降至63家；另外，2005年以来，平安信托的自营资产规模一直是行业第1名；2008—2010年，平安信托是唯一一家自营资产规模超过100亿元的信托公司。2011年，中诚信托和华润信托的自营资产规模也超过了100亿元，至2012年，中信信托自营资产规模也破百亿元，2014年平安信托和中信信托资产总额均超过200亿元。2019年，资产总额超过200亿元的公司已达9家。

从自营资产规模增幅来看，2019年，自营资产规模增幅排名前5的信托公司为：西藏信托（88.71%）、建信信托（54.12%）、光大兴陇（26.68%）、外贸信托（22.73%）以及厦门国信（20.87%）。另外，自营资产规模发生下滑的公司达到了17家。

# 第二节　自营资产分布

## 一、自营资产分布的行业分析

从本报告掌握的2019年度的年报披露情况来看，有49家信托公司公布了自营资产的行业分布情况。

信托公司的自营资产可以分为基础产业资产、房地产业资产、证券业资产、实业资产以及金融业等五大行业类别。2015—2019年，信托公司自营资产的行业分布特征如图5－1所示。

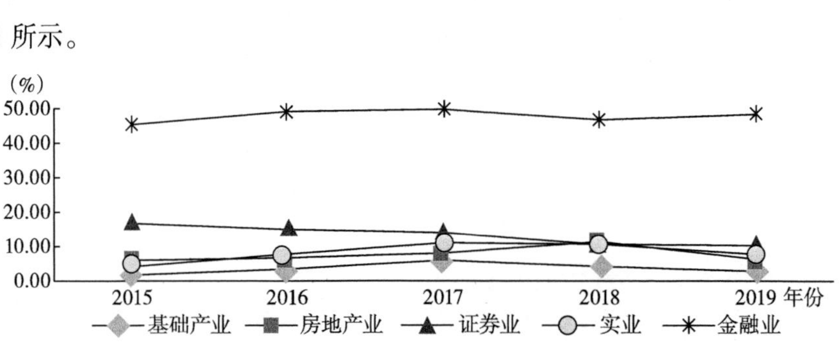


**图5－1　2015—2019年信托公司自营资产的行业分布**

从图5－1中可以发现，2016年自营资产在实业的分布比例有所上升，上升至7.41%，2017年持续上升至10.92%，2018年则小幅下降至10.66%，2019年大幅下降至7.73%。

基础产业资产比例也在2016年小幅回升至3.08%，2017年达到5.41%，2018年又小幅回落至4.19%，2019年继续下降至2.66%。

房地产业资产比例变化相对平缓，2016年缓慢回升至6.29%，2017年达到8.02%，2018年则大幅回升至11.06%，2019年又大幅回落至6.16%。

证券业资产比例2016年及2017年都出现了小幅的下降，2016年为14.44%，2017年下降至13.85%，2018年继续下降至10.82%，2019年下降至9.92%。

自2009年以来，可以获得的金融机构资产数据显示，在自营资产中，金融机构资产比例一直是各种资产中最高的。2014年该比例为23.30%，2015年大幅增加至45.37%，2016年继续上升至48.91%，2017年更是达到了50.00%，2018年则小幅下降至47.10%，2019年小幅上升至48.24%。

表5－12总结了2015—2019年信托公司自营资产的行业分布描述性统计。

**表5－12　　2015—2019年信托公司自营资产行业分布统计分析**

| 项目 | | 2015年 | 2016年 | 2017年 | 2018年 | 2019年 |
|---|---|---|---|---|---|---|
| 披露公司数目 | | 63 | 66 | 65 | 51 | 49 |
| 基础产业资产 | 平均规模（万元） | 11384 | 10754 | 45539 | 36287 | 34444 |
| | 平均占比（%） | 1.65 | 3.08 | 5.41 | 4.19 | 2.66 |
| | 该值为0的公司数 | 47 | 28 | 10 | 6 | 35 |
| | 占比最大值（%） | 39.57 | 48.00 | 34.60 | 20.02 | 21.44 |
| | 占比最小值（%） | 0 | 0 | 0 | 0 | 0 |
| | 占比标准差（%） | 6.94 | 7.77 | 7.70 | 5.62 | 5.01 |
| | 占比变异系数 | 4.21 | 2.52 | 1.42 | 1.34 | 1.89 |
| 房地产业资产 | 平均规模（万元） | 40816 | 38283 | 87461 | 119376 | 77140 |
| | 平均占比（%） | 5.91 | 6.29 | 8.02 | 11.06 | 6.16 |
| | 该值为0的公司数 | 29 | 17 | 6 | 3 | 32 |
| | 占比最大值（%） | 41.37 | 51.38 | 41.00 | 49.78 | 47.30 |
| | 占比最小值（%） | 0 | 0 | 0 | 0 | 0 |
| | 占比标准差（%） | 8.97 | 9.90 | 10.92 | 12.57 | 10.42 |
| | 占比变异系数 | 1.52 | 1.57 | 1.24 | 1.14 | 1.69 |

续表

| 项目 | | 2015年 | 2016年 | 2017年 | 2018年 | 2019年 |
|---|---|---|---|---|---|---|
| 证券业资产 | 平均规模（万元） | 115297 | 112893 | 126913 | 110983 | 109529 |
| | 平均占比（%） | 16.69 | 14.44 | 13.85 | 10.82 | 9.92 |
| | 该值为0的公司数 | 7 | 2 | 1 | 0 | 8 |
| | 占比最大值（%） | 83.72 | 81.97 | 68.31 | 58.60 | 58.92 |
| | 占比最小值（%） | 0 | 0 | 0 | 0.04 | 0 |
| | 占比标准差（%） | 18.33 | 16.83 | 14.71 | 12.52 | 12.99 |
| | 占比变异系数 | 1.10 | 1.17 | 1.06 | 1.16 | 1.31 |
| 实业资产 | 平均规模（万元） | 30049 | 53068 | 438570 | 103829 | 91563 |
| | 平均占比（%） | 4.35 | 7.41 | 10.92 | 10.66 | 7.73 |
| | 该值为0的公司数 | 29 | 19 | 8 | 5 | 27 |
| | 占比最大值（%） | 28.95 | 56.02 | 66.05 | 77.06 | 79.25 |
| | 占比最小值（%） | 0 | 0 | 0 | 0 | 0 |
| | 占比标准差（%） | 7.04 | 12.76 | 16.74 | 17.61 | 17.03 |
| | 占比变异系数 | 1.62 | 1.72 | 1.53 | 1.65 | 2.20 |
| 金融业 | 平均规模（万元） | 313499 | 397058 | 494508 | 487636 | 560221 |
| | 平均占比（%） | 45.37 | 48.91 | 50.00 | 47.10 | 48.24 |
| | 该值为0的公司数 | 2 | 0 | 0 | 0 | 0 |
| | 占比最大值（%） | 96.15 | 98.42 | 97.26 | 98.36 | 97.92 |
| | 占比最小值（%） | 0 | 1.82 | 2.64 | 0.35 | 1.18 |
| | 占比标准差（%） | 30.06 | 29.62 | 28.75 | 30.80 | 30.91 |
| | 占比变异系数 | 0.66 | 0.61 | 0.57 | 0.65 | 0.64 |

## 二、自营资产分布的公司分析

具体数据如表5－13、表5－14所示。

**表5－13　　2019年各项自营资产比例最大的前3名**

| 项目 | 第1名 | 第2名 | 第3名 |
|---|---|---|---|
| 基础产业资产 | 爱建信托（21.44%） | 国元信托（20.86%） | 中信信托（16.00%） |
| 房地产业资产 | 爱建信托（47.30%） | 新华信托（43.96%） | 万向信托（31.42%） |
| 证券业资产 | 吉林信托（58.92%） | 西部信托（52.66%） | 交银国信（39.85%） |
| 实业资产 | 华澳信托（79.25%） | 民生信托（67.72%） | 渤海信托（67.39%） |
| 金融机构资产 | 粤财信托（97.92%） | 长城新盛（96.63%） | 江苏国信（94.66%） |

注：公司名称后括号中数字为该行业资产占比。

表 5 – 14　　2019 年各项自营资产规模最大的前 3 名　　单位：万元

| 项目 | 第 1 名 | 第 2 名 | 第 3 名 |
|---|---|---|---|
| 基础产业资产 | 中信信托（512928） | 建信信托（222922） | 爱建信托（218046） |
| 房地产业资产 | 华润信托（631468） | 爱建信托（481030） | 中诚信托（364762） |
| 证券业资产 | 中融信托（999672） | 交银国信（514000） | 外贸信托（412324） |
| 实业资产 | 渤海信托（1066062） | 民生信托（961735） | 北京国信（661628） |
| 金融机构 | 重庆国信（2694631） | 平安信托（2287126） | 江苏国信（2217762） |

注：公司名称后括号中数字为该行业资产规模。

各信托公司自营资产分布数据如表 5 – 15 至表 5 – 27 所示。

表 5 – 15　　信托公司自营资产金融机构资产序列表（2019 年）　　单位：万元

| 序号 | 公司简称 | 2019 年 | 2018 年 | 2017 年 |
|---|---|---|---|---|
| 1 | 重庆国信 | 2694631 | 2535189 | 2234079 |
| 2 | 平安信托 | 2287126 | 1965067 | 2164492 |
| 3 | 江苏国信 | 2217762 | 1964435 | 1281771 |
| 4 | 华能贵诚 | 2072819 | 1807017 | 1271273 |
| 5 | 五矿信托 | 1611920 | 未披露 | 1110891 |
| 6 | 华融国信 | 1567734 | 未披露 | 781463 |
| 7 | 上海国信 | 1556259 | 1403923 | 1491752 |
| 8 | 华润信托 | 1375564 | 1293502 | 1295743 |
| 9 | 华宝信托 | 973057 | 未披露 | 871871 |
| 10 | 中诚信托 | 938195 | 1181579 | 1286643 |
| 11 | 中原信托 | 846544 | 703010 | 622771 |
| 12 | 华信信托 | 841097 | 未披露 | 847749 |
| 13 | 中航信托 | 830408 | 未披露 | 647962 |
| 14 | 新时代 | 808842 | 801889 | 606919 |
| 15 | 建信信托 | 772427 | 未披露 | 398466 |
| 16 | 英大信托 | 747051 | 875912 | 592890 |
| 17 | 粤财信托 | 740009 | 640176 | 614793 |
| 18 | 中建投信托 | 651310 | 471361 | 799196 |
| 19 | 华鑫信托 | 566031 | 未披露 | 291669 |
| 20 | 中铁信托 | 509538 | 450858 | 419505 |
| 21 | 国元信托 | 482400 | 482678 | 511044 |
| 22 | 中信信托 | 435256 | 未披露 | 1162217 |
| 23 | 金谷信托 | 434058 | 341478 | 326354 |
| 24 | 北京国信 | 430791 | 484820 | 未披露 |

续表

| 序号 | 公司简称 | 2019 年 | 2018 年 | 2017 年 |
|---|---|---|---|---|
| 25 | 天津信托 | 420125 | 377935 | 243613 |
| 26 | 渤海信托 | 417430 | 384803 | 649366 |
| 27 | 苏州信托 | 415486 | 363033 | 323347 |
| 28 | 紫金信托 | 411000 | 378641 | 364875 |
| 29 | 光大信托 | 396787 | 173902 | 210384 |
| 30 | 中海信托 | 395017 | 396071 | 554210 |
| 31 | 西藏信托 | 354844 | 103190 | 110353 |
| 32 | 工商信托 | 344458 | 382758 | 285383 |
| 33 | 四川信托 | 294840 | 300945 | 279702 |
| 34 | 中粮信托 | 293483 | 未披露 | 233278 |
| 35 | 中融信托 | 290775 | 254763 | 300326 |
| 36 | 国联信托 | 290586 | 264331 | 306915 |
| 37 | 西部信托 | 269692 | 263586 | 287528 |
| 38 | 国民信托 | 249411 | 未披露 | 235745 |
| 39 | 民生信托 | 241717 | 未披露 | 700529 |
| 40 | 北方国信 | 220593 | 234446 | 191070 |
| 41 | 中泰信托 | 204930 | 200892 | 197228 |
| 42 | 长安国信 | 203860 | 448047 | 418954 |
| 43 | 浙商金汇 | 176556 | 191158 | 208281 |
| 44 | 长城新盛 | 148487 | 108518 | 114045 |
| 45 | 万向信托 | 130110 | 193676 | 254321 |
| 46 | 昆仑信托 | 114000 | 76050 | 55250 |
| 47 | 兴业信托 | 113516 | 58145 | 106456 |
| 48 | 厦门国信 | 104275 | 411739 | 78372 |
| 49 | 爱建信托 | 101410 | 136169 | 261496 |
| 50 | 外贸信托 | 95523 | 115772 | 129628 |
| 51 | 吉林信托 | 89611 | 105722 | 89017 |
| 52 | 华宸信托 | 86395 | 74053 | 25215 |
| 53 | 国投信托 | 75318 | 59171 | 59171 |
| 54 | 山西信托 | 66475 | 60247 | 62146 |
| 55 | 百瑞信托 | 54773 | 7580 | 31163 |
| 56 | 东莞信托 | 48478 | 26879 | 21298 |
| 57 | 新华信托 | 42705 | 53104 | 59133 |
| 58 | 交银国信 | 32000 | 32000 | 149189 |
| 59 | 华澳信托 | 20000 | 2000 | 41259 |

续表

| 序号 | 公司简称 | 2019 年 | 2018 年 | 2017 年 |
|---|---|---|---|---|
| 60 | 陆家嘴信托 | 7757 | 10631 | 14495 |
| 61 | 安信信托 | 未披露 | 未披露 | 未披露 |
| 62 | 雪松国信 | 未披露 | 728975 | 983480 |
| 63 | 云南国信 | 未披露 | 未披露 | 未披露 |
| 64 | 陕西国信 | 未披露 | 未披露 | 370879 |
| 65 | 湖南信托 | 未披露 | 未披露 | 532675 |
| 66 | 山东国信 | 未披露 | 未披露 | 未披露 |
| 67 | 大业信托 | 未披露 | 未披露 | 104503 |
| 68 | 国通信托 | 未披露 | 未披露 | 372737 |

**表 5－16　信托公司自营资产金融机构占比序列表（2019 年）** （%）

| 序号 | 公司简称 | 2019 年 | 2018 年 | 2017 年 |
|---|---|---|---|---|
| 1 | 粤财信托 | 97. 92 | 98. 36 | 98. 24 |
| 2 | 长城新盛 | 96. 63 | 79. 03 | 96. 78 |
| 3 | 江苏国信 | 94. 66 | 95. 16 | 96. 67 |
| 4 | 华宝信托 | 91. 73 | 未披露 | 82. 85 |
| 5 | 华融国信 | 91. 34 | 未披露 | 62. 10 |
| 6 | 五矿信托 | 88. 44 | 未披露 | 94. 15 |
| 7 | 紫金信托 | 88. 36 | 89. 84 | 85. 80 |
| 8 | 新时代 | 86. 43 | 69. 70 | 58. 65 |
| 9 | 重庆国信 | 85. 15 | 85. 12 | 79. 41 |
| 10 | 华能贵诚 | 84. 88 | 84. 77 | 91. 85 |
| 11 | 上海国信 | 84. 75 | 84. 99 | 89. 48 |
| 12 | 金谷信托 | 81. 97 | 72. 08 | 79. 47 |
| 13 | 中原信托 | 81. 37 | 73. 49 | 61. 94 |
| 14 | 平安信托 | 77. 79 | 78. 26 | 77. 56 |
| 15 | 国民信托 | 77. 02 | 未披露 | 54. 73 |
| 16 | 英大信托 | 75. 39 | 97. 14 | 95. 60 |
| 17 | 苏州信托 | 73. 42 | 73. 18 | 67. 58 |
| 18 | 华鑫信托 | 73. 05 | 未披露 | 58. 40 |
| 19 | 西藏信托 | 70. 78 | 38. 83 | 44. 82 |
| 20 | 浙商金汇 | 70. 59 | 78. 09 | 78. 09 |
| 21 | 工商信托 | 68. 90 | 73. 53 | 57. 50 |
| 22 | 华信信托 | 67. 97 | 未披露 | 62. 33 |
| 23 | 华宸信托 | 67. 29 | 60. 89 | 19. 21 |

续表

| 序号 | 公司简称 | 2019年 | 2018年 | 2017年 |
|---|---|---|---|---|
| 24 | 国元信托 | 64.06 | 64.83 | 69.75 |
| 25 | 中建投信托 | 62.78 | 54.77 | 90.36 |
| 26 | 中粮信托 | 59.48 | 未披露 | 44.79 |
| 27 | 中海信托 | 55.61 | 55.19 | 51.70 |
| 28 | 华润信托 | 53.85 | 55.80 | 59.67 |
| 29 | 国联信托 | 52.11 | 51.93 | 56.69 |
| 30 | 天津信托 | 52.07 | 50.44 | 38.71 |
| 31 | 中航信托 | 49.81 | 未披露 | 54.79 |
| 32 | 中泰信托 | 43.17 | 44.07 | 44.71 |
| 33 | 西部信托 | 42.28 | 47.45 | 39.19 |
| 34 | 中诚信托 | 41.60 | 52.60 | 58.15 |
| 35 | 北方国信 | 39.74 | 45.50 | 41.77 |
| 36 | 建信信托 | 36.43 | 未披露 | 34.33 |
| 37 | 中铁信托 | 35.83 | 34.15 | 32.54 |
| 38 | 北京国信 | 31.19 | 40.97 | 未披露 |
| 39 | 四川信托 | 29.81 | 30.11 | 32.21 |
| 40 | 万向信托 | 29.77 | 49.83 | 62.61 |
| 41 | 光大信托 | 28.43 | 15.79 | 35.93 |
| 42 | 山西信托 | 27.70 | 25.48 | 28.65 |
| 43 | 渤海信托 | 26.39 | 27.42 | 46.35 |
| 44 | 长安国信 | 19.77 | 50.03 | 49.33 |
| 45 | 民生信托 | 17.02 | 未披露 | 52.53 |
| 46 | 厦门国信 | 14.54 | 69.71 | 13.56 |
| 47 | 中信信托 | 14.00 | 未披露 | 43.78 |
| 48 | 吉林信托 | 13.35 | 15.81 | 13.42 |
| 49 | 国投信托 | 11.00 | 8.32 | 9.55 |
| 50 | 中融信托 | 10.53 | 8.29 | 10.43 |
| 51 | 爱建信托 | 9.97 | 13.67 | 36.14 |
| 52 | 昆仑信托 | 8.30 | 5.77 | 4.24 |
| 53 | 东莞信托 | 7.95 | 4.13 | 4.92 |
| 54 | 兴业信托 | 6.23 | 3.17 | 5.61 |
| 55 | 新华信托 | 5.80 | 6.82 | 8.97 |
| 56 | 百瑞信托 | 5.48 | 0.80 | 3.44 |
| 57 | 外贸信托 | 5.19 | 7.72 | 10.35 |
| 58 | 华澳信托 | 3.70 | 0.35 | 8.53 |

续表

| 序号 | 公司简称 | 2019 年 | 2018 年 | 2017 年 |
|---|---|---|---|---|
| 59 | 交银国信 | 2.48 | 2.64 | 14.34 |
| 60 | 陆家嘴信托 | 1.18 | 1.55 | 2.64 |
| 61 | 安信信托 | 未披露 | 未披露 | 未披露 |
| 62 | 雪松国信 | 未披露 | 77.35 | 84.80 |
| 63 | 云南国信 | 未披露 | 未披露 | 未披露 |
| 64 | 国通信托 | 未披露 | 未披露 | 64.69 |
| 65 | 陕西国信 | 未披露 | 未披露 | 39.25 |
| 66 | 大业信托 | 未披露 | 未披露 | 43.08 |
| 67 | 湖南信托 | 未披露 | 未披露 | 60.04 |
| 68 | 山东国信 | 未披露 | 未披露 | 未披露 |

**表 5-17　　信托公司自营资产金融机构增加序列表（2019 年）　　单位：万元**

| 序号 | 公司简称 | 2019 年 | 2018 年 | 2017 年 |
|---|---|---|---|---|
| 1 | 平安信托 | 322059 | -199426 | 397953 |
| 2 | 华能贵诚 | 265802 | 535744 | -87560 |
| 3 | 江苏国信 | 253327 | 682664 | 197229 |
| 4 | 西藏信托 | 251654 | -7163 | -8392 |
| 5 | 光大信托 | 222886 | -36482 | 932 |
| 6 | 中建投信托 | 179949 | -327836 | 181161 |
| 7 | 重庆国信 | 159442 | 301110 | 339315 |
| 8 | 上海国信 | 152336 | -87829 | 271725 |
| 9 | 中原信托 | 143534 | 80239 | 135245 |
| 10 | 粤财信托 | 99833 | 25383 | 132900 |
| 11 | 金谷信托 | 92580 | 15124 | 3569 |
| 12 | 华润信托 | 82063 | -2241 | 78875 |
| 13 | 中铁信托 | 58680 | 31353 | -64583 |
| 14 | 兴业信托 | 55371 | -48312 | -9817 |
| 15 | 苏州信托 | 52453 | 39686 | 13011 |
| 16 | 百瑞信托 | 47193 | -23583 | 0 |
| 17 | 天津信托 | 42190 | 134322 | -16403 |
| 18 | 长城新盛 | 39969 | -5527 | 45970 |
| 19 | 昆仑信托 | 37950 | 20800 | -16969 |
| 20 | 中融信托 | 36012 | -45563 | 94293 |
| 21 | 渤海信托 | 32627 | -264796 | 147626 |
| 22 | 紫金信托 | 32359 | 13766 | 42090 |

续表

| 序号 | 公司简称 | 2019 年 | 2018 年 | 2017 年 |
|---|---|---|---|---|
| 23 | 国联信托 | 26255 | -42584 | -118710 |
| 24 | 东莞信托 | 21599 | 5580 | 270 |
| 25 | 华澳信托 | 18000 | -39259 | -233319 |
| 26 | 国投信托 | 16147 | 0 | -57111 |
| 27 | 华宸信托 | 12342 | 48837 | 0 |
| 28 | 新时代 | 6953 | 194970 | -243092 |
| 29 | 山西信托 | 6228 | -1899 | -36311 |
| 30 | 西部信托 | 6106 | -23942 | 43540 |
| 31 | 中泰信托 | 4038 | 3664 | 7474 |
| 32 | 交银国信 | 0 | -117189 | 72189 |
| 33 | 国元信托 | -279 | -28365 | 67227 |
| 34 | 中海信托 | -1053 | -158139 | -298202 |
| 35 | 陆家嘴信托 | -2874 | -3864 | 4143 |
| 36 | 四川信托 | -6104 | 21243 | 245442 |
| 37 | 新华信托 | -10398 | -6029 | -2992 |
| 38 | 北方国信 | -13853 | 43375 | 144720 |
| 39 | 浙商金汇 | -14601 | -17124 | 174021 |
| 40 | 吉林信托 | -16111 | 16705 | -101660 |
| 41 | 外贸信托 | -20250 | -13856 | 47149 |
| 42 | 爱建信托 | -34759 | -125327 | 151867 |
| 43 | 工商信托 | -38300 | 97375 | 211491 |
| 44 | 北京国信 | -54029 | 484820 | 未披露 |
| 45 | 万向信托 | -63565 | -60645 | 159121 |
| 46 | 英大信托 | -128861 | 283022 | 84664 |
| 47 | 中诚信托 | -243384 | -105064 | 501926 |
| 48 | 长安国信 | -244187 | 29093 | -56994 |
| 49 | 厦门国信 | -307464 | 333367 | -1159 |
| 50 | 华信信托 | 未披露 | 未披露 | — |
| 51 | 安信信托 | 未披露 | 未披露 | — |
| 52 | 陕西国信 | 未披露 | 未披露 | 48954 |
| 53 | 雪松国信 | 未披露 | -203506 | — |
| 54 | 云南国信 | 未披露 | 未披露 | — |
| 55 | 大业信托 | 未披露 | 未披露 | 9303 |
| 56 | 中航信托 | 未披露 | 未披露 | 11534 |
| 57 | 华融国信 | 未披露 | 未披露 | 48870 |

续表

| 序号 | 公司简称 | 2019 年 | 2018 年 | 2017 年 |
|---|---|---|---|---|
| 58 | 华鑫信托 | 未披露 | 未披露 | -189735 |
| 59 | 华宝信托 | 未披露 | 未披露 | 236117 |
| 60 | 山东国信 | 未披露 | 未披露 | — |
| 61 | 民生信托 | 未披露 | 未披露 | 219125 |
| 62 | 湖南信托 | 未披露 | 未披露 | 392632 |
| 63 | 五矿信托 | 未披露 | 未披露 | 474463 |
| 64 | 国通信托 | 未披露 | 未披露 | 304662 |
| 65 | 国民信托 | 未披露 | 未披露 | 63926 |
| 66 | 中粮信托 | 未披露 | 未披露 | -41300 |
| 67 | 建信信托 | 未披露 | 未披露 | -43490 |
| 68 | 中信信托 | 未披露 | 未披露 | 723831 |

**表 5-18　　信托公司自营资产基础产业资产序列表（2019 年）**　　单位：万元

| 序号 | 公司简称 | 2019 年 | 2018 年 | 2017 年 |
|---|---|---|---|---|
| 1 | 中信信托 | 512928 | 未披露 | 未披露 |
| 2 | 建信信托 | 222922 | 未披露 | 未披露 |
| 3 | 爱建信托 | 218046 | 180387 | 37402 |
| 4 | 国元信托 | 157100 | 50200 | 72000 |
| 5 | 民生信托 | 143535 | 未披露 | 36900 |
| 6 | 天津信托 | 108567 | 50080 | 42060 |
| 7 | 交银国信 | 85460 | 94998 | 190717 |
| 8 | 中海信托 | 70000 | 未披露 | 未披露 |
| 9 | 外贸信托 | 68917 | 14737 | 10435 |
| 10 | 兴业信托 | 68217 | 32796 | 未披露 |
| 11 | 昆仑信托 | 67502 | 115636 | 200572 |
| 12 | 中航信托 | 65412 | 未披露 | 91910 |
| 13 | 华澳信托 | 50000 | 55000 | 120000 |
| 14 | 北京国信 | 38850 | 0 | 未披露 |
| 15 | 英大信托 | 32834 | 3947 | 0 |
| 16 | 中融信托 | 29900 | 0 | 0 |
| 17 | 四川信托 | 25610 | 45500 | 30500 |
| 18 | 中建投信托 | 17524 | 未披露 | 未披露 |
| 19 | 新华信托 | 16926 | 16926 | 6948 |
| 20 | 万向信托 | 15070 | 77790 | 47350 |
| 21 | 北方国信 | 6500 | 6588 | 6328 |

续表

| 序号 | 公司简称 | 2019 年 | 2018 年 | 2017 年 |
|---|---|---|---|---|
| 22 | 华宸信托 | 4496 | 2661 | 未披露 |
| 23 | 渤海信托 | 3129 | 2031 | 28500 |
| 24 | 中诚信托 | 2730 | 65730 | 13660 |
| 25 | 华信信托 | 0 | 未披露 | 0 |
| 26 | 国民信托 | 0 | 未披露 | 未披露 |
| 27 | 华宝信托 | 0 | 未披露 | 0 |
| 28 | 国联信托 | 0 | 未披露 | 未披露 |
| 29 | 华润信托 | 0 | 未披露 | 未披露 |
| 30 | 国投信托 | 0 | 未披露 | 未披露 |
| 31 | 西部信托 | 0 | 未披露 | 未披露 |
| 32 | 重庆国信 | 0 | 未披露 | 未披露 |
| 33 | 华能贵诚 | 0 | 未披露 | 未披露 |
| 34 | 金谷信托 | 0 | 未披露 | 未披露 |
| 35 | 五矿信托 | 0 | 未披露 | 未披露 |
| 36 | 中粮信托 | 0 | 未披露 | 未披露 |
| 37 | 紫金信托 | 0 | 未披露 | 未披露 |
| 38 | 长城新盛 | 0 | 未披露 | 未披露 |
| 39 | 厦门国信 | 0 | 0 | 36892 |
| 40 | 华鑫信托 | 0 | 未披露 | 0 |
| 41 | 百瑞信托 | 0 | 未披露 | 1500 |
| 42 | 上海国信 | 0 | 未披露 | 未披露 |
| 43 | 平安信托 | 0 | 未披露 | 未披露 |
| 44 | 吉林信托 | 0 | 未披露 | 未披露 |
| 45 | 东莞信托 | 0 | 未披露 | 未披露 |
| 46 | 西藏信托 | 0 | 未披露 | 未披露 |
| 47 | 山西信托 | 0 | 未披露 | 未披露 |
| 48 | 光大信托 | 0 | 未披露 | 未披露 |
| 49 | 苏州信托 | 0 | 未披露 | 未披露 |
| 50 | 江苏国信 | 0 | 0 | 0 |
| 51 | 华融国信 | 0 | 未披露 | 0 |
| 52 | 粤财信托 | 0 | 未披露 | 未披露 |
| 53 | 中原信托 | 0 | 未披露 | 未披露 |
| 54 | 工商信托 | 0 | 0 | 0 |
| 55 | 中泰信托 | 0 | 未披露 | 未披露 |
| 56 | 云南国信 | 0 | 0 | 0 |

续表

| 序号 | 公司简称 | 2019 年 | 2018 年 | 2017 年 |
|---|---|---|---|---|
| 57 | 中铁信托 | 0 | 未披露 | 0 |
| 58 | 陆家嘴信托 | 0 | 未披露 | 未披露 |
| 59 | 浙商金汇 | 0 | 未披露 | 未披露 |
| 60 | 安信信托 | 未披露 | 未披露 | 未披露 |
| 61 | 新时代 | 未披露 | 未披露 | 未披露 |
| 62 | 山东国信 | 未披露 | 未披露 | 未披露 |
| 63 | 雪松国信 | 未披露 | 未披露 | 未披露 |
| 64 | 国通信托 | 未披露 | 未披露 | 未披露 |
| 65 | 湖南信托 | 未披露 | 未披露 | 246958 |
| 66 | 大业信托 | 未披露 | 未披露 | 未披露 |
| 67 | 长安国信 | 未披露 | 19602 | 未披露 |
| 68 | 陕西国信 | 未披露 | 未披露 | 100000 |

**表 5-19　　信托公司自营资产基础产业占比序列表（2019 年）**　　（%）

| 序号 | 公司简称 | 2019 年 | 2018 年 | 2017 年 |
|---|---|---|---|---|
| 1 | 爱建信托 | 21.44 | 18.11 | 5.17 |
| 2 | 国元信托 | 20.86 | 6.74 | 9.83 |
| 3 | 中信信托 | 16.00 | 未披露 | 未披露 |
| 4 | 天津信托 | 13.45 | 6.68 | 6.68 |
| 5 | 建信信托 | 10.51 | 未披露 | 未披露 |
| 6 | 民生信托 | 10.11 | 未披露 | 2.77 |
| 7 | 中海信托 | 9.85 | 未披露 | 未披露 |
| 8 | 华澳信托 | 9.24 | 9.64 | 24.80 |
| 9 | 交银国信 | 6.63 | 7.83 | 18.34 |
| 10 | 昆仑信托 | 4.91 | 8.78 | 15.39 |
| 11 | 中航信托 | 3.92 | 未披露 | 7.77 |
| 12 | 外贸信托 | 3.74 | 0.98 | 0.83 |
| 13 | 兴业信托 | 3.74 | 1.79 | 未披露 |
| 14 | 华宸信托 | 3.50 | 2.19 | 未披露 |
| 15 | 万向信托 | 3.45 | 20.02 | 11.66 |
| 16 | 英大信托 | 3.31 | 0.44 | 0.00 |
| 17 | 北京国信 | 2.81 | 0.00 | 未披露 |
| 18 | 四川信托 | 2.59 | 4.55 | 3.51 |
| 19 | 新华信托 | 2.30 | 2.18 | 1.05 |
| 20 | 中建投信托 | 1.69 | 未披露 | 未披露 |

续表

| 序号 | 公司简称 | 2019 年 | 2018 年 | 2017 年 |
|---|---|---|---|---|
| 21 | 北方国信 | 1.21 | 1.28 | 1.38 |
| 22 | 中融信托 | 1.08 | 0.00 | 0.00 |
| 23 | 渤海信托 | 0.20 | 0.14 | 2.03 |
| 24 | 中诚信托 | 0.12 | 2.93 | 0.62 |
| 25 | 华信信托 | 0.00 | 未披露 | 0.00 |
| 26 | 国民信托 | 0.00 | 未披露 | 未披露 |
| 27 | 华宝信托 | 0.00 | 未披露 | 0.00 |
| 28 | 国联信托 | 0.00 | 未披露 | 未披露 |
| 29 | 华润信托 | 0.00 | 未披露 | 未披露 |
| 30 | 国投信托 | 0.00 | 未披露 | 未披露 |
| 31 | 西部信托 | 0.00 | 未披露 | 未披露 |
| 32 | 重庆国信 | 0.00 | 未披露 | 未披露 |
| 33 | 华能贵诚 | 0.00 | 未披露 | 未披露 |
| 34 | 金谷信托 | 0.00 | 未披露 | 未披露 |
| 35 | 五矿信托 | 0.00 | 未披露 | 未披露 |
| 36 | 中粮信托 | 0.00 | 未披露 | 未披露 |
| 37 | 紫金信托 | 0.00 | 未披露 | 未披露 |
| 38 | 长城新盛 | 0.00 | 未披露 | 未披露 |
| 39 | 厦门国信 | 0.00 | 0.00 | 6.39 |
| 40 | 百瑞信托 | 0.00 | 未披露 | 0.17 |
| 41 | 华鑫信托 | 0.00 | 未披露 | 0.00 |
| 42 | 上海国信 | 0.00 | 未披露 | 未披露 |
| 43 | 平安信托 | 0.00 | 未披露 | 未披露 |
| 44 | 吉林信托 | 0.00 | 未披露 | 未披露 |
| 45 | 东莞信托 | 0.00 | 未披露 | 未披露 |
| 46 | 西藏信托 | 0.00 | 未披露 | 未披露 |
| 47 | 山西信托 | 0.00 | 未披露 | 未披露 |
| 48 | 光大信托 | 0.00 | 未披露 | 未披露 |
| 49 | 苏州信托 | 0.00 | 未披露 | 未披露 |
| 50 | 江苏国信 | 0.00 | 0.00 | 0.00 |
| 51 | 华融国信 | 0.00 | 未披露 | 0.00 |
| 52 | 粤财信托 | 0.00 | 未披露 | 未披露 |
| 53 | 中原信托 | 0.00 | 未披露 | 未披露 |
| 54 | 工商信托 | 0.00 | 0.00 | 0.00 |
| 55 | 中泰信托 | 0.00 | 未披露 | 未披露 |

续表

| 序号 | 公司简称 | 2019年 | 2018年 | 2017年 |
|---|---|---|---|---|
| 56 | 云南国信 | 0.00 | 0.00 | 0.00 |
| 57 | 中铁信托 | 0.00 | 未披露 | 0.00 |
| 58 | 陆家嘴信托 | 0.00 | 未披露 | 未披露 |
| 59 | 浙商金汇 | 0.00 | 未披露 | 未披露 |
| 60 | 安信信托 | 未披露 | 未披露 | 未披露 |
| 61 | 新时代 | 未披露 | 未披露 | 未披露 |
| 62 | 山东国信 | 未披露 | 未披露 | 未披露 |
| 63 | 雪松国信 | 未披露 | 未披露 | 未披露 |
| 64 | 国通信托 | 未披露 | 未披露 | 未披露 |
| 65 | 湖南信托 | 未披露 | 未披露 | 27.84 |
| 66 | 大业信托 | 未披露 | 未披露 | 未披露 |
| 67 | 长安国信 | 未披露 | 2.19 | 未披露 |
| 68 | 陕西国信 | 未披露 | 未披露 | 10.59 |

**表5-20　信托公司自营资产房地产业资产序列表（2019年）**　单位：万元

| 序号 | 公司简称 | 2019年 | 2018年 | 2017年 |
|---|---|---|---|---|
| 1 | 华润信托 | 631468 | 351638 | 322272 |
| 2 | 爱建信托 | 481030 | 419753 | 195278 |
| 3 | 中诚信托 | 364762 | 438057 | 643195 |
| 4 | 昆仑信托 | 329276 | 318770 | 301500 |
| 5 | 新华信托 | 323431 | 387505 | 250539 |
| 6 | 建信信托 | 247062 | 未披露 | 未披露 |
| 7 | 中信信托 | 243767 | 未披露 | 261224 |
| 8 | 交银国信 | 239092 | 433027 | 229000 |
| 9 | 外贸信托 | 215849 | 90909 | 103375 |
| 10 | 北京国信 | 169998 | 129231 | 未披露 |
| 11 | 中建投信托 | 165755 | 123239 | 36155 |
| 12 | 平安信托 | 156086 | 15281 | 14982 |
| 13 | 四川信托 | 152050 | 136600 | 45832 |
| 14 | 万向信托 | 137310 | 61190 | 75310 |
| 15 | 百瑞信托 | 125262 | 123000 | 50000 |
| 16 | 中融信托 | 116859 | 59041 | 105989 |
| 17 | 兴业信托 | 106646 | 86697 | 158553 |
| 18 | 长安国信 | 81693 | 87900 | 1293 |
| 19 | 中航信托 | 73706 | 未披露 | 12979 |

续表

| 序号 | 公司简称 | 2019年 | 2018年 | 2017年 |
|---|---|---|---|---|
| 20 | 天津信托 | 66847 | 21030 | 35060 |
| 21 | 工商信托 | 56700 | 35000 | 60000 |
| 22 | 重庆国信 | 55847 | 40373 | 150652 |
| 23 | 国元信托 | 47862 | 62464 | 82364 |
| 24 | 华宸信托 | 22120 | 15019 | 38026 |
| 25 | 北方国信 | 12600 | 19920 | 18314 |
| 26 | 国联信托 | 4400 | 56218 | 7440 |
| 27 | 金谷信托 | 874 | 1574 | 27016 |
| 28 | 华宝信托 | 74 | 未披露 | 84 |
| 29 | 华信信托 | 0 | 未披露 | 0 |
| 30 | 国民信托 | 0 | 未披露 | 未披露 |
| 31 | 国投信托 | 0 | 未披露 | 未披露 |
| 32 | 西部信托 | 0 | 未披露 | 未披露 |
| 33 | 华能贵诚 | 0 | 未披露 | 未披露 |
| 34 | 华澳信托 | 0 | 未披露 | 0 |
| 35 | 五矿信托 | 0 | 未披露 | 未披露 |
| 36 | 中粮信托 | 0 | 未披露 | 未披露 |
| 37 | 紫金信托 | 0 | 未披露 | 未披露 |
| 38 | 长城新盛 | 0 | 未披露 | 未披露 |
| 39 | 渤海信托 | 0 | 8626 | 48430 |
| 40 | 中原信托 | 0 | 38108 | 80132 |
| 41 | 华鑫信托 | 0 | 未披露 | 6199 |
| 42 | 民生信托 | 0 | 未披露 | 27336 |
| 43 | 吉林信托 | 0 | 21099 | 20576 |
| 44 | 光大信托 | 0 | 未披露 | 1876 |
| 45 | 苏州信托 | 0 | 未披露 | 未披露 |
| 46 | 上海国信 | 0 | 未披露 | 未披露 |
| 47 | 中海信托 | 0 | 未披露 | 未披露 |
| 48 | 厦门国信 | 0 | 0 | 0 |
| 49 | 东莞信托 | 0 | 未披露 | 未披露 |
| 50 | 西藏信托 | 0 | 未披露 | 未披露 |
| 51 | 山西信托 | 0 | 未披露 | 未披露 |
| 52 | 江苏国信 | 0 | 0 | 0 |
| 53 | 华融国信 | 0 | 未披露 | 0 |
| 54 | 粤财信托 | 0 | 未披露 | 未披露 |

续表

| 序号 | 公司简称 | 2019 年 | 2018 年 | 2017 年 |
|---|---|---|---|---|
| 55 | 中泰信托 | 0 | 未披露 | 未披露 |
| 56 | 英大信托 | 0 | 未披露 | 未披露 |
| 57 | 云南国信 | 0 | 0 | 0 |
| 58 | 中铁信托 | 0 | 未披露 | 0 |
| 59 | 陆家嘴信托 | 0 | 未披露 | 未披露 |
| 60 | 浙商金汇 | 0 | 未披露 | 未披露 |
| 61 | 安信信托 | 未披露 | 未披露 | 未披露 |
| 62 | 新时代 | 未披露 | 未披露 | 未披露 |
| 63 | 山东国信 | 未披露 | 未披露 | 未披露 |
| 64 | 雪松国信 | 未披露 | 未披露 | 未披露 |
| 65 | 国通信托 | 未披露 | 未披露 | 未披露 |
| 66 | 陕西国信 | 未披露 | 未披露 | 未披露 |
| 67 | 大业信托 | 未披露 | 未披露 | 未披露 |
| 68 | 湖南信托 | 未披露 | 未披露 | 未披露 |

**表 5－21　　信托公司自营资产房地产业资产占比序列表（2019 年）**　　（%）

| 序号 | 公司简称 | 2019 年 | 2018 年 | 2017 年 |
|---|---|---|---|---|
| 1 | 爱建信托 | 47.30 | 42.13 | 26.99 |
| 2 | 新华信托 | 43.96 | 49.78 | 38.02 |
| 3 | 万向信托 | 31.42 | 15.74 | 18.54 |
| 4 | 华润信托 | 24.72 | 15.17 | 14.84 |
| 5 | 昆仑信托 | 23.96 | 24.19 | 23.13 |
| 6 | 交银国信 | 18.54 | 35.71 | 22.02 |
| 7 | 华宸信托 | 17.23 | 12.35 | 28.97 |
| 8 | 中诚信托 | 16.18 | 19.50 | 29.06 |
| 9 | 中建投信托 | 15.98 | 14.32 | 4.09 |
| 10 | 四川信托 | 15.37 | 13.67 | 5.28 |
| 11 | 百瑞信托 | 12.52 | 12.96 | 5.51 |
| 12 | 北京国信 | 12.31 | 10.92 | |
| 13 | 外贸信托 | 11.72 | 6.06 | 8.25 |
| 14 | 建信信托 | 11.65 | 未披露 | 未披露 |
| 15 | 工商信托 | 11.34 | 6.72 | 12.09 |
| 16 | 天津信托 | 8.28 | 2.81 | 5.57 |
| 17 | 中信信托 | 8.00 | 未披露 | 9.84 |
| 18 | 长安国信 | 7.92 | 9.81 | 0.15 |

续表

| 序号 | 公司简称 | 2019年 | 2018年 | 2017年 |
| --- | --- | --- | --- | --- |
| 19 | 国元信托 | 6.36 | 8.39 | 11.24 |
| 20 | 兴业信托 | 5.85 | 4.72 | 8.36 |
| 21 | 平安信托 | 5.31 | 0.61 | 0.54 |
| 22 | 中航信托 | 4.42 | 未披露 | 1.10 |
| 23 | 中融信托 | 4.23 | 1.92 | 3.68 |
| 24 | 北方国信 | 2.34 | 3.87 | 4.00 |
| 25 | 重庆国信 | 1.76 | 1.36 | 5.35 |
| 26 | 国联信托 | 0.79 | 11.04 | 1.37 |
| 27 | 金谷信托 | 0.16 | 0.33 | 6.58 |
| 28 | 华宝信托 | 0.01 | 未披露 | 0.01 |
| 29 | 华信信托 | 0.00 | 未披露 | 0.00 |
| 30 | 国民信托 | 0.00 | 未披露 | 未披露 |
| 31 | 国投信托 | 0.00 | 未披露 | 未披露 |
| 32 | 西部信托 | 0.00 | 未披露 | 未披露 |
| 33 | 华能贵诚 | 0.00 | 未披露 | 未披露 |
| 34 | 华澳信托 | 0.00 | 未披露 | 0.00 |
| 35 | 五矿信托 | 0.00 | 未披露 | 未披露 |
| 36 | 中粮信托 | 0.00 | 未披露 | 未披露 |
| 37 | 紫金信托 | 0.00 | 未披露 | 未披露 |
| 38 | 长城新盛 | 0.00 | 未披露 | 未披露 |
| 39 | 渤海信托 | 0.00 | 0.61 | 3.46 |
| 40 | 中原信托 | 0.00 | 3.98 | 7.97 |
| 41 | 吉林信托 | 0.00 | 3.15 | 3.10 |
| 42 | 华鑫信托 | 0.00 | 未披露 | 1.20 |
| 43 | 民生信托 | 0.00 | 未披露 | 2.05 |
| 44 | 光大信托 | 0.00 | 未披露 | 0.32 |
| 45 | 苏州信托 | 0.00 | 未披露 | 未披露 |
| 46 | 上海国信 | 0.00 | 未披露 | 未披露 |
| 47 | 中海信托 | 0.00 | 未披露 | 未披露 |
| 48 | 厦门国信 | 0.00 | 0.00 | 0.00 |
| 49 | 东莞信托 | 0.00 | 未披露 | 未披露 |
| 50 | 西藏信托 | 0.00 | 未披露 | 未披露 |
| 51 | 山西信托 | 0.00 | 未披露 | 未披露 |
| 52 | 江苏国信 | 0.00 | 0.00 | 0.00 |
| 53 | 华融国信 | 0.00 | 未披露 | 0.00 |

续表

| 序号 | 公司简称 | 2019 年 | 2018 年 | 2017 年 |
|---|---|---|---|---|
| 54 | 粤财信托 | 0.00 | 未披露 | 未披露 |
| 55 | 中泰信托 | 0.00 | 未披露 | 未披露 |
| 56 | 英大信托 | 0.00 | 未披露 | 未披露 |
| 57 | 云南国信 | 0.00 | 0.00 | 0.00 |
| 58 | 中铁信托 | 0.00 | 未披露 | 0.00 |
| 59 | 陆家嘴信托 | 0.00 | 未披露 | 未披露 |
| 60 | 浙商金汇 | 0.00 | 未披露 | 未披露 |
| 61 | 安信信托 | 未披露 | 未披露 | 未披露 |
| 62 | 新时代 | 未披露 | 未披露 | 未披露 |
| 63 | 山东国信 | 未披露 | 未披露 | 未披露 |
| 64 | 雪松国信 | 未披露 | 未披露 | 未披露 |
| 65 | 国通信托 | 未披露 | 未披露 | 未披露 |
| 66 | 大业信托 | 未披露 | 未披露 | 未披露 |
| 67 | 陕西国信 | 未披露 | 未披露 | 未披露 |
| 68 | 湖南信托 | 未披露 | 未披露 | 未披露 |

**表 5－22　　信托公司自营资产证券资产序列表（2019 年）**　　单位：万元

| 序号 | 公司简称 | 2019 年 | 2018 年 | 2017 年 |
|---|---|---|---|---|
| 1 | 中融信托 | 999672 | 937639 | 520300 |
| 2 | 交银国信 | 514000 | 323500 | 190400 |
| 3 | 外贸信托 | 412324 | 173099 | 269655 |
| 4 | 长安国信 | 404108 | 145821 | 320791 |
| 5 | 吉林信托 | 395501 | 391908 | 455058 |
| 6 | 西部信托 | 335920 | 262909 | 427397 |
| 7 | 华信信托 | 329995 | 未披露 | 462425 |
| 8 | 兴业信托 | 299052 | 633702 | 430174 |
| 9 | 华能贵诚 | 280238 | 未披露 | 67291 |
| 10 | 华鑫信托 | 208843 | 未披露 | 201858 |
| 11 | 重庆国信 | 207204 | 191597 | 222026 |
| 12 | 上海国信 | 206848 | 171207 | 104959 |
| 13 | 英大信托 | 199030 | 10810 | 20050 |
| 14 | 昆仑信托 | 188952 | 111630 | 129334 |
| 15 | 国投信托 | 143962 | 156174 | 101253 |
| 16 | 中铁信托 | 124779 | 65987 | 15220 |
| 17 | 五矿信托 | 119446 | 未披露 | 30071 |

续表

| 序号 | 公司简称 | 2019 年 | 2018 年 | 2017 年 |
|---|---|---|---|---|
| 18 | 西藏信托 | 81389 | 67497 | 74312 |
| 19 | 中海信托 | 79768 | 83807 | 306664 |
| 20 | 东莞信托 | 76881 | 50820 | 41497 |
| 21 | 天津信托 | 75709 | 90735 | 122107 |
| 22 | 苏州信托 | 74427 | 56338 | 79589 |
| 23 | 厦门国信 | 73429 | 91892 | 71800 |
| 24 | 中航信托 | 71106 | 未披露 | 59807 |
| 25 | 北方国信 | 70675 | 44314 | 79808 |
| 26 | 华宝信托 | 57232 | 未披露 | 147674 |
| 27 | 新时代 | 51670 | 49637 | 51769 |
| 28 | 中诚信托 | 50755 | 32201 | 75805 |
| 29 | 紫金信托 | 47123 | 35568 | 52615 |
| 30 | 北京国信 | 46244 | 78913 | 530738 |
| 31 | 百瑞信托 | 41063 | 99420 | 59704 |
| 32 | 云南国信 | 40000 | 14000 | 14191 |
| 33 | 建信信托 | 38593 | 未披露 | 3990 |
| 34 | 中泰信托 | 38589 | 30708 | 42809 |
| 35 | 浙商金汇 | 28369 | 64880 | 25070 |
| 36 | 国联信托 | 26076 | 27408 | 19942 |
| 37 | 中信信托 | 22249 | 未披露 | 23742 |
| 38 | 爱建信托 | 19006 | 3766 | 12093 |
| 39 | 华融国信 | 16308 | 未披露 | 301673 |
| 40 | 国元信托 | 13209 | 34081 | 11969 |
| 41 | 光大信托 | 11585 | 23943 | 36432 |
| 42 | 陆家嘴信托 | 10863 | 84902 | 76164 |
| 43 | 山西信托 | 9862 | 33724 | 29193 |
| 44 | 粤财信托 | 9293 | 4787 | 4969 |
| 45 | 华润信托 | 5115 | 156843 | 46867 |
| 46 | 华宸信托 | 4128 | 4032 | 52543 |
| 47 | 万向信托 | 3810 | 未披露 | 未披露 |
| 48 | 四川信托 | 3064 | 19838 | 43169 |
| 49 | 渤海信托 | 1951 | 6293 | 19211 |
| 50 | 江苏国信 | 1769 | 4075 | 1580 |
| 51 | 中建投信托 | 312 | 6529 | 17736 |
| 52 | 工商信托 | 251 | 222 | 284 |

续表

| 序号 | 公司简称 | 2019年 | 2018年 | 2017年 |
|---|---|---|---|---|
| 53 | 国民信托 | 0 | 未披露 | 未披露 |
| 54 | 长城新盛 | 0 | 未披露 | 未披露 |
| 55 | 华澳信托 | 0 | 未披露 | 0 |
| 56 | 中粮信托 | 0 | 未披露 | 174700 |
| 57 | 金谷信托 | 0 | 1574 | 10109 |
| 58 | 新华信托 | 0 | 4526 | 69041 |
| 59 | 平安信托 | 0 | 未披露 | 未披露 |
| 60 | 中原信托 | 0 | 未披露 | 未披露 |
| 61 | 安信信托 | 未披露 | 未披露 | 未披露 |
| 62 | 国通信托 | 未披露 | 未披露 | 47970 |
| 63 | 民生信托 | 未披露 | 未披露 | 未披露 |
| 64 | 雪松国信 | 未披露 | 未披露 | 未披露 |
| 65 | 陕西国信 | 未披露 | 未披露 | 127120 |
| 66 | 山东国信 | 未披露 | 未披露 | 502295 |
| 67 | 湖南信托 | 未披露 | 未披露 | 50859 |
| 68 | 大业信托 | 未披露 | 未披露 | 未披露 |

**表5-23　信托公司自营资产证券资产占比序列表（2019年）**　（%）

| 序号 | 公司简称 | 2019年 | 2018年 | 2017年 |
|---|---|---|---|---|
| 1 | 吉林信托 | 58.92 | 58.60 | 68.62 |
| 2 | 西部信托 | 52.66 | 47.32 | 58.25 |
| 3 | 交银国信 | 39.85 | 26.68 | 18.31 |
| 4 | 长安国信 | 39.20 | 16.28 | 37.77 |
| 5 | 中融信托 | 36.20 | 30.51 | 18.07 |
| 6 | 华鑫信托 | 26.95 | 未披露 | 40.40 |
| 7 | 华信信托 | 26.66 | 未披露 | 34.00 |
| 8 | 外贸信托 | 22.39 | 11.54 | 21.52 |
| 9 | 国投信托 | 21.00 | 21.96 | 16.34 |
| 10 | 英大信托 | 20.09 | 1.20 | 3.23 |
| 11 | 兴业信托 | 16.41 | 34.52 | 22.69 |
| 12 | 西藏信托 | 16.23 | 25.41 | 30.19 |
| 13 | 昆仑信托 | 13.75 | 8.47 | 9.92 |
| 14 | 苏州信托 | 13.15 | 11.36 | 16.63 |
| 15 | 北方国信 | 13.13 | 8.60 | 17.45 |
| 16 | 东莞信托 | 12.62 | 7.81 | 9.60 |

续表

| 序号 | 公司简称 | 2019 年 | 2018 年 | 2017 年 |
|---|---|---|---|---|
| 17 | 华能贵诚 | 11.48 | 未披露 | 4.86 |
| 18 | 浙商金汇 | 11.34 | 9.40 | 9.40 |
| 19 | 上海国信 | 11.27 | 10.37 | 6.30 |
| 20 | 中海信托 | 11.23 | 11.68 | 28.61 |
| 21 | 云南国信 | 11.15 | 4.55 | 5.07 |
| 22 | 厦门国信 | 10.24 | 13.90 | 12.43 |
| 23 | 紫金信托 | 10.13 | 8.44 | 12.37 |
| 24 | 天津信托 | 9.38 | 12.11 | 19.40 |
| 25 | 中铁信托 | 8.77 | 5.00 | 1.18 |
| 26 | 中泰信托 | 8.13 | 6.74 | 9.70 |
| 27 | 重庆国信 | 6.55 | 6.43 | 7.89 |
| 28 | 五矿信托 | 6.55 | 未披露 | 2.55 |
| 29 | 新时代 | 5.52 | 4.31 | 5.00 |
| 30 | 华宝信托 | 5.40 | 未披露 | 14.03 |
| 31 | 国联信托 | 4.68 | 5.38 | 3.68 |
| 32 | 中航信托 | 4.27 | 未披露 | 5.06 |
| 33 | 百瑞信托 | 4.11 | 10.47 | 6.58 |
| 34 | 山西信托 | 4.11 | 14.26 | 13.46 |
| 35 | 北京国信 | 3.35 | 6.67 | |
| 36 | 华宸信托 | 3.21 | 3.32 | 40.04 |
| 37 | 中诚信托 | 2.25 | 1.43 | 3.43 |
| 38 | 爱建信托 | 1.87 | 0.38 | 1.67 |
| 39 | 建信信托 | 1.82 | 未披露 | 0.34 |
| 40 | 国元信托 | 1.75 | 4.58 | 1.64 |
| 41 | 陆家嘴信托 | 1.65 | 12.38 | 13.90 |
| 42 | 粤财信托 | 1.23 | 0.74 | 0.79 |
| 43 | 中信信托 | 1.00 | 未披露 | 0.89 |
| 44 | 华融国信 | 0.95 | 未披露 | 23.97 |
| 45 | 万向信托 | 0.87 | 未披露 | 未披露 |
| 46 | 光大信托 | 0.83 | 2.17 | 6.22 |
| 47 | 四川信托 | 0.31 | 1.98 | 4.97 |
| 48 | 华润信托 | 0.20 | 6.77 | 2.16 |
| 49 | 渤海信托 | 0.12 | 0.45 | 1.37 |
| 50 | 江苏国信 | 0.08 | 0.20 | 0.12 |
| 51 | 工商信托 | 0.05 | 0.04 | 0.06 |

续表

| 序号 | 公司简称 | 2019 年 | 2018 年 | 2017 年 |
|---|---|---|---|---|
| 52 | 中建投信托 | 0.02 | 0.76 | 2.01 |
| 53 | 国民信托 | 0.00 | 未披露 | 未披露 |
| 54 | 长城新盛 | 0.00 | 未披露 | 未披露 |
| 55 | 华澳信托 | 0.00 | 未披露 | 0.00 |
| 56 | 中粮信托 | 0.00 | 未披露 | 33.55 |
| 57 | 金谷信托 | 0.00 | 0.33 | 2.46 |
| 58 | 新华信托 | 0.00 | 0.58 | 10.48 |
| 59 | 平安信托 | 0.00 | 未披露 | 未披露 |
| 60 | 中原信托 | 0.00 | 未披露 | 未披露 |
| 61 | 安信信托 | 未披露 | 未披露 | 未披露 |
| 62 | 国通信托 | 未披露 | 未披露 | 8.33 |
| 63 | 民生信托 | 未披露 | 未披露 | 未披露 |
| 64 | 雪松国信 | 未披露 | 未披露 | 未披露 |
| 65 | 山东国信 | 未披露 | 未披露 | 34.95 |
| 66 | 陕西国信 | 未披露 | 未披露 | 13.45 |
| 67 | 湖南信托 | 未披露 | 未披露 | 5.73 |
| 68 | 大业信托 | 未披露 | 未披露 | 未披露 |

**表 5-24　　信托公司自营资产实业资产序列表（2019 年）**　　单位：万元

| 序号 | 公司简称 | 2019 年 | 2018 年 | 2017 年 |
|---|---|---|---|---|
| 1 | 渤海信托 | 1066062 | 947498 | 634366 |
| 2 | 民生信托 | 961735 | 未披露 | 30600 |
| 3 | 北京国信 | 661628 | 462195 | |
| 4 | 平安信托 | 443621 | 464589 | 518069 |
| 5 | 华澳信托 | 428734 | 439902 | 240531 |
| 6 | 中航信托 | 346708 | 未披露 | 156576 |
| 7 | 昆仑信托 | 276724 | 173639 | 154280 |
| 8 | 百瑞信托 | 261860 | 115025 | 192701 |
| 9 | 爱建信托 | 171892 | 134812 | 3611 |
| 10 | 长安国信 | 148247 | 117472 | 25986 |
| 11 | 万向信托 | 122853 | 未披露 | 15030 |
| 12 | 中融信托 | 90256 | 67788 | 177090 |
| 13 | 建信信托 | 80902 | 未披露 | 未披露 |
| 14 | 中信信托 | 51750 | 未披露 | 2100 |
| 15 | 新时代 | 46838 | 71444 | 215923 |

续表

| 序号 | 公司简称 | 2019年 | 2018年 | 2017年 |
|---|---|---|---|---|
| 16 | 四川信托 | 42482 | 30682 | 45282 |
| 17 | 国元信托 | 41500 | 105757 | 46480 |
| 18 | 中诚信托 | 36311 | 34680 | 46919 |
| 19 | 苏州信托 | 35734 | 42615 | 40818 |
| 20 | 北方国信 | 33116 | 30372 | 45762 |
| 21 | 重庆国信 | 30020 | 未披露 | 100075 |
| 22 | 西藏信托 | 25167 | 73938 | 41462 |
| 23 | 天津信托 | 23228 | 33921 | 112426 |
| 24 | 工商信托 | 16250 | 22250 | 25250 |
| 25 | 金谷信托 | 14224 | 15919 | 565 |
| 26 | 国联信托 | 10318 | 39177 | 29056 |
| 27 | 光大信托 | 8858 | 9300 | 7295 |
| 28 | 厦门国信 | 4875 | 4875 | 9795 |
| 29 | 兴业信托 | 4727 | 58145 | 48929 |
| 30 | 华宸信托 | 3621 | 15646 | 10805 |
| 31 | 中原信托 | 2421 | 2434 | 71666 |
| 32 | 山西信托 | 1000 | 2000 | 未披露 |
| 33 | 华润信托 | 99 | 8101 | 10339 |
| 34 | 华信信托 | 0 | 未披露 | 未披露 |
| 35 | 国民信托 | 0 | 未披露 | 未披露 |
| 36 | 华宝信托 | 0 | 未披露 | 0 |
| 37 | 国投信托 | 0 | 未披露 | 未披露 |
| 38 | 西部信托 | 0 | 未披露 | 未披露 |
| 39 | 华能贵诚 | 0 | 0 | 未披露 |
| 40 | 中粮信托 | 0 | 未披露 | 未披露 |
| 41 | 紫金信托 | 0 | 未披露 | 未披露 |
| 42 | 长城新盛 | 0 | 未披露 | 未披露 |
| 43 | 华鑫信托 | 0 | 未披露 | 0 |
| 44 | 新华信托 | 0 | 1979 | 99423 |
| 45 | 中建投信托 | 0 | 未披露 | 799196 |
| 46 | 上海国信 | 0 | 未披露 | 未披露 |
| 47 | 中海信托 | 0 | 40000 | 未披露 |
| 48 | 吉林信托 | 0 | 0 | 0 |
| 49 | 东莞信托 | 0 | 0 | 0 |
| 50 | 外贸信托 | 0 | 67854 | 76346 |

续表

| 序号 | 公司简称 | 2019 年 | 2018 年 | 2017 年 |
|---|---|---|---|---|
| 51 | 江苏国信 | 0 | 0 | 0 |
| 52 | 华融国信 | 0 | 未披露 | 0 |
| 53 | 粤财信托 | 0 | 未披露 | 未披露 |
| 54 | 中泰信托 | 0 | 未披露 | 未披露 |
| 55 | 英大信托 | 0 | 未披露 | 未披露 |
| 56 | 云南国信 | 0 | 0 | 0 |
| 57 | 交银国信 | 0 | 未披露 | 未披露 |
| 58 | 中铁信托 | 0 | 未披露 | 0 |
| 59 | 陆家嘴信托 | 0 | 未披露 | 5859141 |
| 60 | 浙商金汇 | 0 | 未披露 | 未披露 |
| 61 | 安信信托 | 未披露 | 未披露 | 未披露 |
| 62 | 山东国信 | 未披露 | 未披露 | 未披露 |
| 63 | 雪松国信 | 未披露 | 未披露 | 未披露 |
| 64 | 国通信托 | 未披露 | 未披露 | 未披露 |
| 65 | 五矿信托 | 未披露 | 未披露 | 9376675 |
| 66 | 陕西国信 | 未披露 | 未披露 | 未披露 |
| 67 | 湖南信托 | 未披露 | 未披露 | 26529 |
| 68 | 大业信托 | 未披露 | 未披露 | 未披露 |

**表 5-25　　信托公司自营资产实业资产占比序列表（2019 年）**　　（%）

| 序号 | 公司简称 | 2019 年 | 2018 年 | 2017 年 |
|---|---|---|---|---|
| 1 | 华澳信托 | 79.25 | 77.06 | 49.72 |
| 2 | 民生信托 | 67.72 | 未披露 | 30.61 |
| 3 | 渤海信托 | 67.39 | 67.50 | 45.27 |
| 4 | 北京国信 | 47.90 | 39.06 | |
| 5 | 万向信托 | 28.11 | 未披露 | 3.70 |
| 6 | 百瑞信托 | 26.18 | 12.12 | 21.25 |
| 7 | 中航信托 | 20.80 | 未披露 | 13.25 |
| 8 | 昆仑信托 | 20.14 | 13.18 | 11.84 |
| 9 | 爱建信托 | 16.90 | 13.53 | 0.50 |
| 10 | 平安信托 | 15.09 | 18.50 | 18.56 |
| 11 | 长安国信 | 14.38 | 13.12 | 3.06 |
| 12 | 苏州信托 | 6.31 | 8.59 | 8.53 |
| 13 | 北方国信 | 6.15 | 5.89 | 10.00 |
| 14 | 国元信托 | 5.51 | 14.20 | 6.34 |

续表

| 序号 | 公司简称 | 2019 年 | 2018 年 | 2017 年 |
|---|---|---|---|---|
| 15 | 西藏信托 | 5.02 | 27.83 | 16.84 |
| 16 | 新时代 | 5.00 | 6.21 | 20.87 |
| 17 | 四川信托 | 4.29 | 3.07 | 5.21 |
| 18 | 建信信托 | 3.82 | 未披露 | 未披露 |
| 19 | 中融信托 | 3.27 | 2.21 | 6.15 |
| 20 | 工商信托 | 3.25 | 4.27 | 5.09 |
| 21 | 天津信托 | 2.88 | 4.53 | 17.87 |
| 22 | 华宸信托 | 2.82 | 12.86 | 8.23 |
| 23 | 金谷信托 | 2.69 | 3.36 | 0.14 |
| 24 | 中信信托 | 2.00 | 未披露 | 0.08 |
| 25 | 国联信托 | 1.85 | 7.70 | 5.37 |
| 26 | 中诚信托 | 1.61 | 1.54 | 2.12 |
| 27 | 重庆国信 | 0.95 | 未披露 | 3.56 |
| 28 | 厦门国信 | 0.68 | 0.83 | 1.70 |
| 29 | 光大信托 | 0.63 | 0.84 | 1.25 |
| 30 | 山西信托 | 0.42 | 0.85 | 未披露 |
| 31 | 兴业信托 | 0.26 | 3.17 | 2.58 |
| 32 | 中原信托 | 0.23 | 0.25 | 7.13 |
| 33 | 华信信托 | 0.00 | 未披露 | 未披露 |
| 34 | 国民信托 | 0.00 | 未披露 | 未披露 |
| 35 | 华宝信托 | 0.00 | 未披露 | 0.00 |
| 36 | 华润信托 | 0.00 | 0.35 | 0.48 |
| 37 | 国投信托 | 0.00 | 未披露 | 未披露 |
| 38 | 西部信托 | 0.00 | 未披露 | 未披露 |
| 39 | 华能贵诚 | 0.00 | 0.00 | 未披露 |
| 40 | 中粮信托 | 0.00 | 未披露 | 未披露 |
| 41 | 紫金信托 | 0.00 | 未披露 | 未披露 |
| 42 | 长城新盛 | 0.00 | 未披露 | 未披露 |
| 43 | 华鑫信托 | 0.00 | 未披露 | 0.00 |
| 44 | 新华信托 | 0.00 | 0.25 | 15.09 |
| 45 | 中建投信托 | 0.00 | 未披露 | 90.36 |
| 46 | 上海国信 | 0.00 | 未披露 | 未披露 |
| 47 | 中海信托 | 0.00 | 5.57 | 未披露 |
| 48 | 吉林信托 | 0.00 | 0.00 | 0.00 |
| 49 | 东莞信托 | 0.00 | 0.00 | 0.00 |

续表

| 序号 | 公司简称 | 2019 年 | 2018 年 | 2017 年 |
|---|---|---|---|---|
| 50 | 外贸信托 | 0.00 | 4.52 | 6.09 |
| 51 | 江苏国信 | 0.00 | 0.00 | 0.00 |
| 52 | 华融国信 | 0.00 | 未披露 | 0.00 |
| 53 | 粤财信托 | 0.00 | 未披露 | 未披露 |
| 54 | 中泰信托 | 0.00 | 未披露 | 未披露 |
| 55 | 英大信托 | 0.00 | 未披露 | 未披露 |
| 56 | 云南国信 | 0.00 | 0.00 | 0.00 |
| 57 | 交银国信 | 0.00 | 未披露 | 未披露 |
| 58 | 中铁信托 | 0.00 | 未披露 | 0.00 |
| 59 | 陆家嘴信托 | 0.00 | 未披露 | 20.42 |
| 60 | 浙商金汇 | 0.00 | 未披露 | 未披露 |
| 61 | 安信信托 | 未披露 | 未披露 | 未披露 |
| 62 | 山东国信 | 未披露 | 未披露 | 未披露 |
| 63 | 雪松国信 | 未披露 | 未披露 | 未披露 |
| 64 | 国通信托 | 未披露 | 未披露 | 未披露 |
| 65 | 五矿信托 | 未披露 | 未披露 | 18.10 |
| 66 | 陕西国信 | 未披露 | 未披露 | 未披露 |
| 67 | 湖南信托 | 未披露 | 未披露 | 2.99 |
| 68 | 大业信托 | 未披露 | 未披露 | 未披露 |

**表 5-26　　信托公司自营资产长期投资序列表（2019 年）**　　单位：万元

| 序号 | 公司简称 | 2019 年 | 2018 年 | 2017 年 |
|---|---|---|---|---|
| 1 | 江苏国信 | 1404077 | 838608 | 714774 |
| 2 | 华润信托 | 1335465 | 1225140 | 1215493 |
| 3 | 平安信托 | 943570 | 767854 | 757850 |
| 4 | 重庆国信 | 811272 | 780142 | 782562 |
| 5 | 建信信托 | 646008 | 未披露 | 411641 |
| 6 | 中诚信托 | 480300 | 450211 | 413235 |
| 7 | 兴业信托 | 404516 | 404516 | 374516 |
| 8 | 中铁信托 | 385258 | 469899 | 499944 |
| 9 | 国联信托 | 354360 | 160257 | 159096 |
| 10 | 国元信托 | 340587 | 337606 | 347502 |
| 11 | 中信信托 | 307865 | 未披露 | 152456 |
| 12 | 中海信托 | 304878 | 289733 | 271412 |
| 13 | 华信信托 | 264907 | 未披露 | 268537 |

续表

| 序号 | 公司简称 | 2019年 | 2018年 | 2017年 |
|---|---|---|---|---|
| 14 | 中原信托 | 230470 | 217053 | 205003 |
| 15 | 粤财信托 | 228493 | 198777 | 178463 |
| 16 | 中融信托 | 220980 | 221453 | 214675 |
| 17 | 中泰信托 | 204930 | 200892 | 197228 |
| 18 | 天津信托 | 182464 | 145234 | 93526 |
| 19 | 上海国信 | 150583 | 145668 | 145607 |
| 20 | 厦门国信 | 104275 | 82101 | 115264 |
| 21 | 外贸信托 | 92715 | 879382 | 84883 |
| 22 | 四川信托 | 84453 | 84453 | 84453 |
| 23 | 华宝信托 | 81021 | 未披露 | 78528 |
| 24 | 中建投信托 | 75130 | 33966 | 6337 |
| 25 | 山西信托 | 68003 | 70260 | 74305 |
| 26 | 北方国信 | 39457 | 39501 | 39341 |
| 27 | 新华信托 | 36706 | 36535 | 33697 |
| 28 | 长安国信 | 32869 | 32226 | 32444 |
| 29 | 百瑞信托 | 20575 | 未披露 | 未披露 |
| 30 | 华能贵诚 | 20000 | 20000 | 20000 |
| 31 | 吉林信托 | 19552 | 19552 | 19552 |
| 32 | 国投信托 | 16489 | 12741 | 11903 |
| 33 | 苏州信托 | 13087 | 13 | 12466 |
| 34 | 东莞信托 | 11731 | 9064 | 6241 |
| 35 | 北京国信 | 6459 | 5411 |  |
| 36 | 工商信托 | 5000 | 5000 | 5000 |
| 37 | 爱建信托 | 4129 | 4285 | 4329 |
| 38 | 昆仑信托 | 3114 | 8974 | 9598 |
| 39 | 中粮信托 | 2510 | 未披露 | 7150 |
| 40 | 紫金信托 | 1471 | 1471 | 1471 |
| 41 | 华融国信 | 1319 | 未披露 | 21000 |
| 42 | 交银国信 | 643 | 682 | 556 |
| 43 | 华宸信托 | 565 | 1701 | 2933 |
| 44 | 渤海信托 | 0 | 未披露 | 未披露 |
| 45 | 金谷信托 | 0 | 未披露 | 未披露 |
| 46 | 长城新盛 | 0 | 0 | 未披露 |
| 47 | 英大信托 | 0 | 未披露 | 9800 |
| 48 | 西藏信托 | 0 | 0 | 0 |

续表

| 序号 | 公司简称 | 2019 年 | 2018 年 | 2017 年 |
|---|---|---|---|---|
| 49 | 国民信托 | 0 | 未披露 | 未披露 |
| 50 | 陆家嘴信托 | 0 | 未披露 | 未披露 |
| 51 | 华澳信托 | 0 | 未披露 | 未披露 |
| 52 | 浙商金汇 | 0 | 未披露 | 未披露 |
| 53 | 安信信托 | 未披露 | 未披露 | 未披露 |
| 54 | 陕西国信 | 未披露 | 未披露 | 未披露 |
| 55 | 云南国信 | 未披露 | 未披露 | 0 |
| 56 | 中航信托 | 未披露 | 未披露 | 未披露 |
| 57 | 国通信托 | 未披露 | 未披露 | 未披露 |
| 58 | 大业信托 | 未披露 | 未披露 | 未披露 |
| 59 | 华鑫信托 | 未披露 | 未披露 | 未披露 |
| 60 | 五矿信托 | 未披露 | 未披露 | 未披露 |
| 61 | 万向信托 | 未披露 | 未披露 | 未披露 |
| 62 | 民生信托 | 未披露 | 未披露 | 未披露 |
| 63 | 西部信托 | 未披露 | 未披露 | 未披露 |
| 64 | 山东国信 | 未披露 | 未披露 | 123832 |
| 65 | 光大信托 | 未披露 | 未披露 | 未披露 |
| 66 | 湖南信托 | 未披露 | 未披露 | 376956 |
| 67 | 新时代 | 未披露 | 未披露 | 未披露 |
| 68 | 雪松国信 | 未披露 | 未披露 | 未披露 |

**表 5-27　信托公司自营资产长期投资占比序列表（2019 年）**　（%）

| 序号 | 公司简称 | 2019 年 | 2018 年 | 2017 年 |
|---|---|---|---|---|
| 1 | 国联信托 | 63.55 | 31.48 | 29.39 |
| 2 | 江苏国信 | 59.93 | 40.62 | 53.91 |
| 3 | 华润信托 | 52.28 | 52.85 | 55.98 |
| 4 | 国元信托 | 45.23 | 45.34 | 47.43 |
| 5 | 中泰信托 | 43.17 | 44.07 | 44.71 |
| 6 | 中海信托 | 42.92 | 40.38 | 25.32 |
| 7 | 平安信托 | 32.09 | 30.58 | 27.16 |
| 8 | 建信信托 | 30.47 | 未披露 | 35.47 |
| 9 | 粤财信托 | 30.24 | 30.54 | 28.52 |
| 10 | 山西信托 | 28.34 | 29.72 | 34.25 |
| 11 | 中铁信托 | 27.09 | 35.60 | 38.78 |
| 12 | 重庆国信 | 25.63 | 26.19 | 27.82 |

续表

| 序号 | 公司简称 | 2019 年 | 2018 年 | 2017 年 |
|---|---|---|---|---|
| 13 | 天津信托 | 22.61 | 19.38 | 14.86 |
| 14 | 兴业信托 | 22.20 | 22.04 | 19.76 |
| 15 | 中原信托 | 22.15 | 22.69 | 20.39 |
| 16 | 华信信托 | 21.40 | 未披露 | 19.75 |
| 17 | 中诚信托 | 21.30 | 20.04 | 18.68 |
| 18 | 厦门国信 | 14.54 | 13.90 | 19，95 |
| 19 | 中信信托 | 10.00 | 未披露 | 5.74 |
| 20 | 四川信托 | 8.54 | 8.45、 | 9.73 |
| 21 | 上海国信 | 8.20 | 8.82 | 8.73 |
| 22 | 中融信托 | 8.00 | 7.21 | 7.46 |
| 23 | 华宝信托 | 7.64 | 未披露 | 7.46 |
| 24 | 北方国信 | 7.24 | 7.67 | 8.60 |
| 25 | 中建投信托 | 7.24 | 3.95 | 0.72 |
| 26 | 外贸信托 | 5.04 | 58.61 | 6.77 |
| 27 | 新华信托 | 4.99 | 4.69 | 5.11 |
| 28 | 长安国信 | 3.19 | 3.60 | 3.82 |
| 29 | 吉林信托 | 2.91 | 2.93 | 2.95 |
| 30 | 苏州信托 | 2.31 | 0.00 | 2.61 |
| 31 | 百瑞信托 | 2.06 | 未披露 | 未披露 |
| 32 | 国投信托 | 2.00 | 1.79 | 1.92 |
| 33 | 东莞信托 | 1.93 | 1.39 | 1.44 |
| 34 | 工商信托 | 1.00 | 0.96 | 1.01 |
| 35 | 华能贵诚 | 0.82 | 0.94 | 1.45 |
| 36 | 中粮信托 | 0.51 | 未披露 | 1.37 |
| 37 | 北京国信 | 0.47 | 0.46 | 1.19 |
| 38 | 华宸信托 | 0.44 | 1.40 | 2.23 |
| 39 | 爱建信托 | 0.41 | 0.43 | 0.60 |
| 40 | 紫金信托 | 0.32 | 0.35 | 0.35 |
| 41 | 昆仑信托 | 0.23 | 0.68 | 0.74 |
| 42 | 华融国信 | 0.08 | 未披露 | 1.67 |
| 43 | 交银国信 | 0.05 | 0.06 | 0.05 |
| 44 | 渤海信托 | 0.00 | 未披露 | 未披露 |
| 45 | 金谷信托 | 0.00 | 未披露 | 未披露 |
| 46 | 长城新盛 | 0.00 | 0.00 | 未披露 |
| 47 | 英大信托 | 0.00 | 未披露 | 1.58 |

续表

| 序号 | 公司简称 | 2019 年 | 2018 年 | 2017 年 |
|---|---|---|---|---|
| 48 | 西藏信托 | 0.00 | 0.00 | 0.00 |
| 49 | 国民信托 | 0.00 | 未披露 | 未披露 |
| 50 | 陆家嘴信托 | 0.00 | 未披露 | 未披露 |
| 51 | 华澳信托 | 0.00 | 未披露 | 未披露 |
| 52 | 浙商金汇 | 0.00 | 未披露 | 未披露 |
| 53 | 安信信托 | 未披露 | 未披露 | 未披露 |
| 54 | 陕西国信 | 未披露 | 未披露 | 未披露 |
| 55 | 西部信托 | 未披露 | 未披露 | 未披露 |
| 56 | 云南国信 | 未披露 | 未披露 | 0.00 |
| 57 | 中航信托 | 未披露 | 未披露 | 未披露 |
| 58 | 国通信托 | 未披露 | 未披露 | 未披露 |
| 59 | 大业信托 | 未披露 | 未披露 | 未披露 |
| 60 | 华鑫信托 | 未披露 | 未披露 | 未披露 |
| 61 | 五矿信托 | 未披露 | 未披露 | 未披露 |
| 62 | 万向信托 | 未披露 | 未披露 | 未披露 |
| 63 | 民生信托 | 未披露 | 未披露 | 未披露 |
| 64 | 山东国信 | 未披露 | 未披露 | 8.62 |
| 65 | 光大信托 | 未披露 | 未披露 | 未披露 |
| 66 | 湖南信托 | 未披露 | 未披露 | 42.49 |
| 67 | 新时代 | 未披露 | 未披露 | 未披露 |
| 68 | 雪松国信 | 未披露 | 未披露 | 未披露 |

# 第六章　公司收入结构分析

# 第一节 信托公司营业收入

## 一、营业收入的历史分析

从本报告掌握的2019年度的年报披露情况来看，有67家信托公司公布了营业收入与营业利润情况。

2019年，信托行业共实现营业收入1171多亿元，平均每家信托公司营业收入为17.48亿元，比2018年增加了2.23亿元，上升比例为14.65%。自2004年以来，信托公司的营业收入2007年的上升幅度最大，上升了21694万元，上升比率为158.76%；2018年的下跌幅度最大，下跌了14048万元，下跌比例为8.44%。

2007年，单个信托公司的最高营业收入为259269万元，2008年降为200481万元，2009年小幅回升为207486万元，2010年继续上升为238640万元。2015年出现了历史最高的营业收入，即中信信托创造的1029044万元。中信信托2016年、2017年、2018年和2019年的营业收入分别为564900万元、574951万元、614467万元和637797万元。虽然比2015年的最高点有较大幅度的下降，但也保持了不俗的业绩。

信托公司营业收入的变异系数在2007年上升到最大，为1.42，之后逐渐下降，2011年降为1.03，2012年为0.86，2013年为0.82，2014年为0.85，而2015年提高至0.99，2016年又降至0.82，2017年继续下降至0.77，2018年又小幅回升至0.78，2019年小幅回落至0.77，这表明2019年各信托公司营业收入差距基本保持稳定。具体数据如表6－1所示。

表6－1　　2015—2019年信托公司营业收入统计分析

| 项目 | 2015年 | 2016年 | 2017年 | 2018年 | 2019年 |
|---|---|---|---|---|---|
| 平均值（万元） | 176407 | 159026 | 166508 | 152460 | 174802 |
| 均值增长额度（万元） | 36570 | －11617 | 7482 | －14048 | 22342 |
| 增长幅度（%） | 26.15 | －6.59 | －1.48 | －8.44 | 14.65 |
| 公司数目 | 68 | 68 | 67 | 68 | 67 |
| 最大值（万元） | 1029044 | 603051 | 602539 | 614467 | 637797 |
| 最小值（万元） | 9227 | 9390 | 4568 | 5171 | －47932 |
| 标准差（万元） | 174336 | 130339 | 128902 | 119124 | 134531 |
| 变异系数 | 0.99 | 0.82 | 0.77 | 0.78 | 0.77 |

## 二、营业收入的公司分析

从营业收入排名来看，2019年，营业收入最大的信托公司前5名为：中信信托（637797万元）、华能贵诚（504618万元）、平安信托（467860万元）、中融信托（451862万元）和光大兴陇（418549万元）。

同时可以发现，2009年营业收入达到5亿元以上的公司只有12家，而2010年增长到16家，2011年增加到27家，2012年达到47家，2013年达到56家，2014年达到57家，2015年达到63家，2016年为58家，2017年为61家，2018年回落至58家，2019年为59家。

各公司营业收入相关数据如表6－2至表6－4所示。

表6－2　　信托公司营业收入序列表（2019年）　　单位：万元

| 序号 | 公司简称 | 2019年 | 2018年 | 2017年 |
|---|---|---|---|---|
| 1 | 中信信托 | 637797 | 614467 | 574951 |
| 2 | 华能贵诚 | 504618 | 347739 | 341417 |
| 3 | 平安信托 | 467860 | 497785 | 602540 |
| 4 | 中融信托 | 451862 | 458378 | 486743 |
| 5 | 光大兴陇 | 418549 | 212924 | 113602 |
| 6 | 五矿信托 | 415665 | 293328 | 213818 |
| 7 | 中航信托 | 357158 | 340006 | 294104 |
| 8 | 重庆国信 | 334261 | 320958 | 391664 |
| 9 | 江苏国信 | 323543 | 227019 | 199974 |
| 10 | 建信信托 | 319606 | 293724 | 267299 |

续表

| 序号 | 公司简称 | 2019 年 | 2018 年 | 2017 年 |
|---|---|---|---|---|
| 11 | 华润信托 | 307407 | 238754 | 260129 |
| 12 | 兴业信托 | 298299 | 238083 | 239028 |
| 13 | 渤海信托 | 292411 | 198493 | 213586 |
| 14 | 外贸信托 | 278873 | 299776 | 258447 |
| 15 | 长安国信 | 269239 | 210992 | 233616 |
| 16 | 上海国信 | 267115 | 240397 | 263825 |
| 17 | 爱建信托 | 255832 | 202901 | 163833 |
| 18 | 中建投信托 | 239548 | 189280 | 181954 |
| 19 | 中诚信托 | 235493 | 233961 | 190995 |
| 20 | 四川信托 | 232301 | 223195 | 243982 |
| 21 | 民生信托 | 231097 | 239663 | 330800 |
| 22 | 国民信托 | 231097 | 87452 | 71025 |
| 23 | 昆仑信托 | 193887 | 150670 | 157757 |
| 24 | 山东国信 | 188667 | 169451 | 164790 |
| 25 | 交银国信 | 184593 | 169947 | 156642 |
| 26 | 中铁信托 | 182570 | 283581 | 243459 |
| 27 | 陕西国信 | 174212 | 102733 | 115060 |
| 28 | 北京国信 | 171293 | 155738 | 184757 |
| 29 | 百瑞信托 | 161701 | 16618 | 183221 |
| 30 | 国投泰康 | 155772 | 108352 | 100840 |
| 31 | 英大信托 | 152792 | 113158 | 106675 |
| 32 | 华宝信托 | 147752 | 164957 | 163428 |
| 33 | 陆家嘴信托 | 144145 | 111961 | 106219 |
| 34 | 万向信托 | 141451 | 101811 | 104825 |
| 35 | 华鑫信托 | 128197 | 103407 | 114355 |
| 36 | 粤财信托 | 121262 | 95012 | 107073 |
| 37 | 国通信托 | 116544 | 129067 | 120927 |
| 38 | 中海信托 | 112372 | 120490 | 115639 |
| 39 | 紫金信托 | 110325 | 80432 | 80062 |
| 40 | 东莞信托 | 109918 | 91846 | 75780 |
| 41 | 国联信托 | 108267 | 30146 | 37469 |
| 42 | 工商信托 | 107793 | 100574 | 100872 |
| 43 | 华澳信托 | 99363 | 73779 | 57074 |
| 44 | 厦门国信 | 97713 | 80190 | 104370 |
| 45 | 中原信托 | 96845 | 118510 | 176036 |

续表

| 序号 | 公司简称 | 2019 年 | 2018 年 | 2017 年 |
|---|---|---|---|---|
| 46 | 云南国信 | 88412 | 67925 | 55235 |
| 47 | 湖南信托 | 86944 | 125576 | 117421 |
| 48 | 天津信托 | 84265 | 116496 | 130091 |
| 49 | 华融国信 | 80494 | 41520 | 201285 |
| 50 | 西藏信托 | 79624 | 48290 | 66660 |
| 51 | 苏州信托 | 79531 | 52745 | 73112 |
| 52 | 北方国信 | 77448 | 62551 | 60033 |
| 53 | 西部信托 | 69739 | 59874 | 66125 |
| 54 | 国元信托 | 68492 | 57755 | 67530 |
| 55 | 华信信托 | 57276 | 114566 | 140210 |
| 56 | 浙商金汇 | 55468 | 74068 | 51897 |
| 57 | 吉林信托 | 52873 | 55963 | 28389 |
| 58 | 金谷信托 | 51747 | 51179 | 80235 |
| 59 | 中粮信托 | 51419 | 54790 | 91366 |
| 60 | 大业信托 | 48304 | 77911 | 93889 |
| 61 | 新时代 | 42011 | 71444 | 111818 |
| 62 | 长城新盛 | 39019 | 45059 | 35387 |
| 63 | 中泰信托 | 27021 | 28769 | 43570 |
| 64 | 山西信托 | 24979 | 31910 | 31677 |
| 65 | 新华信托 | 17142 | 51911 | 82523 |
| 66 | 华宸信托 | 420 | 5197 | 4568 |
| 67 | 安信信托 | -47932 | 13037 | 555708 |
| 68 | 雪松国信 | 未披露 | 35028 | 94471 |

**表 6-3　　信托公司营业收入增长序列表（2019 年）**　　单位：万元

| 序号 | 公司简称 | 2019 年 | 2018 年 | 2017 年 |
|---|---|---|---|---|
| 1 | 光大兴陇 | 205624 | 99322 | 33469 |
| 2 | 华能贵诚 | 156879 | 6322 | 60824 |
| 3 | 百瑞信托 | 145083 | -166603 | 19034 |
| 4 | 国民信托 | 143646 | 16426 | 5572 |
| 5 | 五矿信托 | 122337 | 79511 | 9070 |
| 6 | 江苏国信 | 96524 | 27045 | 39943 |
| 7 | 渤海信托 | 93919 | -15094 | 88351 |
| 8 | 国联信托 | 78121 | -7323 | -917 |
| 9 | 陕西国信 | 71479 | -12326 | 13703 |

续表

| 序号 | 公司简称 | 2019 年 | 2018 年 | 2017 年 |
|---|---|---|---|---|
| 10 | 华润信托 | 68653 | -21375 | 4304 |
| 11 | 兴业信托 | 60216 | -945 | 20693 |
| 12 | 长安国信 | 58247 | -22624 | 57166 |
| 13 | 爱建信托 | 52931 | 39068 | 46917 |
| 14 | 中建投信托 | 50268 | 7326 | 10789 |
| 15 | 国投泰康 | 47420 | 7512 | -3009 |
| 16 | 昆仑信托 | 43217 | -7087 | 38672 |
| 17 | 万向信托 | 39640 | -3013 | 39 |
| 18 | 英大信托 | 39634 | 6483 | 1510 |
| 19 | 华融国信 | 38975 | -159766 | 10665 |
| 20 | 陆家嘴信托 | 32184 | 5742 | -25693 |
| 21 | 西藏信托 | 31334 | -18370 | 1302 |
| 22 | 紫金信托 | 29893 | 370 | 6172 |
| 23 | 苏州信托 | 26787 | -20367 | -16475 |
| 24 | 上海国信 | 26718 | -23428 | 7430 |
| 25 | 粤财信托 | 26250 | -12061 | 2550 |
| 26 | 建信信托 | 25882 | 26425 | 46956 |
| 27 | 华澳信托 | 25584 | 16704 | 23227 |
| 28 | 华鑫信托 | 24790 | -10948 | 15460 |
| 29 | 中信信托 | 23330 | 39515 | 10052 |
| 30 | 云南国信 | 20487 | 12690 | 10208 |
| 31 | 山东国信 | 19216 | 4661 | 29232 |
| 32 | 东莞信托 | 18073 | 16066 | -2277 |
| 33 | 厦门国信 | 17523 | -24180 | 3930 |
| 34 | 中航信托 | 17152 | 45903 | 55471 |
| 35 | 北京国信 | 15555 | -29018 | 11870 |
| 36 | 北方国信 | 14897 | 2518 | -40099 |
| 37 | 交银国信 | 14646 | 13306 | 20190 |
| 38 | 重庆国信 | 13303 | -70705 | -32389 |
| 39 | 国元信托 | 10736 | -9775 | -20080 |
| 40 | 西部信托 | 9865 | -6251 | -53910 |
| 41 | 四川信托 | 9106 | -20786 | -35224 |
| 42 | 工商信托 | 7219 | -298 | 3272 |
| 43 | 中诚信托 | 1532 | 42966 | 13211 |
| 44 | 金谷信托 | 568 | -29055 | 37464 |

续表

| 序号 | 公司简称 | 2019 年 | 2018 年 | 2017 年 |
|---|---|---|---|---|
| 45 | 中泰信托 | -1748 | -14801 | -17315 |
| 46 | 吉林信托 | -3090 | 27574 | 5989 |
| 47 | 中粮信托 | -3371 | -36575 | 50953 |
| 48 | 华宸信托 | -4777 | 629 | -4822 |
| 49 | 长城新盛 | -6039 | 9672 | 12410 |
| 50 | 中融信托 | -6516 | -28365 | -65557 |
| 51 | 山西信托 | -6931 | 233 | -4048 |
| 52 | 中海信托 | -8117 | 4850 | -22649 |
| 53 | 民生信托 | -8566 | -91137 | 138719 |
| 54 | 国通信托 | -12523 | 8140 | -3530 |
| 55 | 华宝信托 | -17206 | 1529 | 5442 |
| 56 | 浙商金汇 | -18600 | 22172 | 32544 |
| 57 | 外贸信托 | -20903 | 41328 | 58921 |
| 58 | 中原信托 | -21665 | -57525 | 26169 |
| 59 | 新时代 | -29433 | -40373 | 30987 |
| 60 | 大业信托 | -29607 | -15978 | 32368 |
| 61 | 平安信托 | -29925 | -104755 | -511 |
| 62 | 天津信托 | -32231 | -13596 | 17827 |
| 63 | 新华信托 | -34769 | -30612 | -4653 |
| 64 | 湖南信托 | -38633 | 8155 | 27757 |
| 65 | 华信信托 | -57289 | -25644 | -90844 |
| 66 | 安信信托 | -60969 | -542671 | 31442 |
| 67 | 中铁信托 | -101011 | 40122 | -35067 |
| 68 | 雪松国信 | 未披露 | -59444 | -267000 |

**表 6-4　　信托公司营业收入增幅序列表（2019 年）**　　（%）

| 序号 | 公司简称 | 2019 年 | 2018 年 | 2017 年 |
|---|---|---|---|---|
| 1 | 民生信托 | 52.94 | -17.97 | 72.22 |
| 2 | 华融国信 | 49.25 | 19.63 | 5.59 |
| 3 | 重庆国信 | 43.40 | -14.69 | -7.64 |
| 4 | 华信信托 | 43.28 | 5.82 | -39.32 |
| 5 | 新时代 | 35.46 | 6.72 | 38.34 |
| 6 | 中融信托 | 34.72 | -6.29 | -11.87 |
| 7 | 中铁信托 | 31.90 | -16.58 | -12.59 |
| 8 | 中原信托 | 30.87 | 3.68 | 17.46 |

续表

| 序号 | 公司简称 | 2019 年 | 2018 年 | 2017 年 |
|---|---|---|---|---|
| 9 | 建信信托 | 29.39 | 10.12 | 21.31 |
| 10 | 上海国信 | 29.25 | -8.88 | 2.90 |
| 11 | 华能贵诚 | 28.47 | 29.09 | 21.68 |
| 12 | 天津信托 | 27.69 | -15.66 | 15.88 |
| 13 | 中航信托 | 27.03 | 5.59 | 23.25 |
| 14 | 四川信托 | 25.92 | -6.55 | -12.62 |
| 15 | 外贸信托 | 24.62 | 2.45 | 29.53 |
| 16 | 华润信托 | 23.25 | -27.18 | 1.68 |
| 17 | 湖南信托 | 22.10 | -2.57 | 30.96 |
| 18 | 百瑞信托 | 19.90 | 0.20 | 11.59 |
| 19 | 长安国信 | 18.67 | -71.31 | 32.40 |
| 20 | 华宝信托 | 17.77 | 8.14 | 3.44 |
| 21 | 兴业信托 | 17.74 | -0.40 | 9.48 |
| 22 | 国通信托 | 17.58 | 8.00 | -2.84 |
| 23 | 中诚信托 | 16.55 | 13.84 | 7.43 |
| 24 | 中海信托 | 16.08 | 19.17 | -16.38 |
| 25 | 渤海信托 | 14.78 | 34.03 | 70.55 |
| 26 | 山东国信 | 14.20 | -4.30 | 21.56 |
| 27 | 交银国信 | 13.86 | -11.73 | 14.80 |
| 28 | 华鑫信托 | 13.38 | -20.49 | 15.63 |
| 29 | 昆仑信托 | 13.35 | -7.81 | 32.47 |
| 30 | 中建投信托 | 13.08 | -6.02 | 6.30 |
| 31 | 江苏国信 | 12.25 | -3.66 | 24.96 |
| 32 | 粤财信托 | 12.08 | -19.41 | 2.44 |
| 33 | 五矿信托 | 11.41 | 7.51 | 4.43 |
| 34 | 爱建信托 | 10.44 | -9.21 | 40.13 |
| 35 | 陕西国信 | 10.06 | -10.48 | 13.52 |
| 36 | 厦门国信 | 9.32 | -9.37 | 3.91 |
| 37 | 英大信托 | 8.71 | -0.28 | 1.44 |
| 38 | 陆家嘴信托 | 7.45 | 38.91 | -19.48 |
| 39 | 万向信托 | 6.97 | -27.72 | 0.04 |
| 40 | 工商信托 | 6.70 | -6.20 | 3.35 |
| 41 | 中信信托 | 3.80 | 0.81 | 1.78 |
| 42 | 光大兴陇 | 3.72 | -0.83 | 41.77 |
| 43 | 国投泰康 | 0.98 | 0.62 | -2.90 |

续表

| 序号 | 公司简称 | 2019 年 | 2018 年 | 2017 年 |
|---|---|---|---|---|
| 44 | 国民信托 | -3.51 | 3.55 | 8.51 |
| 45 | 大业信托 | -3.62 | 41.61 | 52.61 |
| 46 | 紫金信托 | -5.47 | 57.33 | 8.35 |
| 47 | 东莞信托 | -5.93 | -48.26 | -2.92 |
| 48 | 中粮信托 | -6.01 | 87.03 | 126.08 |
| 49 | 平安信托 | -6.01 | -2.46 | -0.08 |
| 50 | 苏州信托 | -8.71 | -124.65 | -18.39 |
| 51 | 金谷信托 | -9.23 | -26.64 | 87.59 |
| 52 | 国元信托 | -12.51 | 2.26 | -22.92 |
| 53 | 西藏信托 | -15.73 | 64.46 | 1.99 |
| 54 | 新华信托 | -19.67 | 0.28 | -5.34 |
| 55 | 华澳信托 | -21.04 | -279.93 | 68.62 |
| 56 | 北方国信 | -24.02 | -174.49 | -40.05 |
| 57 | 云南国信 | -24.50 | 22.97 | 22.67 |
| 58 | 西部信托 | -24.67 | -20.56 | -44.91 |
| 59 | 国联信托 | -27.64 | 73.59 | -2.39 |
| 60 | 北京国信 | -35.59 | -293.72 | 18.19 |
| 61 | 浙商金汇 | -53.06 | -43.59 | 168.16 |
| 62 | 吉林信托 | -73.07 | -102.22 | 26.74 |
| 63 | 长城新盛 | -82.60 | 47.20 | 54.01 |
| 64 | 中泰信托 | -109.57 | 18.68 | -28.44 |
| 65 | 山西信托 | -139.19 | -89.54 | -11.33 |
| 66 | 安信信托 | -428.99 | 1.32 | 6.00 |
| 67 | 华宸信托 | -13646.80 | 106.19 | -51.35 |
| 68 | 雪松国信 | 未披露 | -27.14 | -73.87 |

## 第二节　信托公司利润总额与净利润

### 一、利润总额与净利润的历史分析

2019 年，信托行业共实现利润 712 亿元，平均每家信托公司利润总额为 106290 万元，比 2018 年上升了 3.94%。自 2004 年以来，信托公司的利润总额在 2007 年的上升幅度最大，上升了 26759 万元，上升比例为 273.66%；在 2008 年下跌幅度最大，下跌了 10392 万元，下跌比例为 28.81%。

单个信托公司的利润总额在 2014—2017 年连续 4 年持续上升，其中 2014 年上升幅度最大，达到 15.26%。2018 年出现了近 5 年的首次下跌，2019 年虽然出现增长，但增长幅度较低，这显示 2019 年整个信托市场的盈利状况仍不容乐观。

2004 年以来，各个信托公司的利润总额差异度的最大值出现在 2004 年，变异系数为 1.49，继 2005 年和 2006 年变异系数下降之后，2007 年变异系数增长为 1.29，之后逐年下降，2011 年为 0.97，2012 年为 0.86，2013 年为 0.84，2014 年达到历史最低值 0.82，2015 年小幅上升至 0.86，2016 年与 2015 年持平，2017 年小幅下降至 0.85，2018 年则大幅回升至 1.05，2019 年上升至 1.23。具体数据如表 6 – 5 所示。

**表 6 – 5　　2015—2019 年信托公司利润总额统计分析**

| 项目 | 2015 年 | 2016 年 | 2017 年 | 2018 年 | 2019 年 |
|---|---|---|---|---|---|
| 平均值（万元） | 109310 | 114372 | 119899 | 102265 | 106290 |
| 均值增长额度（万元） | 12784 | 5062 | 5527 | – 17650 | 4025.14 |
| 增长幅度（%） | 13.24 | 4.63 | 4.83 | – 14.72 | 3.94 |
| 公司数目 | 68 | 68 | 67 | 68 | 67 |
| 利润总额为负的公司数 | 0 | 0 | 0 | 2 | 4 |
| 最大值（万元） | 458736 | 424889 | 487421 | 481998 | 451426 |
| 最小值（万元） | 2185 | 2192 | 7325 | – 244250 | – 523897 |
| 标准差（万元） | 94456 | 98581 | 102384 | 107515 | 131013 |
| 变异系数 | 0.86 | 0.86 | 0.85 | 1.05 | 1.23 |

图 6 – 1 描述的是 2015—2019 年信托公司平均利润总额与净利润的相关参数比较。从图 6 – 1 可以看出：2015—2018 年净利润与利润总额在绝对值上的差距逐年增大，2019 年继续出现小幅扩大。

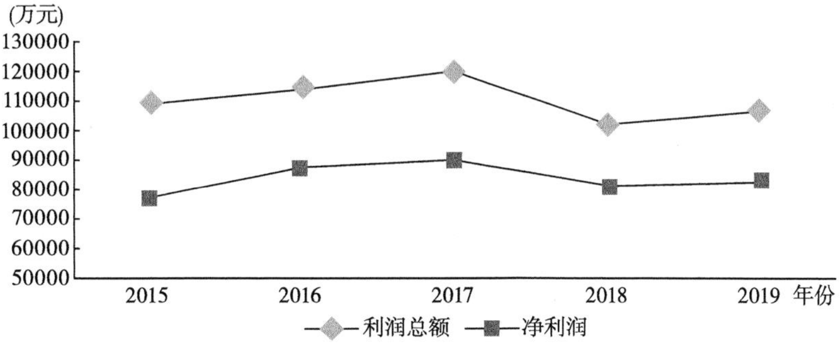


**图 6 – 1　2015—2019 年信托公司平均利润总额与净利润总额比较**

各信托公司利润总额与净利润相关数据如表6-6至表6-11所示。

表6-6　　信托公司利润总额序列表（2019年）　　单位：万元

| 序号 | 公司简称 | 2019年 | 2018年 | 2017年 |
|---|---|---|---|---|
| 1 | 中信信托 | 451426 | 481998 | 316678 |
| 2 | 华能贵诚 | 418785 | 319109 | 270817 |
| 3 | 重庆国信 | 345163 | 328114 | 386860 |
| 4 | 平安信托 | 345118 | 395247 | 477816 |
| 5 | 华润信托 | 344450 | 256192 | 259807 |
| 6 | 江苏国信 | 295003 | 217145 | 185425 |
| 7 | 五矿信托 | 280114 | 228492 | 155243 |
| 8 | 光大兴陇 | 278196 | 148450 | 70310 |
| 9 | 中航信托 | 256323 | 244775 | 215343 |
| 10 | 建信信托 | 253945 | 238285 | 218285 |
| 11 | 外贸信托 | 235195 | 255600 | 211867 |
| 12 | 中融信托 | 200555 | 215338 | 281298 |
| 13 | 上海国信 | 192712 | 160611 | 200640 |
| 14 | 爱建信托 | 165528 | 149069 | 115401 |
| 15 | 兴业信托 | 162004 | 138599 | 184417 |
| 16 | 交银国信 | 149871 | 138181 | 128684 |
| 17 | 渤海信托 | 148927 | 135554 | 167964 |
| 18 | 百瑞信托 | 141021 | 139584 | 141201 |
| 19 | 昆仑信托 | 132731 | 128929 | 109089 |
| 20 | 英大信托 | 129822 | 76858 | 80712 |
| 21 | 民生信托 | 121985 | 148492 | 243181 |
| 22 | 国民信托 | 121985 | 16277 | 15452 |
| 23 | 国投泰康 | 121822 | 83381 | 81336 |
| 24 | 中建投信托 | 118380 | 120715 | 133505 |
| 25 | 北京国信 | 116069 | 108490 | 131062 |
| 26 | 国联信托 | 111703 | 24967 | 32401 |
| 27 | 中铁信托 | 110368 | 171267 | 191740 |
| 28 | 中诚信托 | 109678 | 132188 | 152415 |
| 29 | 粤财信托 | 98042 | 79395 | 110686 |
| 30 | 华宝信托 | 95420 | 121828 | 119410 |
| 31 | 万向信托 | 95054 | 67936 | 72171 |
| 32 | 中海信托 | 91680 | 199518 | 98734 |
| 33 | 山东国信 | 87784 | 112685 | 111941 |

续表

| 序号 | 公司简称 | 2019 年 | 2018 年 | 2017 年 |
|---|---|---|---|---|
| 34 | 陆家嘴信托 | 86142 | 5856 | 64040 |
| 35 | 华鑫信托 | 85977 | 80362 | 79028 |
| 36 | 工商信托 | 79442 | 72908 | 76090 |
| 37 | 陕西国信 | 76025 | 42512 | 46253 |
| 38 | 紫金信托 | 71388 | 61035 | 59563 |
| 39 | 厦门国信 | 70874 | 64046 | 82491 |
| 40 | 四川信托 | 69516 | 98357 | 119365 |
| 41 | 长安国信 | 69140 | 47580 | 111369 |
| 42 | 国通信托 | 67078 | 87478 | 75548 |
| 43 | 东莞信托 | 66269 | 61663 | 51326 |
| 44 | 天津信托 | 63951 | 60680 | 55774 |
| 45 | 苏州信托 | 61165 | 47397 | 58326 |
| 46 | 西藏信托 | 55524 | 29992 | 51470 |
| 47 | 中原信托 | 54361 | 59975 | 108585 |
| 48 | 国元信托 | 54190 | 45887 | 56251 |
| 49 | 云南国信 | 53361 | 38603 | 33100 |
| 50 | 西部信托 | 44719 | 42945 | 44639 |
| 51 | 华澳信托 | 40981 | 54811 | 40416 |
| 52 | 北方国信 | 32967 | 55113 | 54207 |
| 53 | 湖南信托 | 32613 | 113152 | 105601 |
| 54 | 长城新盛 | 30647 | 33116 | 23999 |
| 55 | 吉林信托 | 23841 | 46574 | 30594 |
| 56 | 新时代 | 19385 | 47863 | 70104 |
| 57 | 中粮信托 | 16810 | 5847 | 65366 |
| 58 | 大业信托 | 14308 | 20842 | 54007 |
| 59 | 浙商金汇 | 14094 | 20723 | 20388 |
| 60 | 中泰信托 | 13807 | 15614 | 28120 |
| 61 | 金谷信托 | 7201 | 22968 | 37627 |
| 62 | 山西信托 | 2915 | 817 | 8550 |
| 63 | 新华信托 | 1780 | 7196 | 13627 |
| 64 | 华宸信托 | -7698 | -16117 | 7325 |
| 65 | 华信信托 | -23622 | 104142 | 128718 |
| 66 | 华融国信 | -30665 | 9264 | 118739 |
| 67 | 安信信托 | -523897 | -240299 | 487421 |
| 68 | 雪松国信 | 未披露 | 10727 | 19687 |

表6-7 信托公司利润总额增长序列表（2019年） 单位：万元

| 序号 | 公司简称 | 2019年 | 2018年 | 2017年 |
|---|---|---|---|---|
| 1 | 上海国信 | 129746 | -40028 | 7346 |
| 2 | 中原信托 | 105708 | -48610 | 5719 |
| 3 | 中融信托 | 99676 | -58746 | -24446 |
| 4 | 民生信托 | 88258 | 31720 | 115446 |
| 5 | 昆仑信托 | 86736 | -20227 | 13235 |
| 6 | 光大兴陇 | 80286 | 1471 | 22328 |
| 7 | 中航信托 | 77858 | 78140 | 42958 |
| 8 | 百瑞信托 | 52963 | -32409 | 18093 |
| 9 | 建信信托 | 51622 | 20000 | 41201 |
| 10 | 山东国信 | 38442 | -22571 | -847 |
| 11 | 英大信托 | 33513 | 743 | -3235 |
| 12 | 兴业信托 | 32101 | -40028 | 26544 |
| 13 | 中海信托 | 27119 | 2418 | -22311 |
| 14 | 新华信托 | 25532 | -7733 | 7533 |
| 15 | 五矿信托 | 23406 | -45818 | 23989 |
| 16 | 工商信托 | 21560 | 1334 | 7051 |
| 17 | 国通信托 | 18647 | -3182 | -5293 |
| 18 | 重庆国信 | 17049 | 165320 | -33352 |
| 19 | 长安国信 | 16458 | -7434 | -2771 |
| 20 | 东莞信托 | 14758 | 5503 | -1631 |
| 21 | 中粮信托 | 13768 | -21008 | 19150 |
| 22 | 华融国信 | 13373 | 2045 | 1603 |
| 23 | 渤海信托 | 11690 | 33669 | 82932 |
| 24 | 华润信托 | 11548 | -3615 | 72582 |
| 25 | 云南国信 | 10964 | 9117 | 5723 |
| 26 | 陆家嘴信托 | 10354 | -63789 | -3691 |
| 27 | 华宸信托 | 8419 | -23442 | 5133 |
| 28 | 紫金信托 | 8303 | 11930 | 3211 |
| 29 | 国元信托 | 8303 | 4906 | -11574 |
| 30 | 华宝信托 | 7579 | -94689 | -2397 |
| 31 | 万向信托 | 6828 | -3741 | 4825 |
| 32 | 粤财信托 | 6534 | -20474 | 13570 |
| 33 | 新时代 | 5615 | -18445 | 14569 |
| 34 | 中江国信 | 4605 | -12506 | -254309 |
| 35 | 中诚信托 | 3802 | 9497 | 20736 |

续表

| 序号 | 公司简称 | 2019 年 | 2018 年 | 2017 年 |
|---|---|---|---|---|
| 36 | 天津信托 | 3271 | -10929 | 10309 |
| 37 | 大业信托 | 3271 | -48610 | 14771 |
| 38 | 山西信托 | 2099 | -6431 | -6825 |
| 39 | 苏州信托 | 1774 | 10337 | -12808 |
| 40 | 国联信托 | -1807 | 15980 | -2097 |
| 41 | 爱建信托 | -2335 | -12790 | 36422 |
| 42 | 西部信托 | -2469 | 14394 | -54057 |
| 43 | 吉林信托 | -5416 | -22241 | -3648 |
| 44 | 金谷信托 | -5615 | 7551 | 15654 |
| 45 | 浙商金汇 | -6534 | 334 | 12304 |
| 46 | 中泰信托 | -6629 | -59519 | -7855 |
| 47 | 国民信托 | -13829 | -14659 | -10768 |
| 48 | 中铁信托 | -14783 | 43733 | 2253 |
| 49 | 长城新盛 | -15767 | -33165 | 9281 |
| 50 | 国投泰康 | -20400 | 100783 | -2772 |
| 51 | 外贸信托 | -20405 | 29432 | 71524 |
| 52 | 四川信托 | -20405 | 825 | -46113 |
| 53 | 华信信托 | -22509 | 19840 | -91670 |
| 54 | 北方国信 | -22733 | 907 | 4113 |
| 55 | 华鑫信托 | -24901 | -58185 | 17598 |
| 56 | 湖南信托 | -26408 | -31291 | 33738 |
| 57 | 中建投信托 | -26507 | -1617 | 19863 |
| 58 | 华澳信托 | -28478 | 14394 | 31076 |
| 59 | 厦门国信 | -28842 | -4235 | 2721 |
| 60 | 中信信托 | -30572 | 48292 | -80696 |
| 61 | 安信信托 | -30572 | -8960 | 72099 |
| 62 | 华能贵诚 | -50129 | -82569 | 40936 |
| 63 | 平安信托 | -50129 | -82569 | 58788 |
| 64 | 交银国信 | -60899 | -3854 | 17181 |
| 65 | 西藏信托 | -80539 | -10364 | 6501 |
| 66 | 陕西国信 | -107838 | -1693 | -22301 |
| 67 | 北京国信 | -127764 | -24576 | -91670 |
| 68 | 雪松国信 | 未披露 | -65960 | 37987 |

表6－8　　信托公司利润总额增幅序列表（2019年）　　（%）

| 序号 | 公司简称 | 2019年 | 2018年 | 2017年 |
|---|---|---|---|---|
| 1 | 华信信托 | 540.86 | 9.44 | -41.59 |
| 2 | 华融国信 | 130.21 | 90.03 | 1.37 |
| 3 | 陆家嘴信托 | 93.20 | 13.59 | -5.45 |
| 4 | 国民信托 | 86.66 | 6.13 | -41.07 |
| 5 | 国联信托 | 77.65 | -13.71 | -6.08 |
| 6 | 山西信托 | 71.98 | 29.80 | -44.39 |
| 7 | 中粮信托 | 65.22 | 0.90 | 41.44 |
| 8 | 安信信托 | 54.13 | -12.29 | 17.36 |
| 9 | 光大兴陇 | 46.64 | 30.98 | 46.53 |
| 10 | 西藏信托 | 45.98 | 12.68 | 14.46 |
| 11 | 陕西国信 | 44.08 | -17.77 | -32.53 |
| 12 | 英大信托 | 40.80 | -27.18 | -3.85 |
| 13 | 国投泰康 | 31.56 | -16.72 | -3.30 |
| 14 | 长安国信 | 31.18 | -16.91 | -2.43 |
| 15 | 万向信托 | 28.53 | -5.25 | 7.16 |
| 16 | 云南国信 | 27.66 | -24.48 | 20.90 |
| 17 | 江苏国信 | 26.39 | 22.81 | 25.76 |
| 18 | 华润信托 | 25.62 | -33.95 | 38.77 |
| 19 | 华能贵诚 | 23.80 | 7.39 | 17.81 |
| 20 | 苏州信托 | 22.51 | 4.61 | -18.01 |
| 21 | 粤财信托 | 19.02 | 26.16 | 13.97 |
| 22 | 五矿信托 | 18.43 | -29.51 | 18.28 |
| 23 | 上海国信 | 16.66 | -14.77 | 3.80 |
| 24 | 国元信托 | 15.32 | 1.53 | -17.06 |
| 25 | 紫金信托 | 14.50 | 1.64 | 5.70 |
| 26 | 兴业信托 | 14.45 | -24.84 | 16.81 |
| 27 | 爱建信托 | 9.94 | -82.05 | 46.12 |
| 28 | 厦门国信 | 9.63 | -3.22 | 3.41 |
| 29 | 渤海信托 | 8.98 | -59.23 | 97.53 |
| 30 | 工商信托 | 8.22 | 17.02 | 10.21 |
| 31 | 交银国信 | 7.80 | -77.53 | 15.41 |
| 32 | 东莞信托 | 6.95 | -7.29 | -3.08 |
| 33 | 建信信托 | 6.57 | -18.34 | 23.27 |
| 34 | 华鑫信托 | 6.53 | -46.10 | 28.65 |
| 35 | 北京国信 | 6.53 | -17.22 | 3.05 |

续表

| 序号 | 公司简称 | 2019 年 | 2018 年 | 2017 年 |
|---|---|---|---|---|
| 36 | 天津信托 | 5. 11 | -2. 47 | 22. 67 |
| 37 | 重庆国信 | 4. 94 | 1. 13 | -7. 85 |
| 38 | 中航信托 | 4. 51 | 14. 67 | 24. 92 |
| 39 | 西部信托 | 3. 97 | 2. 16 | -54. 77 |
| 40 | 昆仑信托 | 2. 86 | -9. 94 | 13. 81 |
| 41 | 百瑞信托 | 1. 02 | -17. 24 | 14. 70 |
| 42 | 中建投信托 | -1. 97 | -34. 40 | 17. 48 |
| 43 | 中信信托 | -6. 77 | 5. 68 | -20. 31 |
| 44 | 中融信托 | -7. 37 | -3. 23 | -8. 00 |
| 45 | 长城新盛 | -8. 06 | -99. 21 | 63. 05 |
| 46 | 外贸信托 | -8. 68 | -280. 10 | 50. 96 |
| 47 | 中原信托 | -10. 33 | 140. 10 | 5. 56 |
| 48 | 中泰信托 | -13. 09 | -100. 20 | -21. 83 |
| 49 | 平安信托 | -14. 53 | 15. 25 | 14. 03 |
| 50 | 中诚信托 | -20. 52 | 43. 61 | 15. 75 |
| 51 | 民生信托 | -21. 73 | 76. 77 | 90. 38 |
| 52 | 华宝信托 | -27. 68 | -10. 98 | -1. 97 |
| 53 | 山东国信 | -28. 37 | -18. 63 | -0. 75 |
| 54 | 国通信托 | -30. 41 | -8. 10 | -6. 55 |
| 55 | 华澳信托 | -33. 75 | -86. 42 | 332. 71 |
| 56 | 北方国信 | -40. 18 | 69. 69 | 8. 21 |
| 57 | 四川信托 | -41. 49 | -40. 72 | -27. 87 |
| 58 | 大业信托 | -45. 67 | 13. 04 | 37. 65 |
| 59 | 浙商金汇 | -47. 03 | -87. 40 | 152. 20 |
| 60 | 中铁信托 | -55. 18 | -3. 23 | 1. 19 |
| 61 | 吉林信托 | -95. 35 | 5. 06 | -10. 65 |
| 62 | 华宸信托 | -109. 37 | -794. 36 | 234. 21 |
| 63 | 中海信托 | -117. 62 | -1. 60 | -18. 43 |
| 64 | 新时代 | -146. 91 | 3. 35 | 26. 23 |
| 65 | 金谷信托 | -218. 95 | 61. 63 | 71. 24 |
| 66 | 湖南信托 | -246. 96 | -4. 79 | 46. 95 |
| 67 | 新华信托 | -304. 28 | -696. 13 | 123. 61 |
| 68 | 雪松国信 | 未披露 | -72. 35 | -92. 81 |

表6-9　　信托公司净利润总额序列表（2019年）　　单位：万元

| 序号 | 公司简称 | 2019年 | 2018年 | 2017年 |
|---|---|---|---|---|
| 1 | 中信信托 | 340085 | 366050 | 242512 |
| 2 | 华能贵诚 | 315793 | 240772 | 208397 |
| 3 | 华润信托 | 288667 | 214052 | 226001 |
| 4 | 重庆国信 | 273755 | 258392 | 330471 |
| 5 | 平安信托 | 265155 | 317425 | 390664 |
| 6 | 江苏国信 | 241852 | 185741 | 161797 |
| 7 | 五矿信托 | 210462 | 171995 | 116813 |
| 8 | 光大兴陇 | 207769 | 111666 | 52664 |
| 9 | 中航信托 | 193934 | 184831 | 162895 |
| 10 | 建信信托 | 189786 | 181659 | 164996 |
| 11 | 外贸信托 | 179105 | 194614 | 162144 |
| 12 | 中融信托 | 157408 | 168046 | 216961 |
| 13 | 上海国信 | 150601 | 133508 | 156047 |
| 14 | 爱建信托 | 123786 | 111528 | 86649 |
| 15 | 兴业信托 | 121698 | 105608 | 146968 |
| 16 | 交银国信 | 112635 | 104048 | 128684 |
| 17 | 渤海信托 | 111587 | 101663 | 126371 |
| 18 | 百瑞信托 | 109283 | 106161 | 103559 |
| 19 | 昆仑信托 | 99136 | 97804 | 82467 |
| 20 | 英大信托 | 98825 | 60842 | 60890 |
| 21 | 中诚信托 | 96732 | 113225 | 128639 |
| 22 | 国投泰康 | 91931 | 62793 | 62350 |
| 23 | 民生信托 | 90447 | 110798 | 181514 |
| 24 | 国民信托 | 90447 | 11903 | 11270 |
| 25 | 国联信托 | 90342 | 19783 | 26899 |
| 26 | 中建投信托 | 88800 | 91583 | 99979 |
| 27 | 北京国信 | 87378 | 81671 | 98472 |
| 28 | 粤财信托 | 83800 | 68062 | 96810 |
| 29 | 中铁信托 | 83676 | 130836 | 145167 |
| 30 | 华宝信托 | 76559 | 94894 | 92030 |
| 31 | 中海信托 | 73918 | 159408 | 78633 |
| 32 | 万向信托 | 69831 | 50549 | 55307 |
| 33 | 山东国信 | 66391 | 87225 | 89481 |
| 34 | 华鑫信托 | 65426 | 59879 | 60617 |
| 35 | 工商信托 | 59798 | 54623 | 57005 |

续表

| 序号 | 公司简称 | 2019 年 | 2018 年 | 2017 年 |
|---|---|---|---|---|
| 36 | 陕西国信 | 58153 | 31947 | 35224 |
| 37 | 天津信托 | 57815 | 58419 | 53295 |
| 38 | 厦门国信 | 54251 | 47628 | 64918 |
| 39 | 紫金信托 | 53215 | 44763 | 43014 |
| 40 | 四川信托 | 52138 | 74011 | 92067 |
| 41 | 长安国信 | 51457 | 35613 | 94754 |
| 42 | 东莞信托 | 50081 | 46409 | 39475 |
| 43 | 国通信托 | 50046 | 65179 | 56670 |
| 44 | 西藏信托 | 49161 | 27357 | 46897 |
| 45 | 苏州信托 | 46568 | 36199 | 43876 |
| 46 | 国元信托 | 44054 | 36830 | 47187 |
| 47 | 陆家嘴信托 | 43570 | 43570 | 47907 |
| 48 | 中原信托 | 41152 | 41489 | 76312 |
| 49 | 云南国信 | 40325 | 29571 | 24730 |
| 50 | 西部信托 | 34224 | 32836 | 34471 |
| 51 | 华澳信托 | 30618 | 41042 | 30201 |
| 52 | 湖南信托 | 24550 | 100077 | 88157 |
| 53 | 北方国信 | 24546 | 41945 | 42428 |
| 54 | 长城新盛 | 23061 | 24519 | 17974 |
| 55 | 吉林信托 | 20535 | 37696 | 26236 |
| 56 | 新时代 | 14965 | 37250 | 54799 |
| 57 | 中泰信托 | 12941 | 14414 | 24017 |
| 58 | 中粮信托 | 12619 | 4780 | 49602 |
| 59 | 大业信托 | 10742 | 15726 | 40663 |
| 60 | 浙商金汇 | 10476 | 15443 | 15230 |
| 61 | 金谷信托 | 5251 | 17185 | 28105 |
| 62 | 山西信托 | 3047 | 1105 | 8131 |
| 63 | 新华信托 | 1559 | 5847 | 10903 |
| 64 | 华宸信托 | -6054 | -11924 | 5101 |
| 65 | 华信信托 | -15245 | 80679 | 100030 |
| 66 | 华融国信 | -41227 | 5390 | 89732 |
| 67 | 安信信托 | -397121 | -179439 | 366821 |
| 68 | 雪松国信 | 未披露 | 7757 | 17262 |

表6－10　　信托公司净利润增长序列表（2019年）　　单位：万元

| 序号 | 公司简称 | 2019年 | 2018年 | 2017年 |
| --- | --- | --- | --- | --- |
| 1 | 光大兴陇 | 96103 | －59140 | 16796 |
| 2 | 国民信托 | 78544 | －19540 | －8314 |
| 3 | 华能贵诚 | 75020 | 32375 | 35521 |
| 4 | 华润信托 | 74615 | －48915 | 56773 |
| 5 | 国联信托 | 70559 | 443 | －2086 |
| 6 | 江苏国信 | 56111 | －22539 | 28899 |
| 7 | 五矿信托 | 38467 | －14331 | 18798 |
| 8 | 英大信托 | 37984 | －24936 | －2586 |
| 9 | 国投泰康 | 29138 | 633 | －5836 |
| 10 | 陕西国信 | 26205 | 10840 | －16300 |
| 11 | 西藏信托 | 21804 | 8509 | 5976 |
| 12 | 万向信托 | 19282 | －738 | 3698 |
| 13 | 上海国信 | 17094 | 11920 | 5484 |
| 14 | 兴业信托 | 16090 | －41360 | 25453 |
| 15 | 长安国信 | 15844 | －2382 | －348 |
| 16 | 粤财信托 | 15738 | －15413 | 12585 |
| 17 | 重庆国信 | 15363 | －9603 | －30214 |
| 18 | 爱建信托 | 12258 | －11949 | 26630 |
| 19 | 云南国信 | 10754 | －3276 | 4286 |
| 20 | 苏州信托 | 10369 | －1634 | －10279 |
| 21 | 渤海信托 | 9924 | －546260 | 58955 |
| 22 | 中航信托 | 9104 | 21936 | 32728 |
| 23 | 交银国信 | 8587 | 23944 | 13060 |
| 24 | 紫金信托 | 8451 | －28748 | 1676 |
| 25 | 建信信托 | 8127 | 16663 | 31416 |
| 26 | 中粮信托 | 7840 | －34823 | 11735 |
| 27 | 国元信托 | 7224 | －483 | －11191 |
| 28 | 厦门国信 | 6623 | 59002 | 1903 |
| 29 | 华宸信托 | 5870 | －4337 | 1414 |
| 30 | 北京国信 | 5707 | －16801 | 958 |
| 31 | 华鑫信托 | 5547 | 55183 | 15215 |
| 32 | 工商信托 | 5175 | 80775 | 5298 |
| 33 | 东莞信托 | 3672 | －17290 | －326 |
| 34 | 百瑞信托 | 3122 | －2256 | 11301 |
| 35 | 山西信托 | 1942 | －10921 | －4096 |

续表

| 序号 | 公司简称 | 2019 年 | 2018 年 | 2017 年 |
|---|---|---|---|---|
| 36 | 西部信托 | 1388 | 6546 | -41461 |
| 37 | 昆仑信托 | 1332 | 15336 | 9370 |
| 38 | 陆家嘴信托 | 0 | 1749 | -4494 |
| 39 | 中原信托 | -337 | -48 | 1423 |
| 40 | 天津信托 | -604 | 2602 | 12037 |
| 41 | 长城新盛 | -1458 | -19352 | 7023 |
| 42 | 中泰信托 | -1472 | -7677 | -4870 |
| 43 | 中建投信托 | -2783 | -24708 | 14823 |
| 44 | 新华信托 | -4289 | 5124 | 6302 |
| 45 | 浙商金汇 | -4967 | -24636 | 9188 |
| 46 | 人业信托 | -4984 | 24879 | 11281 |
| 47 | 华澳信托 | -10424 | -18056 | 23300 |
| 48 | 中融信托 | -10638 | 4841 | -19511 |
| 49 | 金谷信托 | -11934 | -8396 | 11838 |
| 50 | 国通信托 | -15133 | -5055 | -3556 |
| 51 | 外贸信托 | -15509 | -72079 | 52327 |
| 52 | 中诚信托 | -16494 | -41360 | 16839 |
| 53 | 吉林信托 | -17161 | 6935 | -4665 |
| 54 | 北方国信 | -17399 | -17550 | 1880 |
| 55 | 华宝信托 | -18335 | -10357 | -6252 |
| 56 | 民生信托 | -20351 | -73239 | 86368 |
| 57 | 山东国信 | -20834 | -4758 | 1102 |
| 58 | 四川信托 | -21872 | -7116 | -34950 |
| 59 | 新时代 | -22285 | -84342 | 13592 |
| 60 | 中信信托 | -25965 | 11460 | -61652 |
| 61 | 华融国信 | -46617 | -44822 | -3241 |
| 62 | 中铁信托 | -47159 | -9505 | -2091 |
| 63 | 平安信托 | -52271 | 2864 | 10954 |
| 64 | 湖南信托 | -75527 | 80775 | 32750 |
| 65 | 中海信托 | -85490 | 213 | -25541 |
| 66 | 华信信托 | -95924 | -7026 | -60602 |
| 67 | 安信信托 | -217681 | 123537 | 63427 |
| 68 | 雪松国信 | 未披露 | -17025 | -175197 |

表6-11　信托公司净利润增幅序列表（2019年）　（%）

| 序号 | 公司简称 | 2019年 | 2018年 | 2017年 |
|---|---|---|---|---|
| 1 | 国民信托 | 659.86 | 18.14 | -42.45 |
| 2 | 国联信托 | 356.66 | 1.02 | -7.20 |
| 3 | 山西信托 | 175.73 | -29.87 | -33.50 |
| 4 | 中粮信托 | 164.03 | -0.06 | 30.99 |
| 5 | 安信信托 | 121.31 | 4.73 | 20.91 |
| 6 | 光大兴陇 | 86.06 | -2.51 | 46.83 |
| 7 | 陕西国信 | 82.03 | -59.79 | -31.64 |
| 8 | 西藏信托 | 79.70 | -8.92 | 14.60 |
| 9 | 英大信托 | 62.43 | 61.18 | -4.07 |
| 10 | 国投泰康 | 46.40 | -173.38 | -8.56 |
| 11 | 长安国信 | 44.49 | 141.70 | -0.37 |
| 12 | 万向信托 | 38.14 | 91.03 | 7.16 |
| 13 | 云南国信 | 36.37 | 30.78 | 20.96 |
| 14 | 华润信托 | 34.86 | 2.23 | 33.55 |
| 15 | 华能贵诚 | 31.16 | 15.54 | 20.55 |
| 16 | 江苏国信 | 30.21 | 7.64 | 21.75 |
| 17 | 苏州信托 | 28.64 | 18.99 | -18.98 |
| 18 | 粤财信托 | 23.12 | -32.15 | 14.94 |
| 19 | 五矿信托 | 22.37 | -6.55 | 19.18 |
| 20 | 国元信托 | 19.61 | -41.36 | -19.17 |
| 21 | 紫金信托 | 18.88 | -15.92 | 4.05 |
| 22 | 兴业信托 | 15.24 | 20.03 | 20.95 |
| 23 | 厦门国信 | 13.91 | -112.30 | 3.02 |
| 24 | 上海国信 | 12.80 | 91.63 | 3.64 |
| 25 | 爱建信托 | 10.99 | -21.64 | 44.37 |
| 26 | 渤海信托 | 9.76 | 33.68 | 87.45 |
| 27 | 工商信托 | 9.47 | 0.27 | 10.25 |
| 28 | 华鑫信托 | 9.26 | -12.27 | 33.51 |
| 29 | 交银国信 | 8.25 | -13.93 | 15.59 |
| 30 | 东莞信托 | 7.91 | 90.89 | -0.82 |
| 31 | 北京国信 | 6.99 | -17.06 | 0.98 |
| 32 | 重庆国信 | 5.95 | -31.97 | -8.27 |
| 33 | 中航信托 | 4.93 | 13.47 | 25.14 |
| 34 | 建信信托 | 4.47 | 10.09 | 23.52 |
| 35 | 西部信托 | 4.23 | -107.67 | -54.60 |

续表

| 序号 | 公司简称 | 2019 年 | 2018 年 | 2017 年 |
|---|---|---|---|---|
| 36 | 百瑞信托 | 2.94 | -5.32 | 12.25 |
| 37 | 昆仑信托 | 1.36 | 18.60 | 12.82 |
| 38 | 陆家嘴信托 | 0.00 | -66.83 | -8.58 |
| 39 | 中原信托 | -0.81 | -40.95 | 1.90 |
| 40 | 天津信托 | -1.03 | -2.18 | 29.17 |
| 41 | 中建投信托 | -3.04 | -432.27 | 17.41 |
| 42 | 长城新盛 | -5.95 | -7.02 | 64.13 |
| 43 | 中融信托 | -6.33 | -13.25 | -8.25 |
| 44 | 中信信托 | -7.09 | 26.43 | -20.27 |
| 45 | 外贸信托 | -7.97 | -2.91 | 47.65 |
| 46 | 中泰信托 | -10.22 | -3.72 | -16.86 |
| 47 | 中诚信托 | -14.57 | -28.14 | 15.06 |
| 48 | 平安信托 | -16.47 | -11.25 | 2.88 |
| 49 | 民生信托 | -18.37 | 0.73 | 90.78 |
| 50 | 华宝信托 | -19.32 | -1.02 | -6.36 |
| 51 | 国通信托 | -23.22 | 46.99 | -5.90 |
| 52 | 山东国信 | -23.89 | -1.33 | 1.25 |
| 53 | 华澳信托 | -25.40 | -7.73 | 337.59 |
| 54 | 四川信托 | -29.55 | 1.65 | -27.52 |
| 55 | 大业信托 | -31.69 | -13.79 | 38.39 |
| 56 | 浙商金汇 | -32.17 | 18.61 | 152.07 |
| 57 | 中铁信托 | -36.04 | -98.63 | -1.42 |
| 58 | 北方国信 | -41.48 | -153.91 | 4.64 |
| 59 | 吉林信托 | -45.53 | -43.80 | -15.10 |
| 60 | 华宸信托 | -49.23 | 3.65 | 38.37 |
| 61 | 中海信托 | -53.63 | -161.76 | -24.52 |
| 62 | 新时代 | -59.83 | -49.95 | 32.99 |
| 63 | 金谷信托 | -69.44 | -24.71 | 72.77 |
| 64 | 新华信托 | -73.34 | 4.88 | 136.99 |
| 65 | 湖南信托 | -75.47 | -93.14 | 59.11 |
| 66 | 华信信托 | -118.90 | -134.32 | -37.73 |
| 67 | 华融国信 | -864.86 | -70.20 | -3.49 |
| 68 | 雪松国信 | 未披露 | -85.01 | -91.03 |

## 二、利润总额与净利润的公司分析

从利润总额排名来看，2019年，利润总额最大的前5名信托公司为：中信信托（451426万元）、华能贵诚（418785万元）、重庆国信（345163万元）、平安信托（345118万元）以及华润信托（344450万元）。

同时，2011年利润总额超过5亿元的有20家，2012年达到35家，2013年为42家，2014年为46家，2015年为49家，2016年为51家，2017年为52家，2018年小幅下降至44家，2019年回升至49家。

从利润总额增长率来看，2019年，利润总额增幅前5名的信托公司为：华信信托（540.86%）、华融国信（130.21%）、陆家嘴信托（93.20%）、国民信托（86.66%）以及国联信托（77.65%）。另外，2019年有26家公司的利润总额出现下滑，比2018年的40家减少12家。

从信托公司净利润水平来看，自2018年全行业净利润出现了近6年以来的首次下跌后，2019年净利润继续小幅下跌。在2019年统计的全行业68家公司中，共有29家信托公司的净利润超过了行业平均值（8.16亿元），占比达42.65%。2019年净利润排名前5位的信托公司分别为：中信信托（340085万元）、华能贵诚（315793万元）、华润信托（288667万元）、重庆国信（273755万元）以及平安信托（265155万元）。

# 第三节　信托业务收入

## 一、信托业务收入总规模的历史对比

2019年，有67家公司披露了信托业务收入。2019年，平均每家信托公司的信托业务收入为122533万元，比2017年上升9327万元，上升比率为8.24%。2014年以来，信托公司的信托业务收入在2014年的上升比例最大，达到9.83%，2018年下跌幅度最大，下跌了4.18%。具体数据如表6-12所示。

表 6-12　　2015—2019 年信托公司信托业务收入统计分析

| 项目 | 2015 年 | 2016 年 | 2017 年 | 2018 年 | 2019 年 |
|---|---|---|---|---|---|
| 平均值（万元） | 105593 | 108604 | 118151 | 113207 | 122533 |
| 均值增长额度（万元） | 3687 | 3011 | 9544 | -4944 | 9327 |
| 平均增长率（%） | 3.62 | 2.85 | 8.79 | -4.18 | 8.24 |
| 公司数目 | 68 | 67 | 67 | 68 | 67 |
| 最大值（万元） | 533140 | 439342 | 531038 | 545001 | 478848 |
| 最小值（万元） | 7621 | 6366 | 2761 | 908.32 | 431 |
| 标准差（万元） | 94210 | 93043 | 99327 | 91732 | 105585 |
| 变异系数 | 0.89 | 0.86 | 0.84 | 0.81 | 0.86 |

## 二、信托业务收入的公司分析

从信托业务收入排名来看，2019 年信托业务收入最高的前 5 名信托公司为：中信信托（478848 万元）、中融信托（409795 万元）、光大兴陇（374475 万元）、中航信托（358565 万元）以及平安信托（353055 万元）。具体如表 6-13 所示。

同时可以发现，2013 年信托业务收入达到 1 亿元以上的和 10 亿元以上的信托公司分别有 66 家和 19 家，2014 年达到的分别为 64 家和 25 家，2015 年分别为 67 家和 26 家，2016 年分别为 65 家和 26 家，2017 年分别为 66 家和 29 家，2018 年分别为 67 家和 27 家，2019 年分别为 65 家和 31 家。

表 6-13　　信托公司信托收入规模序列表（2019 年）　　单位：万元

| 序号 | 公司简称 | 2019 年 | 2018 年 | 2017 年 |
|---|---|---|---|---|
| 1 | 中信信托 | 478848 | 545001 | 444771 |
| 2 | 中融信托 | 409795 | 209202 | 288012 |
| 3 | 光大兴陇 | 374475 | 178746 | 87227 |
| 4 | 中航信托 | 358565 | 293214 | 264404 |
| 5 | 平安信托 | 353055 | 362066 | 401641 |
| 6 | 五矿信托 | 352710 | 233155 | 180518 |
| 7 | 华能贵诚 | 317505 | 244674 | 264577 |
| 8 | 兴业信托 | 248617 | 213699 | 165977 |
| 9 | 建信信托 | 237506 | 216973 | 195013 |
| 10 | 渤海信托 | 211283 | 179638 | 168218 |
| 11 | 爱建信托 | 206192 | 186140 | 146133 |
| 12 | 重庆国信 | 201062 | 189805 | 213566 |

续表

| 序号 | 公司简称 | 2019 年 | 2018 年 | 2017 年 |
|---|---|---|---|---|
| 13 | 长安国信 | 198354 | 181463 | 178023 |
| 14 | 四川信托 | 191520 | 209875 | 211119 |
| 15 | 中建投信托 | 191148 | 128696 | 128923 |
| 16 | 上海国信 | 185139 | 181539 | 203715 |
| 17 | 外贸信托 | 160328 | 234352 | 194854 |
| 18 | 民生信托 | 138326 | 183787 | 164609 |
| 19 | 中诚信托 | 136383 | 126469 | 76987 |
| 20 | 华润信托 | 132027 | 124512 | 102122 |
| 21 | 交银国信 | 130852 | 107166 | 107809 |
| 22 | 万向信托 | 127942 | 81421 | 84574 |
| 23 | 中铁信托 | 116162 | 197614 | 228248 |
| 24 | 江苏国信 | 115298 | 110674 | 100142 |
| 25 | 百瑞信托 | 113518 | 97285 | 125864 |
| 26 | 北京国信 | 112408 | 118168 | |
| 27 | 英大信托 | 112268 | 89665 | 82077 |
| 28 | 陆家嘴信托 | 109687 | 89604 | 84566 |
| 29 | 山东国信 | 103777 | 89130 | 112977 |
| 30 | 国投泰康 | 103374 | 87896 | 73859 |
| 31 | 昆仑信托 | 102293 | 87307 | 87277 |
| 32 | 国通信托 | 97907 | 118484 | 114816 |
| 33 | 华宝信托 | 97664 | 106166 | 121116 |
| 34 | 陕西国信 | 94452 | 97852 | 99042 |
| 35 | 华鑫信托 | 92751 | 71450 | 71682 |
| 36 | 东莞信托 | 87567 | 71428 | 69906 |
| 37 | 紫金信托 | 76852 | 71605 | 60784 |
| 38 | 浙商金汇 | 73003 | 61346 | 46205 |
| 39 | 工商信托 | 72577 | 73642 | 75883 |
| 40 | 中原信托 | 69200 | 82557 | 123161 |
| 41 | 中海信托 | 67143 | 62070 | 63114 |
| 42 | 湖南信托 | 65109 | 53973 | 60251 |
| 43 | 西部信托 | 65097 | 55406 | 41123 |
| 44 | 北方国信 | 64508 | 46946 | 45130 |
| 45 | 云南国信 | 61736 | 55334 | 45796 |
| 46 | 华融国信 | 58624 | 93941 | 168459 |
| 47 | 厦门国信 | 58113 | 57529 | 69093 |

续表

| 序号 | 公司简称 | 2019 年 | 2018 年 | 2017 年 |
|---|---|---|---|---|
| 48 | 粤财信托 | 56707 | 45721 | 30746 |
| 49 | 苏州信托 | 54909 | 37438 | 43324 |
| 50 | 国民信托 | 54872 | 83573 | 69280 |
| 51 | 华澳信托 | 51496 | 41545 | 35522 |
| 52 | 西藏信托 | 51158 | 48898 | 62375 |
| 53 | 大业信托 | 47380 | 70539 | 86049 |
| 54 | 国元信托 | 37561 | 34155 | 33660 |
| 55 | 安信信托 | 36805 | 158575 | 531038 |
| 56 | 长城新盛 | 35562 | 42690 | 34034 |
| 57 | 中粮信托 | 34750 | 44732 | 50713 |
| 58 | 华信信托 | 33799 | 61808 | 80227 |
| 59 | 天津信托 | 33477 | 46791 | 65977 |
| 60 | 新时代 | 31507 | 41485 | 101561 |
| 61 | 金谷信托 | 26335 | 33087 | 51163 |
| 62 | 国联信托 | 23881 | 22306 | 20430 |
| 63 | 新华信托 | 22079 | 25654 | 25090 |
| 64 | 吉林信托 | 20096 | 20553 | 24919 |
| 65 | 山西信托 | 18233 | 15807 | 18551 |
| 66 | 中泰信托 | 6001 | 11097 | 24847 |
| 67 | 华宸信托 | 431 | 908 | 2761 |
| 68 | 中江国信 | 未披露 | 52054 | 69868 |

# 第七章　风控与资产质量分析

风险管控能力是金融机构的生命线和核心竞争力，信托业的发展与风险管控能力息息相关。2019 年，中国经济总量逼近 100 万亿元大关，达 990865 亿元，比上年增长 6.1%。中国的供给侧结构性改革继续推进，保持平稳健康发展势头，居民财富不断累积，刺激了投资需求。同时，货币新政、金融监管新政、资管新政等金融政策的出台，意味着监管标准趋同，信托业转型持续深入，信托成为居民有效配置资产的重要途径。而 ICO、区块链从 2019 年初的高歌猛进、鱼龙混杂到国内几近销声匿迹；随着第三方支付备付金监管全面落地，监管频开巨额罚单等，制度红利不断被削弱，信用风险持续显现。

## 第一节 净资本

净资本管理既包括控制“小马拉大车”中出现的管理能力与风控能力不相匹配的问题，也包括防止个别公司为追逐眼前利益而恶意“违规超载”的现象，同时更包括引导信托公司尽快实现从“广种薄收”“以量取胜”片面追求规模的粗放式经营模式，向“精耕细作”“提升业务科技含量和产品附加值”内涵发展式经营模式升级转型的深层考量和战略意图。在动荡多变环境下获取竞争优势、进行风险管控的关键是建立以净资本管理为核心的业务发展模式和管理体系。

2019 年，67 家信托公司均披露了净资本值、净资产值；披露固有业务风险资本和信托业务风险资本的有 21 家，较 2018 年减少了 27 家，占比未到一半；有 61 家信托公司披露了各项业务风险资本之和，较 2018 年减少了 7 家。2019 年，信托公司整体减少了在各项业务风险资本之和方面的披露，在固有业务风险资本和信托业务风险资本的披露上还有待加强。

在合规内容方面，《信托公司净资本管理办法》明确规定信托公司净资本不得低于

2亿元人民币。2019年，披露净资本值中的66家公司此项风险控制指标均达标，最低值在7.43亿元。排名第1位的是重庆国信（214.23亿元），第2位是中信信托（198.00亿元）。披露公司的平均净资本值为73.13亿元，较2018年增加13.17%。

监管规定净资本不得低于各项风险资本之和的100%，不得低于净资产的40%。披露的66家公司中除安信信托外，其余各信托公司这两项指标均达标，各项业务的风险资本有相应的净资本做支撑。其中，长城新盛和华宸信托净资本分别占风险资本之和的638.64%、598.51%，分别排名第1、第2位，净资本占净资产比重最高的是交银国信（91.40%），其次是国民信托（91.28%）。

表7-1　　2019年与2018年信托公司净资本相关指标排名

| 排名 | 净资本前3名（2019年） | 净资本前3名（2018年） | 净资本/各项业务风险资本之和前3名（2019年） | 净资本/各项业务风险资本之和前3名（2018年） | 净资本/净资产前3名（2019年） | 净资本/净资产前3名（2018年） |
|---|---|---|---|---|---|---|
| 第1名 | 重庆国信（214.23） | 重庆国信（197.05） | 长城新盛（638.64%） | 大业信托（129.57%） | 交银国信（91.40%） | 西部信托（94.42%） |
| 第2名 | 中信信托（198.00） | 平安信托（171.45） | 华宸信托（598.51%） | 华宸信托（520.08%） | 国民信托（91.28%） | 光大兴陇（92.44%） |
| 第3名 | 平安信托（180.46） | 中信信托（168.00） | 华信信托（509.51%） | 中泰信托（512.71%） | 湖南信托（91.24%） | 中融信托（91.26%） |

注：括号内数值单位为亿元。

## 第二节　自营业务不良资产

从整体来看，2019年信托公司固有业务风险持续增加，自营业务平均不良资产规模及不良资产总体规模较2018年大幅上升。这可能主要基于以下三方面原因：一是房地产及相关行业发生深刻变化；二是经济转型促进不良资产出清；三是严监管常态化。

结合后面不良资产规模分布可以看出，68家信托公司中有26家存在不良资产，高于2018年。与上一年度相比，不良资产规模缩减的有11家，较2018年减少6家。总体而言，2019年信托自营业务不良资产大幅降低，资产质量上升，经营风险减小。2019年，自营业务不良资产的变异系数为2.08，反映了公司间差异较上年有所加大。具体如表7-2所示。

表 7-2　　2014—2019 年信托公司自营不良资产规模的统计分析

| 项目 | 2014 年 | 2015 年 | 2016 年 | 2017 年 | 2018 年 | 2019 年 |
|---|---|---|---|---|---|---|
| 合计（万元） | 400477 | 745998 | 4881071 | 1123717 | 1510983 | 4044565 |
| 平均值（万元） | 6068 | 10971 | 76267 | 17558 | 27472 | 64199 |
| 平均值增长幅度（万元） | 2168 | 4903 | 65296 | -58709 | 9914 | 36727 |
| 平均值增长率（%） | 55.59 | 80.8 | 595.17 | -76.98 | 56.46 | 1.34 |
| 公司数目 | 66 | 68 | 68 | 68 | 68 | 68 |
| 不良资产缩减的公司数 | 13 | 12 | 23 | 20 | 17 | 11 |
| 最大值（万元） | 77652 | 144367 | 2257675 | 136579 | 166271 | 795001 |
| 最小值（万元） | 0 | 0 | 0 | 0 | 0 | 0 |
| 标准差（万元） | 13940 | 26241 | 294249 | 31757 | 38921 | 133227 |
| 变异系数 | 2.30 | 2.39 | 3.86 | 1.81 | 1.42 | 2.08 |

从不良资产率来看，2019 年 68 家信托公司的平均不良资产率为 8.15%，较上一年度大幅提高，其中 15 家公司的不良资产率低于上一年度。2019 年，不良资产率的公司间差异为 0.02。总体来看，2019 年信托公司自营不良资产率较上年上升，在一定程度上提高了经营风险，其中安信信托、华宸信托、西部信托不良资产率较高。具体如表 7-3所示。

表 7-3　　2014—2019 年信托公司自营不良资产率的统计分析

| 项目 | 2014 年 | 2015 年 | 2016 年 | 2017 年 | 2018 年 | 2019 年 |
|---|---|---|---|---|---|---|
| 平均值（%） | 0.12 | 2.71 | 4.13 | 2.70 | 3.81 | 8.15 |
| 平均值增长率（%） | 0.07 | 2.59 | 1.42 | -0.35 | 0.41 | 1.14 |
| 公司数目 | 66 | 68 | 68 | 68 | 68 | 68 |
| 不良资产率缩减的公司数 | 14 | 21 | 21 | 22 | 22 | 15 |
| 最大值（%） | 50.52 | 47.60 | 31.35 | 14.57 | 32.67 | 82.40 |
| 最小值（%） | 0.00 | 0.00 | 0.00 | 0.00 | 0.00 | 0.00 |
| 标准差（%） | 10.36 | 8.35 | 6.77 | 3.91 | 0.06 | 0.14 |
| 变异系数 | 2.59 | 3.08 | 1.64 | 1.45 | 0.02 | 0.02 |

从不良资产规模的分布区间来看，2019 年，35 家信托公司的不良资产达上亿元（占全部信托公司的 55.56%），较 2018 年增加 8 家。这 35 家公司的不良资产占整个行业的 90% 以上，应集中对这 35 家公司进行风险监控。另外，还有 19 家公司没有披露不良资产，也应该引起关注。具体如表 7-4所示。

表7-4　　信托公司自营不良资产规模分布

| 不良资产规模区间 | 亿元及以上区间 | 0元~亿元区间 | 0元 | 总计 |
|---|---|---|---|---|
| 2019年公司数目（占比） | 35<br>（55.56%） | 9<br>（14.29%） | 19<br>（30.16%） | 63 |
| 2018年公司数目（占比） | 27<br>（39.71%） | 16<br>（23.53%） | 12<br>（17.65%） | 55 |
| 2019年不良资产规模合计（占比） | 4013636万元<br>（99.23%） | 30928万元<br>（0.77%） | 0 | 4044565万元 |
| 2018年不良资产规模合计（占比） | 1457331万元<br>（96.45%） | 53652万元<br>（3.55%） | 0 | 1510983万元 |

从信托公司不良资产规模增幅来看，2019年，不良资产规模缩减最多的是新华信托（-117108），其次是中信信托（-39161）和陕西国信（-14848）。不良资产率缩减最多的是新华信托（-3.11%），其次是西藏信托（-2.99%）和中信信托（-2.39%）。具体如表7-5所示。

表7-5　　2019年与2018年信托公司自营不良资产缩减前5名

| 排名 | 不良资产规模缩减前5名（2019年） | 不良资产规模缩减前5名（2018年） | 不良资产率缩减前5名（2019年） | 不良资产率缩减前5名（2018年） |
|---|---|---|---|---|
| 第1名 | 新华信托（-117108） | 五矿信托（-53779） | 新华信托（-3.11%） | 北方国信（-11.52%） |
| 第2名 | 中信信托（-39161） | 浙商金汇（-10000） | 西藏信托（-2.99%） | 五矿信托（-5.78%） |
| 第3名 | 陕西国信（-14848） | 上海国信（-9500） | 中信信托（-2.39%） | 浙商金汇（-5.74%） |
| 第4名 | 北方国信（-10135） | 华融国信（-6647） | 金谷信托（-1.94%） | 山西信托（-4.12%） |
| 第5名 | 五矿信托（-10119） | 山西信托（-6055） | 五矿信托（-0.90%） | 华融国信（-3.01%） |

注：括号内不良资产规模缩减单位为万元。

按照银监会要求，我国信托公司资产质量实行五级分类管理，次级、可疑和损失类资产，即不良资产直接反映了信托公司资产的质量和安全程度。2019年，信托公司平均正常类资产为87亿元，占全部资产的84.08%，而次级、可疑和损失类不良资产总计404亿元，占资产总额的8.15%。具体如表7-6所示。

表 7-6　　2019 年信托公司资产类别

| 资产类别 | 正常 | 关注 | 次级 | 可疑 | 损失 | 不良资产合计 |
|---|---|---|---|---|---|---|
| 合计（万元） | 54599700 | 3623542 | 1133333 | 1102195 | 1809037 | 4044565 |
| 平均（万元） | 866661 | 57517 | 17989 | 17495 | 29178 | 64199 |
| 占比（%） | 84.08 | 6.18 | 2.84 | 2.1 | 3.21 | 8.15 |

# 第八章　人力资源分析

# 第一节　人力资源基本情况

2019 年，信托行业从业人员的整体规模为 21408 人，较上一年增长 8.72%。信托行业人员队伍不断扩大，但在金融机构中属于从业人员较少的行列。具体在披露的 66 家公司中，51 家公司出现人员递增的情况，较 2018 年减少 5 家。2019 年，信托公司从业人员的变异系数为 0.59，虽然各公司间人员差距仍然存在，但呈现逐步缩小趋势。信托行业近几年快速发展带来的良好发展平台和较高的薪酬水平，吸引了大量高学历人才（包括博士、硕士两个层次）的加入。8 家信托公司高学历人员占比 70% 以上，42 家信托公司高学历人员占比 50% 以上，19 家信托公司高学历人员规模超过 200 人。

**表 8-1　　2014—2019 年信托公司从业人员规模的统计分析**

| 项目 | 2014 年 | 2015 年 | 2016 年 | 2017 年 | 2018 年 | 2019 年 |
|---|---|---|---|---|---|---|
| 总数（人） | 16388 | 17554 | 18393 | 19766 | 20243 | 21408 |
| 平均值（人） | 248 | 258 | 271 | 295 | 298 | 324 |
| 平均值增长幅度（人） | 36 | 10 | 13 | 24 | 3 | 26 |
| 平均值增长率（%） | 16.98 | 4.03 | 5.04 | 8.86 | 1.02 | 8.72 |
| 公司数目 | 66 | 68 | 68 | 68 | 68 | 66 |
| 从业人员增加的公司数 | 54 | 46 | 47 | 57 | 56 | 51 |
| 最大值（人） | 1815 | 1980 | 1939 | 1974 | 808 | 945 |
| 最小值（人） | 51 | 49 | 76 | 74 | 80 | 88 |
| 标准差（人） | 254 | 266 | 254 | 255 | 161 | 191 |
| 变异系数 | 1.02 | 1.03 | 0.94 | 0.86 | 0.54 | 0.59 |

各信托公司中，从业人员的规模分布以 1000 人以下的中小型信托公司为主。2019 年，从业人员规模排名前 3 的信托公司为光大兴陇（945）、长安国信（872）和四川

信托（792）。2019年，从业人员增幅排名前3的信托公司为光大兴陇（454）、长安国信（153）和东莞信托（142）。高质量人员的流入也为这些公司的业绩增长带来了一定支撑。具体如表8-2、表8-3所示。

**表8-2　　2016—2019年信托公司从业人员规模前3名**

| 排名 | 2019年 | 2018年 | 2017年 | 2016年 |
| --- | --- | --- | --- | --- |
| 第1名 | 光大兴陇（945） | 中融信托（808） | 中融信托（1974） | 中融信托（1939） |
| 第2名 | 长安国信（872） | 四川信托（734） | 四川信托（749） | 平安信托（972） |
| 第3名 | 四川信托（792） | 长安信托（719） | 平安信托（743） | 四川信托（725） |

注：括号内数值单位为人。

**表8-3　　2016—2019年信托公司从业人员规模增幅前3名**

| 排名 | 2019年 | 2018年 | 2017年 | 2016年 |
| --- | --- | --- | --- | --- |
| 第1名 | 光大兴陇（454） | 光大兴陇（182） | 浙商金汇（227） | 中建投（90） |
| 第2名 | 长安国信（153） | 安信信托（168） | 陕西国信（131） | 中航信托（75） |
| 第3名 | 东莞信托（142） | 五矿信托（125） | 中信信托（129） | 建信信托（72） |

注：括号内数值单位为人。

从已披露的13家信托公司从业人员年龄来看，平均年龄为35.79岁，与2018年相比上升。从业人员最大年龄为42.00岁，最小年龄为33.20岁，行业内分布几乎不存在差异化。具体表8-4所示。

**表8-4　　2014—2019年信托公司从业人员年龄的统计分析**

| 项目 | 2014年 | 2015年 | 2016年 | 2017年 | 2018年 | 2019年 |
| --- | --- | --- | --- | --- | --- | --- |
| 平均值（岁） | 35.07 | 35.00 | 35.36 | 35.54 | 35.67 | 35.79 |
| 平均值增长幅度（岁） | -0.13 | -0.07 | 0.36 | 0.18 | 0.13 | 0.12 |
| 平均值增长率（%） | -0.37 | -0.20 | 1.03 | 0.51 | 0.36 | 0.34 |
| 公司数目 | 17 | 20 | 16 | 12 | 11 | 13 |
| 最大值（岁） | 41.00 | 41.00 | 40.92 | 41.97 | 42.73 | 42.00 |
| 最小值（岁） | 31.70 | 32.00 | 30.47 | 33.00 | 33.40 | 33.20 |
| 标准差（岁） | 2.76 | 2.61 | 2.62 | 2.07 | 2.63 | 2.10 |
| 变异系数 | 0.07 | 0.07 | 0.07 | 0.08 | 0.07 | 0.06 |

2019年披露信息的公司中，平均年龄最小的是大业信托，平均年龄为33.20岁，各年度从业人员平均年龄变化不大。

表 8-5　　2016—2019 年信托公司从业人员年龄最小的前 3 名

| 排名 | 2019 年 | 2018 年 | 2017 年 | 2016 年 |
|---|---|---|---|---|
| 第 1 名 | 大业信托（33.20） | 上海信托（33.40） | 上海信托（33.00） | 国元信托（30.47） |
| 第 2 名 | 上海信托（33.94） | 兴业信托（34.00） | 兴业信托（33.00） | 兴业信托（33.00） |
| 第 3 名 | 浙商金汇（35.00） | 浙商金汇（34.00） | 浙商信托（33.00） | 浙商信托（33.00） |

注：括号内数值单位为岁。

## 第二节　人力资源岗位分布

### 一、人力资源岗位总体分布

从 2019 年披露的信托公司人员岗位分布情况来看，高管人员平均人数为 10 人，占 2.95%；自营人员平均为 8 人，占 2.33%；信托业务人员平均为 180 人，占 55.58%；其余为其他人员。其中，信托业务人员的变异系数最大，因此公司间差异较大。高管人数最多的是重庆国信（24 人），人数最少的是建信信托、中泰信托（4 人）；自营人员人数最多的是光大兴陇和天津信托（21 人），爱建信托和浙商金汇人数最少（1 人）；光大兴陇的信托业务人员达到 722 人，居行业首位。回归信托本源，顺应监管要求，信托公司首先需要从人才队伍建设上满足信托主业的需求，其次才是服务自营业务创新，从而取得平衡发展。具体如表 8-6 所示。

表 8-6　　2019 年信托公司从业人员岗位分布的统计分析

| 项目 | 高管 | 自营 | 信托 |
|---|---|---|---|
| 平均值（人） | 10 | 8 | 180 |
| 占比（%） | 2.95 | 2.33 | 55.58 |
| 公司数目 | 63 | 85 | 62 |
| 最大值（人） | 24 | 21 | 722 |
| 最小值（人） | 4 | 1 | 24 |
| 标准差（人） | 3.79 | 4.75 | 146.85 |
| 变异系数 | 0.40 | 0.63 | 0.81 |

## 二、信托业务人员分布

信托业务人员是信托公司的主力。从2014—2019年信托公司信托业务人员的统计分析来看，2019年信托业务人员的平均人数为180人，较上年有所上升，占全部从业人员比重则下降了1.76%。信托人员的行业内分布不均仍然较大，公司间差异也较大。

表8-7　2014—2019年信托公司信托业务人员的统计分析

| 项目 | 2014年 | 2015年 | 2016年 | 2017年 | 2018年 | 2019年 |
|---|---|---|---|---|---|---|
| 平均值（人） | 151 | 133 | 157 | 157 | 170 | 180 |
| 占比（%） | 60.80 | 52.27 | 57.97 | 53.22 | 57.34 | 55.58 |
| 占比增幅（%） | -0.81 | -8.53 | 10.90 | -8.19 | 7.74 | -3.07 |
| 最大值（人） | 1332 | 1167 | 974 | 974 | 743 | 722 |
| 最小值（人） | 29 | 22 | 26 | 26 | 24 | 24 |
| 标准差（人） | 203.74 | 160.89 | 156.85 | 154.85 | 127.64 | 146.85 |
| 变异系数 | 1.35 | 1.21 | 0.99 | 0.99 | 0.75 | 0.81 |

## 三、高学历信托业务人员分布

2014—2019年，高学历人员（包括硕士和博士）的数量总体呈现上升趋势，其中大多数企业2019年高学历人员占比都超过了50%。同时，标准差和变异系数略有升高，表明2019年各公司间高学历人员分布较2018年差异变化大。具体如表8-8所示。

表8-8　2014—2019年信托公司高学历从业人员统计分析

| 项目 | 2014年 | 2015年 | 2016年 | 2017年 | 2018年 | 2019年 |
|---|---|---|---|---|---|---|
| 披露公司数目 | 66 | 68 | 68 | 67 | 68 | 66 |
| 平均值（人） | 125 | 102 | 134 | 150 | 160 | 178 |
| 占比（%） | 48.38 | 47.85 | 49.38 | 52.51 | 52.84 | 55.13 |
| 占比增长幅度（%） | 0.27 | 3.26 | 1.53 | 6.34 | 0.63 | 4.33 |
| 最大值 | 3653 | 757 | 607 | 571 | 477 | 585 |
| 最小值 | 19 | 10 | 30 | 27 | 19 | 36 |
| 标准差 | 104.73 | 23.42 | 101.67 | 384.67 | 97.26 | 113.98 |
| 变异系数 | 0.84 | 0.　23 | 0.76 | 2.56 | 0.61 | 0.64 |

综合博士和硕士等高学历人员，2019年光大兴陇（585）占据信托公司高学历规

模第 1 名的位置，百瑞信托（82.00%）占据高学历占比第 1 名的位置。具体如表 8－9 所示。

**表 8－9　　2018—2019 年信托公司人力资源高学历分布排名前 3 名**

| 排名 | 2019 年 | | 2018 年 | |
|---|---|---|---|---|
| | 高学历规模（人） | 高学历占比（%） | 高学历规模（人） | 高学历占比（%） |
| 第 1 名 | 光大兴陇（585） | 百瑞信托（82.00） | 中信信托（477） | 百瑞信托（76.00） |
| 第 2 名 | 中信信托（535） | 北京国信（76.20） | 中融信托（389） | 北京信托（73.90） |
| 第 3 名 | 长安国信（451） | 中原信托（74.00） | 长安信托（387） | 中原信托（72.80） |

# 第九章　公司治理结构分析

## 第一节 信托公司股权结构分析

2019 年，67 家信托公司对各大股东的持股比例进行了披露，与 2018 年持股信息的披露情况相当。从第一大股东持股信息数据来看（见表9－1），我国信托公司的股权结构依然呈现高度集中的特征：第一大股东股权比例在 90% 及以上的公司为 12 家，与 2018 年和 2017 年相同；80%～90% 的为 8 家，与 2018 年相同，比 2017 年减少 1 家；70%～80% 的为 9 家，与 2018 年相同，比 2017 年少 1 家；60%～70% 的为 9 家，与 2018 年相比增加了 1 家，与 2017 年相比增加了 3 家；50%～60% 的为 12 家，比 2018 年少 1 家，与 2017 年持平。总体来看，在所调查的这 68 家信托公司中，2019 年第一大股东持股比例在 50% 以上（即达到绝对控股地位）的有 50 家，与 2018 年相同，比 2017 年多 1 家，而持股比例在 50% 以下的只有 18 家。纵观 2017—2019 年 3 个年度第一大股东持股情况，我们可以看出，第一大股东持股比例一直居高不下，绝对控股股东的持股占比也一直很高，且总体维持均衡状态。具体如表 9－2 所示。

**表 9－1　　信托公司第一大股东持股信息**　　（%）

| 序号 | 公司简称 | 第一大股东名称 | 持股比例 |
|---|---|---|---|
| 1 | 中诚信托 | 中国人民保险集团股份有限公司 | 32.92 |
| 2 | 新华信托 | 上海珊瑚礁信息系统有限公司 | 40.00 |
| 3 | 华信信托 | 华信汇通集团有限公司 | 25.91 |
| 4 | 上海信托 | 上海浦东发展银行股份有限公司 | 97.33 |
| 5 | 中海信托 | 中国海洋石油集团有限公司 | 95.00 |
| 6 | 平安信托 | 平安集团公司 | 99.88 |
| 7 | 厦门国信 | 厦门金圆金控股份有限公司 | 80.00 |
| 8 | 吉林信托 | 吉林省财政厅 | 97.50 |
| 9 | 东莞信托 | 东莞金融控股集团有限公司 | 60.83 |

续表

| 序号 | 公司简称 | 第一大股东名称 | 持股比例 |
|---|---|---|---|
| 10 | 西藏信托 | 西藏自治区财政厅 | 89.43 |
| 11 | 山西信托 | 山西金融投资控股集团有限公司 | 90.70 |
| 12 | 光大兴陇 | 中国光大集团股份公司 | 51.00 |
| 13 | 中融信托 | 经纬纺织机械股份有限公司 | 37.47 |
| 14 | 中信信托 | 中国中信有限公司 | 82.26 |
| 15 | 苏州信托 | 苏州国际发展集团有限公司 | 70.01 |
| 16 | 外贸信托 | 中化资本有限公司 | 97.26 |
| 17 | 江苏国信 | 江苏国信股份有限公司 | 81.49 |
| 18 | 华融国信 | 中国华融资产管理股份有限公司 | 76.79 |
| 19 | 粤财信托 | 广东粤财投资控股有限公司 | 98.14 |
| 20 | 天津信托 | 天津海泰控股集团有限公司 | 51.58 |
| 21 | 北方国信 | 天津泰达投资控股有限公司 | 32.33 |
| 22 | 百瑞信托 | 国家电投集团资本控股有限公司 | 50.24 |
| 23 | 中原信托 | 河南投资集团有限公司 | 58.97 |
| 24 | 华宸信托 | 内蒙古交通投资（团）有限责任公司 | 36.50 |
| 25 | 湖南信托 | 湖南财信投资控股有限责任公司 | 96.00 |
| 26 | 兴业信托 | 兴业银行股份有限公司 | 73.00 |
| 27 | 工商信托 | 杭州市金融投资集团有限公司 | 57.99 |
| 28 | 建信信托 | 中国建设银行股份有限公司 | 67.00 |
| 29 | 国民信托 | 上海丰益股权投资基金有限公司 | 31.73 |
| 30 | 华宝信托 | 中国宝武钢铁集团有限公司 | 98.00 |
| 31 | 中泰信托 | 中国华闻投资控股有限公司 | 31.57 |
| 32 | 英大信托 | 国网英大国际控股集团有限公司 | 63.41 |
| 33 | 国联信托 | 无锡市国联发展（集团）有限公司 | 69.92 |
| 34 | 安信信托 | 上海国之杰投资发展有限公司 | 52.44 |
| 35 | 陕西国信 | 陕西煤业化工集团有限责任公司 | 34.58 |
| 36 | 新时代 | 新时代远景（北京）投资有限公司 | 58.54 |
| 37 | 山东国信 | 山东省鲁信投资控股集团有限公司 | 47.12 |
| 38 | 华润信托 | 华润股份有限公司 | 51.00 |
| 39 | 国元信托 | 安徽国元控股（集团）责任有限公司 | 49.69 |
| 40 | 雪松国信 | 未披露 | 未披露 |
| 41 | 国投信托 | 国投资本控股有限公司 | 55.00 |
| 42 | 昆仑信托 | 中油资产管理有限公司 | 82.18 |
| 43 | 长安国信 | 西安投资控股有限公司 | 40.44 |
| 44 | 西部信托 | 陕西省电力建设投资开发公司 | 57.78 |

续表

| 序号 | 公司简称 | 第一大股东名称 | 持股比例 |
|---|---|---|---|
| 45 | 云南国信 | 云南省财政厅 | 25.00 |
| 46 | 重庆国信 | 同方国信投资控股有限公司 | 66.99 |
| 47 | 北京信托 | 北京市国有资产经营有限公司 | 34.30 |
| 48 | 交银国信 | 交通银行股份有限公司 | 85.00 |
| 49 | 渤海信托 | 海航资本集团有限公司 | 51.23 |
| 50 | 中建投信托 | 中国建银投资有限责任公司 | 90.05 |
| 51 | 中铁信托 | 中国中铁股份有限公司 | 78.91 |
| 52 | 陆家嘴信托 | 上海陆家嘴金融发展有限公司 | 71.61 |
| 53 | 爱建信托 | 上海爱建集团股份有限公司 | 99.33 |
| 54 | 华能贵诚 | 华能资本服务有限公司 | 67.92 |
| 55 | 中航信托 | 中航投资控股有限公司 | 82.73 |
| 56 | 华澳信托 | 北京融达投资有限公司 | 50.01 |
| 57 | 金谷信托 | 中国信达资产管理股份有限公司 | 92.29 |
| 58 | 国通信托 | 武汉金融控股（集团）有限公司 | 67.51 |
| 59 | 四川信托 | 四川宏达（集团）有限公司 | 32.04 |
| 60 | 大业信托 | 中国东方资产管理股份有限公司 | 41.67 |
| 61 | 华鑫信托 | 中国华电集团公司 | 69.84 |
| 62 | 五矿信托 | 五矿资本控股有限公司 | 78.00 |
| 63 | 中粮信托 | 中粮资本投资有限公司 | 76.01 |
| 64 | 紫金信托 | 南京紫金投资集团有限责任公司 | 60.01 |
| 65 | 长城新盛 | 长城资产 | 35.00 |
| 66 | 浙商金汇 | 浙江东方金融控股集团股份有限公司 | 78.00 |
| 67 | 万向信托 | 中国万向控股有限公司 | 76.50 |
| 68 | 民生信托 | 武汉中央商务区建设投资股份有限公司 | 82.71 |

表 9-2　信托公司第一大股东持股比例分布情况

| 年份 | ≥90% | [80%，90%) | [70%，80%) | [60%，70%) | [50%，60%) | [0%，50%) | 披露公司数 | 持股比例50%以上占比（%） |
|---|---|---|---|---|---|---|---|---|
| 2019 | 12家 | 8家 | 9家 | 9家 | 12家 | 17家 | 67家 | 74.63 |
| 2018 | 12家 | 8家 | 9家 | 8家 | 13家 | 17家 | 67家 | 74.63 |
| 2017 | 12家 | 9家 | 10家 | 6家 | 12家 | 18家 | 67家 | 73.13 |

由以上分析可以得出，2019年有绝对控股地位的公司数与2018年相同，2019年仍未改变股权高度集中和一股独大的显著特点。股权的高度集中导致控股股东对公司的

控制力明显增强，有助于推动公司高级管理人员与股东尤其是控股股东的利益趋同，代理成本因此得到一定控制。但股权的高度集中会导致控股股东对公司的参与程度过高，导致董事包括独立董事、监事甚至中介机构缺乏独立性，加大了控股股东与中小股东的代理成本，缺少对控股股东的制衡力，进而导致较为严重的利益侵占问题。一股独大的股权结构不利于信托公司治理结构的科学化，存在控股股东凭借控股地位侵占公司资源的可能风险。

由上面的分析可见，大多数公司都存在此问题，因此如何设计合理的股权结构仍然是信托公司进行公司治理的关键。就关联交易情况来看（见表9－3），由于我国信托行业市场化程度较低，关联交易现象普遍存在。在68家信托公司中有62家披露了2019年的关联交易数量和金额，比2018年减少1家，其中关联交易共计1435起，总金额达到103771533万元，而2018年的关联交易是939起，总金额是104886690万元。虽然2019年我国信托行业总体关联数量有所增加，但是发生总金额相比2018年有所下降。2019年，平均每家信托公司发生的关联交易金额为1673734万元，2018年为1664868万元。可见，2019年信托行业关联交易的平均水平要比2018年有所上升，但是上升的幅度并不大。

**表9－3　2019年信托公司关联交易统计表**

| 序号 | 公司简称 | 关联方数量 | 关联交易金额（万元） |
|---|---|---|---|
| 1 | 兴业信托 | 22 | 22712317 |
| 2 | 英大信托 | 555 | 17296855 |
| 3 | 光大兴陇 | 10 | 8652981 |
| 4 | 华能贵诚 | 6 | 7919700 |
| 5 | 华润信托 | 22 | 5971145 |
| 6 | 中海信托 | 10 | 5843989 |
| 7 | 建信信托 | 13 | 4964100 |
| 8 | 交银国信 | 6 | 3592392 |
| 9 | 重庆国信 | 13 | 2787013 |
| 10 | 平安信托 | 40 | 2728166 |
| 11 | 五矿信托 | 12 | 2411107 |
| 12 | 百瑞信托 | 4 | 2291773 |
| 13 | 华融国信 | 6 | 1494512 |
| 14 | 中原信托 | 83 | 1370871 |
| 15 | 湖南信托 | 54 | 1364917 |

续表

| 序号 | 公司简称 | 关联方数量 | 关联交易金额（万元） |
|---|---|---|---|
| 16 | 华信信托 | 1 | 1312290 |
| 17 | 国投泰康 | 5 | 1282715 |
| 18 | 渤海信托 | 11 | 1151321 |
| 19 | 昆仑信托 | 5 | 1132800 |
| 20 | 金谷信托 | 3 | 833471 |
| 21 | 中信信托 | 40 | 734987 |
| 22 | 厦门国信 | 17 | 597227 |
| 23 | 中融信托 | 19 | 503212 |
| 24 | 华澳信托 | 5 | 481100 |
| 25 | 长城新盛 | 6 | 469000 |
| 26 | 上海国信 | 5 | 467549 |
| 27 | 华鑫信托 | 42 | 463205 |
| 28 | 长安国信 | 32 | 454130 |
| 29 | 苏州信托 | 117 | 439523 |
| 30 | 中航信托 | 19 | 413956 |
| 31 | 爱建信托 | 29 | 363007 |
| 32 | 江苏国信 | 8 | 360834 |
| 33 | 北京国信 | 12 | 330958 |
| 34 | 中铁信托 | 15 | 318436 |
| 35 | 陆家嘴信托 | 10 | 266172 |
| 36 | 东莞信托 | 13 | 223456 |
| 37 | 紫金信托 | 5 | 182904 |
| 38 | 北方国信 | 3 | 154000 |
| 39 | 新华信托 | 1 | 137168 |
| 40 | 中粮信托 | 16 | 107283 |
| 41 | 国元信托 | 16 | 107280 |
| 42 | 国通信托 | 1 | 90000 |
| 43 | 大业信托 | 1 | 56880 |
| 44 | 云南国信 | 3 | 56440 |
| 45 | 中泰信托 | 4 | 35833 |
| 46 | 粤财信托 | 6 | 31911 |
| 47 | 华宝信托 | 2 | 30396 |
| 48 | 浙商金汇 | 10 | 10353 |
| 49 | 西藏信托 | 1 | 7997 |
| 50 | 外贸信托 | 9 | 6502 |

续表

| 序号 | 公司简称 | 关联方数量 | 关联交易金额（万元） |
|---|---|---|---|
| 51 | 华宸信托 | 2 | 6000 |
| 52 | 吉林信托 | 3 | 5999 |
| 53 | 中建投信托 | 2 | 3115 |
| 54 | 万向信托 | 3 | 1190 |
| 55 | 四川信托 | 3 | 974 |
| 56 | 山西信托 | 1 | 922 |
| 57 | 西部信托 | 4 | 474 |
| 58 | 国联信托 | 2 | 411 |
| 59 | 工商信托 | 3 | 266 |
| 60 | 天津信托 | 0 | 0 |
| 61 | 中诚信托 | 46 | -313604 |
| 62 | 民生信托 | 19 | -950349 |
| 63 | 国民信托 | 未披露 | 未披露 |
| 64 | 安信信托 | 未披露 | 未披露 |
| 65 | 陕西国信 | 未披露 | 未披露 |
| 66 | 新时代 | 未披露 | 未披露 |
| 67 | 山东国信 | 未披露 | 未披露 |
| 68 | 雪松国信 | 未披露 | 未披露 |

在2019年，信托行业关联交易金额最大的为兴业信托，关联交易金额为22712317万元；位居第2的是英大信托，关联交易金额为17296855万元；第3是光大兴陇，关联交易金额为8652981万元。在披露相关信息的62家信托公司中，发生关联交易金额超过平均值1673734万元的公司数为12家，占比19.35%。发生关联交易金额最少的3家信托公司分别为：国联信托（411万元）、工商信托（266万元）和天津信托（0万元）。

由以上分析可知，与2018年相比，2019年我国信托行业的关联交易额有小幅降低的趋势，但是总体上依然保持在较高的水平，仍有12家信托公司的关联交易金额明显高于行业平均水平。虽然关联交易通过集团内部适当的交易安排，可以使配置在一定程度上最优，加强企业间合作，提高企业集团的规模经济效益，降低谈判成本和交易成本，提高交易效率，但频繁的关联交易也可能导致交易双方从中牟利、侵犯股东和中小投资者的利益，以及关联方违规挪用信托公司财产和无偿拖欠信托公司的贷款等。因此，规范关联交易成为信托行业的突出问题，也将成为监管机构关注的重点之一。

## 第二节　董事会结构分析

从董事会设置来看（见表9－4），2019年披露相关信息的63家信托公司的第一大股东担任了董事长、监事或者其他高管职务，第一大股东对公司的经营决策仍然具有较高的掌控能力。第一大股东兼任监事的共有51家，担任董事长并同时兼任总经理或者总裁一职的有31家，而2018年为28家，2019年两职兼任的公司数量较2018年增加了3家。可见，第一大股东会通过积极占有董事会席位进一步影响董事会决策。董事直接兼任公司经营管理人员，虽然在董事长有时间行使总经理的权力时决策速度加快，节省了总经理的工资开支，降低了委托代理关系产生的代理成本，但这同时使公司管理架构缺失，不利于公司管理层次的提升，妨碍了下属的发展，董事长行事更加容易武断。一旦董事长没时间行使总经理权力时，就容易造成董事会实际干预经营的局面，决策者对执行者的监督和制约作用更加无法发挥，股东、董事会与经营管理层之间没有各司其职、明确分工，彼此之间没有形成良性互动，这对公司的治理是不利的。

**表9－4　　　　2019年信托公司董事会设置情况**

| 序号 | 公司简称 | 第一大股东名称 | 担任高管职务 |
|---|---|---|---|
| 1 | 中诚信托 | 中国人民保险集团股份有限公司 | 董事 |
| 2 | 新华信托 | 上海珊瑚礁信息系统有限公司 | 董事、监事、总经理 |
| 3 | 华信信托 | 华信汇通集团有限公司 | 董事长、董事、监事长 |
| 4 | 上海信托 | 上海浦东发展银行股份有限公司 | 董事长、董事、监事长、总经理 |
| 5 | 中海信托 | 中国海洋石油集团有限公司 | 董事长、董事、监事会主席、党委委员总裁、副总裁、总信息师 |
| 6 | 平安信托 | 中国平安保险（集团）股份有限公司 | 董事长、董事、监事会主席、监事 |
| 7 | 厦门国信 | 厦门金圆金控股份有限公司 | 董事长、董事、监事长、外部监事 |
| 8 | 吉林信托 | 吉林省财政厅 | 董事长、董事、监事长、 |
| 9 | 东莞信托 | 东莞金融控股集团有限公司 | 董事长、董事、独立董事、监事会主席、总经理 |
| 10 | 西藏信托 | 西藏自治区财政厅 | 董事长、董事、独立董事、监事 |
| 11 | 山西信托 | 山西金融投资控股集团有限公司 | 董事长、董事、独立董事、总经理 |
| 12 | 光大信托 | 中国光大集团股份公司 | 董事长、董事、监事、总裁 |
| 13 | 中融信托 | 经纬纺织机械股份有限公司 | 董事长、副董事长、董事、监事、总裁 |

续表

| 序号 | 公司简称 | 第一大股东名称 | 担任高管职务 |
|---|---|---|---|
| 14 | 中信信托 | 中国中信有限公司 | 董事长、副董事长、董事、监事会主席、监事、总经理 |
| 15 | 苏州信托 | 苏州国际发展集团有限公司 | 董事长、董事、监事长 |
| 16 | 外贸信托 | 中化资本有限公司 | 董事长、董事、独立董事、监事会主席、监事、总经理 |
| 17 | 江苏国信 | 江苏国信股份有限公司 | 董事长、董事、监事长、监事、总经理 |
| 18 | 华融国信 | 中国华融资产管理股份有限公司 | 董事长、董事、职工董事、风险总监、独立董事、监事长、专职监事 |
| 19 | 粤财信托 | 广东粤财投资控股有限公司 | 董事长、董事、独立董事、监事长、监事 |
| 20 | 天津信托 | 天津海泰控股集团有限公司 | 董事长、董事、独立董事、监事 |
| 21 | 北方国信 | 天津泰达投资控股有限公司 | 董事 |
| 22 | 百瑞信托 | 国家电投集团资本控股有限公司 | 董事长、董事、独立董事、监事、总经理 |
| 23 | 中原信托 | 河南投资集团有限公司 | 董事、监事 |
| 24 | 华宸信托 | 内蒙古交通投资（集团）有限责任公司 | 未披露 |
| 25 | 湖南信托 | 湖南财信投资控股有限责任公司 | 董事长、董事、独立董事、监事、总裁 |
| 26 | 兴业信托 | 兴业银行股份有限公司 | 董事长、董事、监事长、总裁 |
| 27 | 工商信托 | 杭州市金融投资集团有限公司 | 董事长、董事、总裁 |
| 28 | 建信信托 | 中国建设银行股份有限公司 | 董事长、总裁、监事 |
| 29 | 国民信托 | 上海丰益股权投资基金有限公司 | 副董事长 |
| 30 | 华宝信托 | 中国宝武钢铁集团有限公司 | 董事长、董事、独立董事、监事会主席、监事 |
| 31 | 中泰信托 | 中国华闻投资控股有限公司 | 董事长、董事、独立董事、监事会主席、股东代表监事、代总裁 |
| 32 | 英大信托 | 国网英大国际控股集团有限公司 | 董事长、副董事长、董事、总经理 |
| 33 | 国联信托 | 无锡市国联发展（集团）有限公司 | 董事长、董事、独立董事、监事会主席 |
| 34 | 安信信托 | 上海国之杰投资发展有限公司 | 未披露 |
| 35 | 陕西国信 | 陕西煤业化工集团有限责任公司 | 未披露 |
| 36 | 新时代信托 | 新时代远景（北京）投资有限公司 | 董事、监事长 |
| 37 | 山东国信 | 山东省鲁信投资控股集团有限公司 | 董事长、非执行董事 |
| 38 | 华润信托 | 华润股份有限公司 | 董事长、董事、监事 |
| 39 | 国元信托 | 安徽国元金融控股集团有限责任有限公司 | 董事长、董事、独立董事、监事长、总裁 |
| 40 | 雪松信托 | 未披露 | 未披露 |
| 41 | 国投信托 | 国投资本控股有限公司 | 董事长、董事、独立董事、监事会主席 |
| 42 | 昆仑信托 | 中油资产管理有限公司 | 董事长、董事、独立董事、监事会主席、监事、总裁 |

续表

| 序号 | 公司简称 | 第一大股东名称 | 担任高管职务 |
|---|---|---|---|
| 43 | 长安国信 | 西安投资控股有限公司 | 董事长、董事、独立董事、监事会主席 |
| 44 | 西部信托 | 陕西省电力建设投资开发公司 | 董事长、董事 |
| 45 | 云南国信 | 云南省财政厅 | 董事、独立董事、监事长 |
| 46 | 重庆国信 | 同方国信投资控股有限公司 | 董事长、董事、监事会主席、总经理 |
| 47 | 北京信托 | 北京市国有资产经营有限公司 | 董事长、总经理、董事 |
| 48 | 交银国信 | 交通银行股份有限公司 | 董事长、董事、监事长、总裁 |
| 49 | 渤海信托 | 海航资本集团有限公司 | 董事长、董事 |
| 50 | 中建投信托 | 中国建银投资有限责任公司 | 董事长、董事、独立董事、监事会主席、监事、总经理 |
| 51 | 中铁信托 | 中国中铁股份有限公司 | 董事长、董事、监事长、监事、总经理 |
| 52 | 陆家嘴信托 | 上海陆家嘴金融发展有限公司 | 董事长、董事、监事会主席、监事、总经理 |
| 53 | 爱建信托 | 上海爱建集团股份有限公司 | 董事长、董事、监事长、监事、总经理、常务副总经理 |
| 54 | 华能贵诚 | 华能资本服务有限公司 | 董事长、董事 |
| 55 | 中航信托 | 中航投资控股有限公司 | 董事长、董事、监事会主席 |
| 56 | 华澳信托 | 北京融达投资有限公司 | 董事长、董事、独立董事、监事长、总裁 |
| 57 | 金谷信托 | 中国信达资产管理股份有限公司 | 董事长、董事、监事会主席、监事、代理总经理 |
| 58 | 国通信托 | 武汉金融控股（集团）有限公司 | 董事长、董事、监事长 |
| 59 | 四川信托 | 四川宏达（集团）有限公司 | 董事长、董事 |
| 60 | 大业信托 | 中国东方资产管理股份有限公司 | 董事、独立董事、监事 |
| 61 | 华鑫信托 | 中国华电集团资本控股有限公司 | 未披露 |
| 62 | 五矿信托 | 五矿资本控股有限公司 | 董事长、董事、监事 |
| 63 | 中粮信托 | 中粮资本投资有限公司 | 董事长、董事、独立董事、监事会主席、总经理 |
| 64 | 紫金信托 | 南京紫金投资集团有限责任公司 | 董事长、董事、独立董事、监事、总裁 |
| 65 | 长城新盛 | 长城资产 | 董事长、董事、独立董事、监事会主席、副总经理 |
| 66 | 浙商金汇 | 浙江东方金融控股集团股份有限公司 | 董事长、董事、独立董事、监事、总经理 |
| 67 | 万向信托 | 中国万向控股有限公司 | 董事长、董事、监事 |
| 68 | 民生信托 | 武汉中央商务区建设投资股份有限公司 | 董事长、副董事长、董事、独立董事、监事会主席、监事会副主席、监事 |

就董事会中董事数量而言（见表9－5），2019年披露相关信息的公司为67家，较2018年增加2家。依据调查，2019年董事会成员总数为583人，与2018年董事会成员

总数223人相比大幅增长。2019年，信托行业董事会平均人数为8人，2018年为3人，相比2018年显著上升。其中，董事会人数最多的是中诚信托、湖南信托、北京信托和万向信托，都是13人；其次是民生信托，为12人；百瑞信托和陕西国信均为11人；人数最少的为吉林信托和粤财信托，为5人。可以看出，与上一年度相比2019年董事会成员有大幅增长的趋势。学术界普遍认为董事会规模与公司绩效之间存在着明显的倒U形曲线，人数过多会导致沟通不到位、决策效率低下、成本上升等问题，人数过少又难以实现真正的集体决策，一般认为7～8人为最佳人数标准。由以上的分析可以得知，我国信托公司的董事会规模结构较2018年有所改善，但同时也应该考虑信托行业的特殊性。

**表9－5　2019年信托公司董事数量**

| 序号 | 公司简称 | 董事数量 |
|---|---|---|
| 1 | 中诚信托 | 13 |
| 2 | 新华信托 | 9 |
| 3 | 华信信托 | 9 |
| 4 | 上海信托 | 9 |
| 5 | 中海信托 | 8 |
| 6 | 平安信托 | 9 |
| 7 | 厦门国信 | 9 |
| 8 | 吉林信托 | 5 |
| 9 | 东莞信托 | 7 |
| 10 | 西藏信托 | 8 |
| 11 | 山西信托 | 7 |
| 12 | 光大信托 | 8 |
| 13 | 中融信托 | 7 |
| 14 | 中信信托 | 9 |
| 15 | 苏州信托 | 8 |
| 16 | 外贸信托 | 7 |
| 17 | 江苏国信 | 9 |
| 18 | 华融国信 | 9 |
| 19 | 粤财信托 | 5 |
| 20 | 天津信托 | 9 |
| 21 | 北方国信 | 8 |
| 22 | 百瑞信托 | 11 |
| 23 | 中原信托 | 8 |

续表

| 序号 | 公司简称 | 董事数量 |
|---|---|---|
| 24 | 华宸信托 | 7 |
| 25 | 湖南信托 | 13 |
| 26 | 兴业信托 | 9 |
| 27 | 工商信托 | 9 |
| 28 | 建信信托 | 9 |
| 29 | 国民信托 | 8 |
| 30 | 华宝信托 | 9 |
| 31 | 中泰信托 | 9 |
| 32 | 英大信托 | 9 |
| 33 | 国联信托 | 9 |
| 34 | 安信信托 | 未披露 |
| 35 | 陕西国信 | 11 |
| 36 | 新时代 | 9 |
| 37 | 山东国信 | 8 |
| 38 | 华润信托 | 9 |
| 39 | 国元信托 | 9 |
| 40 | 中江国信 | 9 |
| 41 | 国投信托 | 8 |
| 42 | 昆仑信托 | 9 |
| 43 | 长安国信 | 10 |
| 44 | 西部信托 | 9 |
| 45 | 云南国信 | 9 |
| 46 | 重庆国信 | 10 |
| 47 | 北京信托 | 13 |
| 48 | 交银国信 | 9 |
| 49 | 渤海信托 | 7 |
| 50 | 中建投信托 | 9 |
| 51 | 中铁信托 | 8 |
| 52 | 陆家嘴信托 | 7 |
| 53 | 爱建信托 | 9 |
| 54 | 华能贵诚 | 9 |
| 55 | 中航信托 | 8 |
| 56 | 华澳信托 | 6 |
| 57 | 金谷信托 | 8 |
| 58 | 国通信托 | 7 |

续表

| 序号 | 公司简称 | 董事数量 |
| --- | --- | --- |
| 59 | 四川信托 | 7 |
| 60 | 大业信托 | 9 |
| 61 | 华鑫信托 | 6 |
| 62 | 五矿信托 | 9 |
| 63 | 中粮信托 | 9 |
| 64 | 紫金信托 | 7 |
| 65 | 长城新盛 | 9 |
| 66 | 浙商金汇 | 10 |
| 67 | 万向信托 | 13 |
| 68 | 民生信托 | 12 |
| 合计 | | 583 |
| 平均值 | | 8.70 |

# 第十章　非财务信息披露情况分析

## 第一节　影响公司发展的有利因素分析

2019 年，被调查信托公司普遍认为影响自身发展的前 5 位有利因素是：①监管体系和行业发展配套机制不断完善；②经济平稳发展，宏观经济环境好；③经济结构不断优化，新兴动能加快成长，质量效益明显提高；④实体行业及新兴行业的发展提供更广阔的业务拓展空间；⑤转型发展持续推动。相对而言，2018 年被调查信托公司普遍认为影响自身发展的前 5 位有利因素是：①经济平稳发展，宏观经济环境好；②经济结构不断优化，新兴动能加快成长，质量效益明显提高；③高净值人群的增长使财富管理进一步深化 ；④监管体系和行业发展配套机制不断完善；⑤实体行业及新兴行业的发展提供更广阔的业务拓展空间。2017 年被调查信托公司普遍认为影响自身发展的前 5 位有利因素是：①经济平稳发展，宏观经济环境好；②经济结构不断优化，新兴动能加快成长，质量效益明显提高；③高净值人群的增长使财富管理进一步深化 ；④监管体系和行业发展配套机制不断完善；⑤实体行业及新兴行业的发展提供更广阔的业务拓展空间。2016 年被调查信托公司普遍认为影响自身发展的前 5 位有利因素是：①居民收入持续增长，高净值人群不断增多；②经济平稳发展，宏观经济环境好；③监管环境进一步向好，制度保证政策支持加强；④信托市场逐步成熟，信托公司的资产管理能力得到市场认可；⑤私人理财需求迅速膨胀。

综上可以发现，过去 4 个年度影响信托公司发展的有利因素基本没有发生重大变动，宏观环境、行业环境和监管环境基本上都是大家认同的主要影响因素。2019 年，宏观经济环境好、经济结构的优化和实体行业及新兴行业的发展为有利因素，这得益于供给侧结构性改革带来的新发展理念和经济结构加快调整取得的新进展，说明政策支持为信托业发展提供更强大的支撑，推动信托业发展达到了新的高度。此外，监管体系和行业发展配套机制不断完善也是主要的有利因素。当前信托业仍处于成长阶段，需要监管部门不断推进信托制度与现有法律、法规的融合，满足信托机构在业务发展等多方面的制度需求，从而有效促进行业可持续发展。2019年，信托业发展的有利因素具体分析如下。

## 一、监管体系和行业发展配套机制不断完善

2018年4月，《关于规范金融机构资产管理业务的指导意见》（以下简称《资管新规》）正式发布，引起信托业的热烈关注，并在2019年也陆续研究推出了一系列的配套文件。拟订中的《资金信托管理办法》即将出台，用以替代从2007年开始实施的《信托公司集合资金信托计划管理办法》，进而匹配采用公开发行的方式和面向特定对象的私募发行方式并举的制度安排，统一监管标准。

2019年3月，《关于进一步加强金融服务民营企业有关工作的通知》发布，该文件支持银行保险机构通过资本市场补充资本，提高服务实体经济能力。同时强调，通过加强数据处理能力和分析使用能力，准确分析企业的实际运营情况和信用情况。

5月，《关于开展“巩固治乱象成果，促进合规建设”工作的通知》发布，该文件重在巩固过去两年的整治成果，点名警示信托业务发展的各种违规现象，并明确提出禁止向不合规房地产项目和地方政府进行融资。表明将继续针对重点领域、重点风险开展深入检查治理，保证政策切实有效开展，严查风险隐患及违法、违规行为。充分展示了2019年严监管的高压态势仍将持续。

6月，《加快完善市场主体退出制度改革方案》发布，该文件确定了我国市场主体退出制度改革的指导思想、基本原则和总体目标，明确完善各类退出方式的制度建设任务以及相关的权益保障机制和配套政策，对于金融债权人加强对企业债务风险的监测，积极化解市场主体债务风险，促进市场及时出清，推动经济高质量发展和建设现代化市场经济体系具有十分重要的意义。

7月，《关于保险资金投资集合资金信托有关事项的通知》发布，该文件对于保险资金投资集合资金信托做出更为全面和系统的规定。对于信托公司资质合理的放宽，有利于信保合作的继续拓展；对于业务细节以及流程管理要求的提高，将使信保业务更加规范。同月，经中国银保监会批准，中国信托登记有限责任公司印发了《信托受益权账户管理细则》，该细则通过完善信托受益权账户的管理规则，实现了账户体系建

设的突破，有利于信托业的长远发展和规范管理，切实保护受益人的合法权益。同月，《关于进一步做好下半年信托监管工作的通知》发布，该文件强调当前防范化解信托业风险任务的重要性和紧迫性，坚决遏制信托规模无序扩张，严厉打击信托市场违法、违规行为，有力有效处置信托机构风险，等等。该文件监管导向十分明确，一方面信托公司坚持去通道目标，另一方面加强房地产信托的合规控制和风险控制。同时，信托公司还要着重发展有助于实体经济发展的相关金融服务，推动信托业务结构优化。

9 月，《金融企业财务规则（征求意见稿）》发布，针对当前金融企业存在的违法、违规行为，强调了“坚持依法合规、坚持防控风险、坚持穿透管理、坚持财务可持续”四项原则，并对资本金管理的相关内容进行了规范和完善。

10 月，《标准化债权类资产认定规则（征求意见稿）》发布，该文件明确了标准化债权的类别与范畴，以及标准化债权的认定条件，对《资管新规》中的非标准化和标准化资产范畴进行了明确界定，并消除了信托公司展业的模糊地带。从长远角度来看，该文件严格界定债权类资产的分类将有利于引导资管行业加大对债券和股票等标债资产的投资，从而促进直接融资市场的发展，将有利于我国金融市场更加规范化和透明化。

11 月，《信托公司股权管理暂行办法（征求意见稿）》发布，明确对信托公司的股权实施穿透式监管，刚性对接《资管新规》要求。该文件对信托公司股东和股权结构管理进行了一系列的要求，促进公司治理结构完善，提升社会形象；规范股东资质，明晰公司实际控制人；调控关联交易，保证委托人利益；扩大信托业对外开放，加快国际化进程。同月，最高人民法院发布《全国法院民商事审判工作会议纪要》，从司法实践角度明确了“卖者尽责、买者自负”的监管导向，将引导信托公司精细化自身的法务管理，全面深入地管控法律风险。

完善监管体系和行业发展配套体系，一直以来都是推动资管行业规范发展所必需的制度安排，也是适应当前资管行业的工作实践和行业转型发展的实际需要。强化监管导向，主要是鼓励信托公司开展本源业务，引导信托公司完善公司治理，真正实现信托业转型发展。不断完善行业发展配套机制，通过对信托行业发展环境的优化，进一步提高行业发展质量，增加行业发展潜力，为信托公司发展提供有效的法律保障和制度保障。

## 二、经济平稳发展，宏观经济环境好

2019 年以来，受世界经济下滑、中美贸易摩擦和国内增长动力转换尚未完成等因素的影响，我国经济下行压力加大，经济运行面临的困难和风险增多。其中，工业运行增速趋向平缓，物价水平上涨较快，消费需求不稳，投资需求降低，区域发展不平衡等负面现象加剧。但从整体角度来看，我国经济结构持续优化升级，结构调整逐渐取得实效，宏观减税降费政策红利显现，整体经济平稳发展、基本面稳固，质量效益持续提升，宏观经济环境持续稳中向好。

2019 年，我国国内生产总值为 99.1 万亿元，实现 6.1% 的经济增速，保持了中高速增长，实现了 6% ~6.5% 的预期目标，并且明显高于全球经济发展增速。其中，第一产业增加值为 70467 亿元，同比增长 3.1%；第二产业增加值为 386165 亿元，同比增长 5.7%；第三产业增加值为 534233 亿元，同比增长 6.9%。

2019 年，居民消费价格指数 CPI 同比上涨 2.9%，符合 3% 左右的预期目标。其中，城市居民消费价格指数上涨 2.8%，农村居民消费价格指数上涨 3.2%。工业生产的出厂价格同比下降 0.3%，工业生产的购进价格同比下降 0.7%。其中，生产资料价格下降 0.8%，影响 PPI 下降约 0.57 个百分点，是 PPI 下降的主要原因。

全国居民人均可支配收入城乡比持续缩小，社会消费零售总额持续扩大。2019 年，全国居民人均可支配收入为 30733 元，比上年名义增长 8.9%，增速同比增加 0.2%；扣除价格因素实际增长 5.8%，与人均 GDP 增长大体持平。其中，城乡居民人均收入比值为 2.64，同比减小 0.05；全年社会消费品零售总额为 411649 亿元，同比增长 8.0%；全年网上零售额为 106324 亿元，同比增长 16.5%。

高新技术制造业增长势头较好。2019 年全国规模以上工业增加值同比增长 5.7%。其中，采矿业增长 5.0%，制造业增长 6.0%，电力、热力、燃气及水生产和供应业增长 7.0%。高新技术制造业和战略性新兴产业增加值分别比上年增长 8.8% 和 8.4%，增速分别比规模以上工业高 3.1% 和 2.7%。全年推进供给侧结构性改革带来显著成效，工业产能利用率得到提高。2019 年全国工业产能利用率为 76.6%，同比提高 0.1%。其中，石油和天然气开采业为 91.2%，同比增长 2.9%；黑色金属冶炼和压延业为 80.0%，同比增长 2.0%，且由此促使相关企业资产负债率下降。

一般贸易占比持续提升。2019 年，货物进出口总额为 315446 亿元，同比增长

3.4%。其中，出口总额为172298亿元，增长5.0%；进口总额为143148亿元，增长1.6%。进出口相抵，顺差为29150亿元。一般贸易进出口占进出口总额的比重为59.0%，同比提高1.2%。机电产品出口增长4.4%，占出口总额的58.4%。

2019年，在整体经济平稳发展的背景下和金融供给侧结构性改革政策的引领下，信托行业经营状况良好，风险总体可控，高质量发展和服务实体经济的能力得到提高，实现了向高质量转型发展的良好开端。首先，信托业务规模稳中趋降，结构不断优化。2019年，信托业资产规模下降幅度明显收窄，进入了波动相对较小的平稳下行阶段。信托公司积极推进转型发展，普遍加强财富渠道建设，注重培养主动管理能力，发展质量得到提升。其次，信托公司积极响应服务供给侧结构性改革的核心要求，支持实体经济发展。按照“六稳”的要求，采取积极措施，加大对实体经济的资金投入，支持国家战略实施，提高服务效率。最后，信托行业业绩改善，资本实力逐渐增强。在信托业务规模逐渐下降的情况下，信托行业的实收资本、未分配利润和信托赔偿准备均保持较快的增长速度，应对风险的能力稳步提升，为长期发展提供了有力保障。

## 三、经济结构不断优化，新兴动能加快成长，质量效益明显提高

我国经济目前正在从高速增长阶段转向高质量发展阶段，不再刻意地追求经济增速，而是追求有质量、有效益的合理增速。供给端和需求端持续改善，经济结构不断转型、优化升级。

2019年，高新技术产业投资比上年增长17.3%，高于全部投资11.9个百分点；社会领域投资增长13.2%，高于全部投资7.8个百分点。高新技术制造业、战略性新兴产业以及现代服务业等新动能占比越来越高，传统旧动能稳步退出或转型，经济结构不断优化，经济增长的质量和韧性同步提升。

“三去一降一补”成果得到巩固，增长的质量效益得到提高。2019年，全国工业产能利用率为76.6%，同比提高0.1%。按规模以上工业企业资产负债率衡量微观杠杆率，截至2019年11月末是56.9%，比上年同期下降0.3个百分点。区域发展的差距也有所缩小。

需求结构趋于优化。从内需看，消费作为经济增长主动力作用进一步巩固，2019年最终消费支出对经济增长的贡献率为57.8%，比资本形成总额的贡献率高26.6个百分点。消费结构持续升级，服务性消费比重上升，居民消费升级提质。全年全国居民

人均消费支出中，服务性消费支出占比为45.9%，比上年提高1.7个百分点。全国居民恩格尔系数为28.2%，比上年下降0.2个百分点。

经济结构继续优化。2019年第三产业增加值占国内生产总值的比重为53.9%，比上年提高0.6个百分点，高于第二产业14.9个百分点；对国内生产总值增长的贡献率为59.4%。

2019年，伴随着供给侧结构性改革持续深入，我国经济结构不断优化及新兴动能持续增长，信托行业的质量效益也得到了明显提高。信托行业采取有效措施，积极转型发展，用实际行动响应国家重大战略政策。其中，服务支持实体经济既是金融供给侧结构性改革的核心要求，也是信托业转型的重要方向。在日益严厉的“去通道”监管环境下，2019年的信托业务结构变化明显，融资类信托占比有所上升，事务管理类信托占比明显下降，投资类信托则基本稳定。随着通道类业务占比的不断下降，信托业回归主业、服务支持实体经济的转型取得显著成效。与此同时，信托业服务实体的能动性、依法经营的自觉性和风险防控的主动性均不断增强。

## 四、实体行业及新兴行业的发展提供更广阔的业务拓展空间

党的十九大报告提出，“建设现代化经济体系，必须把发展经济的着力点放在实体经济上”。实体经济是“身躯”，科技创新是“筋骨”，现代金融是“血液”，人力资源是“大脑”。2019年，我国全力助推实体经济高质量发展，支持产业转型升级，不断探索运用现代金融政策和工具助力发展实体经济。

服务支持实体经济是金融供给侧结构性改革的核心要求，是信托业转型的重要方向。2019年，信托业积极采取相应措施，稳步加大资金投入，引导资金进入实体行业及新型行业，积极配合国家政策，提高金融服务效率。与2018年相比，工商企业在资金配置中仍排列第1位，基础产业和房地产业占比则分别上升到第2和第3位，金融机构占比则从第2位下滑到第4位。通过信托资金结构的优化使用，助力实体行业及新兴行业新发展。

2019年末，投向工商企业的信托资金总额为5.49万亿元，比2018年同期减少1768亿元左右，占比30.6%，较2018年小幅上升0.7个百分点。占比的提高，充分体现了信托行业脱虚向实、支持实体经济的转型方向。2019年，投向基础产业领域的信托资金总额为2.82万亿元，与2018年末大体相当，占比15.72%，较2018年上升

1.14 个百分点，基础产业领域成为信托资金第二大配置领域。

随着监管政策的不断推行，2019 年的房地产信托规模增长趋于停滞，但信托资产总规模的下降使占比微涨。2019 年，投向房地产领域的信托资金总额为 2.7 万亿元，与 2018 年末基本持平，占比 15.07%，较 2018 年小幅上升 0.89 个百分点。

在“去通道”“防风险”和“去杠杆”的政策基调下，投向金融机构的信托资金持续下降，政策效果明显。截至 2019 年第 4 季度末，投向金融机构的信托资金总额为 2.5 万亿元，较 2018 年下降约 5254 亿元，同比下降 17.34%；占比 13.96%，较 2018 年末下降 2.03 个百分点。2019 年，投向证券市场的信托资金总额为 1.96 万亿元，较 2018 年末减少约 2369 亿元，同比下降 10.79%；占比 10.92%，较 2018 年小幅下降 0.67 个百分点。随着资本市场回暖和供给侧结构性改革的深入，2019 年下行趋势有所减弱。

进入资管新时代，信托业正在充分发挥自身多工具、多市场、跨领域的独特优势，以提升实体经济发展和结构转型升级为工作中心，为实体经济提供有效的金融服务。具体来说，一方面应紧密围绕“一带一路”倡议、供给侧结构性改革，以及国企混改等国家重大产业政策方向开展业务；另一方面，要助力新兴产业的发展，通过采取股权投资、“股权 + 债权”等多种金融服务模式，支持医疗健康、环保科技、新型能源、文化产业等国家鼓励行业的发展。与之相对，随着政策的深入带来的巨大发展，实体经济及新兴产业也必将成为带动信托行业发展的新引擎。

## 五、转型发展持续推动

2019 年信托业在监管持续加压、“降杠杆”“去通道”的大背景下，不断加快转型发展，并取得了显著成效。

一是积极开发创新型业务。2019 年，多家信托公司积极转型创新型业务领域，结合自身优势，在供应链金融、消费金融、资本市场业务等方面创新发展特色化、差异化业务。

二是回归本源业务，大力发展服务型信托。在当前政策基调下，服务型信托是未来发展的重要方向。多家信托公司均开始大力发展家族信托、慈善信托、资产证券化等业务，深入探索研究服务型信托的内涵，为客户提供高效、专业的服务。

三是提高转型创新性业务的专业能力。信托公司结合自身独特优势，在不同方向进行创新性业务的研究。一些信托公司结合普惠金融业务场景进行研究，一些信托公司将特殊资产投资业务作为研究方向。多家公司充分结合自身优势，在保证风险控制能力的同时，研究开发各具特色的创新性业务。

四是完善创新和保障制度，切实推动转型创新业务的发展。多家信托公司在2019年成立专业研究部门，加大专业人才的引进力度，探索建立转型创新业务的激励机制，并且不断提高对金融科技的重视程度，切实加快转型业务的发展。

2019年，在金融供给侧结构性改革的引领下，金融监督管理部门进一步贯彻落实国家相关政策会议精神，推动金融机构提升服务实体经济能力，防控金融风险、深化金融改革、扩大对外开放，取得了显著的成效。面临新的外部环境和新的发展阶段，信托业要主动加大业务转型创新力度，不断提升自身专业能力，努力形成行业未来发展的新动力。不断探索细分领域发展，不断创新信托业务种类，是信托业回归信托本源、提升发展质量的重要方向。

2019年影响信托公司发展的有利因素如表10－1所示。

**表10－1　　2019年影响信托公司发展的有利因素统计**

| 序号 | 有利因素 | 认同公司数量 |
|---|---|---|
| 1 | 监管体系和行业发展配套机制不断完善 | 44 |
| 2 | 经济平稳发展，宏观经济环境好 | 43 |
| 3 | 经济结构不断优化，新兴动能加快成长，质量效益明显提高 | 38 |
| 4 | 实体行业及新兴行业的发展提供更广阔的业务拓展空间 | 22 |
| 5 | 转型发展持续推动 | 22 |
| 6 | 高净值人群的增长使财富管理进一步深化 | 19 |
| 7 | 信托公司创新能力不断增强 | 16 |
| 8 | 良好的社会声誉和品牌影响力 | 13 |
| 9 | 新技术带来新的发展机遇 | 9 |
| 10 | 信托行业总体资产质量和规模有所提升 | 8 |
| 11 | 日趋完善的公司治理 | 8 |
| 12 | 地域、资源优势 | 7 |
| 13 | 专业资产管理团队的建立 | 7 |
| 14 | 消费需求对经济增长的拉动作用保持强劲 | 6 |
| 15 | 特色信托 | 5 |
| 16 | 良好的资产质量和股东背景 | 5 |
| 17 | 居民理财需求旺盛 | 4 |
| 18 | 集团优势 | 3 |
| 19 | 公司资本实力增强 | 2 |

续表

| 序号 | 有利因素 | 认同公司数量 |
|---|---|---|
| 20 | 多层次资本市场建设为信托发展创造有利条件 | 2 |
| 21 | 行业资本实力增强 | 2 |
| 22 | 公司综合实力进一步增强 | 2 |
| 23 | 通过房地产信托支持住房租赁市场方面存在较多机会 | 1 |
| 24 | 与地方政府建立合作关系 | 1 |
| 25 | 国际货币趋向多元化 | 1 |
| 26 | 互联网金融 | 0 |
| 27 | 与银行新的合作模式带来新的机遇 | 0 |
| 28 | “蓝海战略”初见成效 | 0 |

# 第二节　影响公司发展的不利因素分析

2019 年，被调查信托公司普遍认为影响自身发展的前 5 位不利因素为：①全面从严监管升级；②国外经济不确定性因素增加，我国经济面临下行压力（中美贸易摩擦、新冠肺炎疫情）；③信托业转型压力日益加大；④信托行业竞争日趋激烈；⑤跨市场风险管理难度加大，部分金融产品交易复杂，风险管控能力需提升。这些不利因素与 2018 年相同。2017 年，被调查信托公司普遍认为影响自身发展的前 5 位不利因素为：①全面从严监管升级；②信托业转型压力日益加大；③《资管新规》对通道业务的禁止会使公司通道业务受限，业务管理规模有所下降；④行业发展增速持续放缓；⑤相关配套制度仍待进一步完善。2016 年，被调查信托公司普遍认为影响自身发展的前 5 位不利因素为：①宏观经济持续下行，利率下降，部分宏观调控政策增加了传统信托融资风险；②经济进入新常态，信托公司传统的行业投向利润收窄、风险增加；③市场不确定性增加，金融市场波动大，业务风险管理压力加大；④资产管理市场同质化竞争加剧，优质业务机会少，信托行业处于弱势地位；⑤信托传统业务难以支撑营收增长，新的增长点尚未形成，行业进入转型和创新的关键时期。2015 年，被调查信托公司普遍认为影响自身发展的前 5 位不利因素为：①宏观经济下行，经济增速放缓；②互联网金融的冲击；③房地产、基础设施等行业调整仍在继续，风险较大；④金融大资管竞争加剧，资本市场运作难度加大；⑤世界经济低迷，复苏乏力。

从过去 4 个年度影响信托公司发展的不利因素分析来看，行业发展增速放缓、配套制度不完善及《资管新规》对行业业务影响的重要程度减小，不再排于前5位，全面从严监管升级、国外经济不确定因素增加、我国经济面临下行压力、信托行业自身的转型压力以及跨市场风险管理难度加大成为主要不利因素。2019年，信托业发展的不利因素具体分析如下。

## 一、全面从严监管升级

为积极推进2019年下半年信托业“治乱象、去嵌套、防风险”等各项监管工作，银保监会下发《中国银保监会信托部关于进一步做好下半年信托监管工作的通知》（信托函〔2019〕64号，以下简称“64号文”），传达2019年下半年监管重点。主要是“去通道、控地产、优化结构”。

其一，坚持“去通道”目标不变，力度不减。严禁辖内信托机构继续开展违反《资管新规》要求，为各类委托方监管套利、隐匿风险提供便利的信托通道业务。加大存量信托通道业务压缩力度，原则上到期必须清算，不得展期或续作。鼓励辖内信托机构与信托通道业务委托方沟通协商，争取提前结束清算。按照“一司一策”原则，结合信托部有关监管工作要求，督导辖内信托机构制订下半年信托通道业务压降计划，明确相应时间安排和压降任务，按月监测信托通道业务压降情况。对于上半年继续违规开展信托通道业务的信托机构要进一步加大规模压降和业务整改力度，视情况采取惩戒性措施。

随着信托业“去通道”工作的推进，整个信托行业规模持续下降。投资单一信托容易形成通道业务，从近10年单一资金信托规模与占比的走势可以清晰地观察到监管层“去通道”的成效。如图10-1所示，单一资金信托占比在2010年第4季度曾达到74.51%的历史高位，之后持续下降，截至2019年第4季度末，单一资金信托规模约8万亿元，占比为37.1%，较2018年末减少1.82万亿元，占比下降6.23%。可见，“去通道”已经是大势所趋，无可争议。从监管的角度而言，“去通道”是毫无疑问的，信托公司应该练好内功，增加主动管理能力，以提高产品的技术含量和产品附加值。

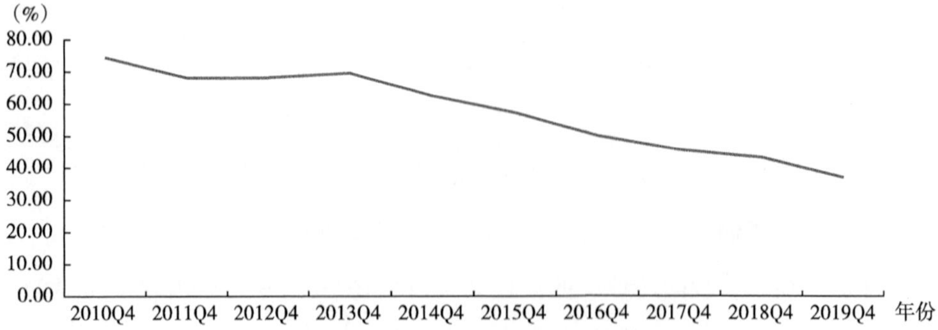


**图 10－1 2010Q4—2019Q4 单一集合资金占比**

资料来源：中国信托业协会。

需要指出的是，如图 10－2 所示，2019 年第 4 季度事务管理类信托规模达到 10.7 万亿元，占比高达 49.30%。事务管理类信托也是信托公司收入和利润来源的重要渠道，有相当部分的信托公司是依靠做大通道业务规模、薄利多销的方式保证了收入和利润来源。所以，严格的“去通道”要求必然会拉低整个行业的资产规模，尤其会影响对通道业务依存度较高的部分信托公司。对该类信托公司而言，其自身的专业能力、主动管理能力以及创新业务拓展能力较弱，而重新寻找业务方向需要过渡周期，因此如果操作不当，有可能导致流动性风险或者大面积亏损。

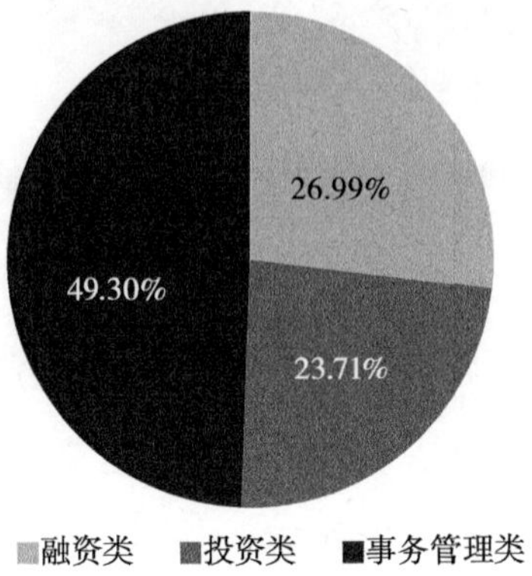


**图 10－2 信托资产按功能分类的占比**

资料来源：中国信托业协会。

其二，加强房地产信托合规管理和风险控制。2019 年 5 月 17 日，银保监会发布《关于开展“巩固治乱象成果促进合规建设”工作的通知》（即简称的“23 号文”），强调不得向“四证”不全、开发商或其控股股东资质不达标、资本金未足额到位的房地产开发项目直接提供融资，严格限制了前端融资模式的发展。7 月，银保监会约谈十多家信托公司，要求房地产存续信托规模不能超过6月末规模。8月8日，信托“64号文”要求严格执行《中国银保监会办公厅关于进一步加强信托公司房地产信托业务监管的通知》（银保监办便函〔2019〕957号）等监管规定，按月监测房地产信托业务变化情况，及时采取监管约谈、现场检查、暂停部分或全部业务、撤销高管任职资格等多种措施，坚决遏制房地产信托过快增长、风险过度积累的势头。

如图10－3所示，投向房地产的信托资金占比在2017年之后出现了明显的提升，2017年和2018年均维持了较快的增速。2019年第3季度，房地产信托由2.93亿元压降至2.78亿元，这是自2015年第4季度以来投向房地产的信托资金存量规模首次被压降，可见上述监管力度的成效。2019年第4季度末，投向房地产领域的信托资金总额为2.7万亿元，占比15.07%，较2018年小幅上升0.89%，与2018年末基本持平。

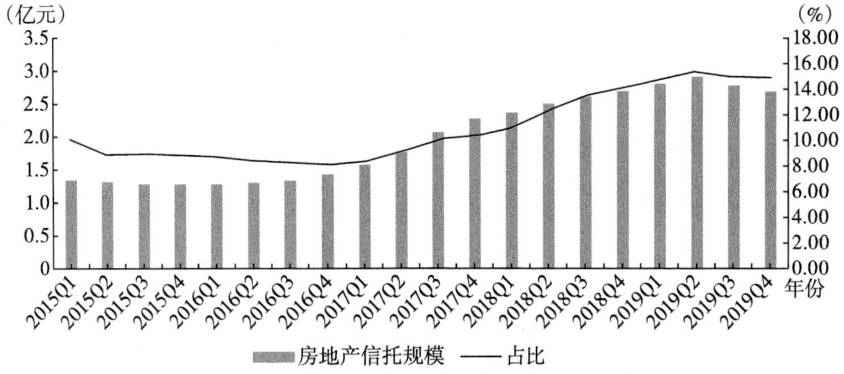


**图10－3　2015Q1—2019Q4房地产信托规模及占比**

资料来源：中国信托业协会。

房地产项目是信托项目中收益较高的一项，对资金有较强的吸引力，房地产信托一直以来就是信托公司的重要业务，也是信托公司重要的收入来源，因此从盈利的角度来看，对房地产的监管导向对信托公司应属于较大的利空因素。

## 二、国外经济不确定性因素增加，我国经济面临下行压力

2019年，受国外经济不确定因素的影响，主要是中美贸易摩擦和新冠肺炎疫情带来的全球性经济冲击，中国经济面临下行的压力。经过分析统计，信托行业资产规模的变化与宏观经济增速呈现出较为一致的变动关系，经济增速下滑，信托公司展业压力无疑将有所增大。

2019年，中美贸易摩擦成为宏观经济面临的重要不确定因素，如果贸易摩擦加剧，经济下行压力则会加大，进而影响财政和货币政策，对信托公司未来展业环境也会造成一定的影响。

首先，中美贸易摩擦已经影响了中国的外经贸发展，对国民经济也产生了一定的影响。按照中国海关统计，2019年中国对美国的进出口贸易额为5412.2亿美元，同比下降14.6%；而中国对美国的出口额为4185.1亿美元，同比下降12.5%，减少向美国出口达520多亿美元。也就是说，中国企业丧失了520亿美元的生产贸易机会。其次，中美贸易摩擦导致2019年我国金融市场出现连续波动。人民币兑美元跌破7关口，这是近11年来首次破7。虽然人民币走软会降低美国进口商购买中国商品的成本，有助于抵消美国加征关税的不利影响，但人民币贬值也会引起中国资本外流，汇率跌破7的当天，北上资金合计净流出30.65亿元，其中沪股通净流出21.71亿元，深股通净流出8.94亿元。如果人民币持续贬值，会使国际资本投资者产生悲观预期，从而大量抛售在中国的股票、房产等，然后将变现得到的人民币兑换成美元等外币逃出国外，由此导致股市和楼市的价格持续下跌，随之国内资产泡沫破灭。在股票市场上，由贸易摩擦升级引致的悲观预期，叠加人民币贬值的预期进一步加剧了资本市场震荡，风险情绪急剧上涨，股市持续走低，严重影响我国股票市场的发展。最后，人民币汇率贬值引起进口商品在国内的价格上涨，推动物价总体水平上升，最终有可能导致通货膨胀。

分析信托资金的投向可知，如图10-4所示，工商企业一直是信托资金投向的第一大配置领域。2019年末，投向工商企业的信托资金总额为5.49万亿元，占比30.6%；投向基础产业领域的信托资金总额为2.82万亿元，占比15.72%；投向房地产领域的信托资金总额为2.7万亿元，占比15.07%；投向金融机构的信托资金总额为2.5万亿元，占比13.96%。投向证券市场（股票）的信托资金总额为5036亿元，占比2.81%，投向证券市场（基金）的信托资金总额为2212亿元，占比1.23%；投向证券市场（债券）的信托资金总额为1.23万亿元，占比6.88%。投向工商产业中新兴制造业和农业的信托资金受中美贸易擦摩的影响较大，在受中美贸易摩擦影响较大的领域信托公司面临违约的风险。此外，人民币贬值、资本市场震荡不利于信托公司发展资本市场业务。目前，资本市场面临一定的震荡和回调，投向证券市场的信托资金将面临较大的不确定性。

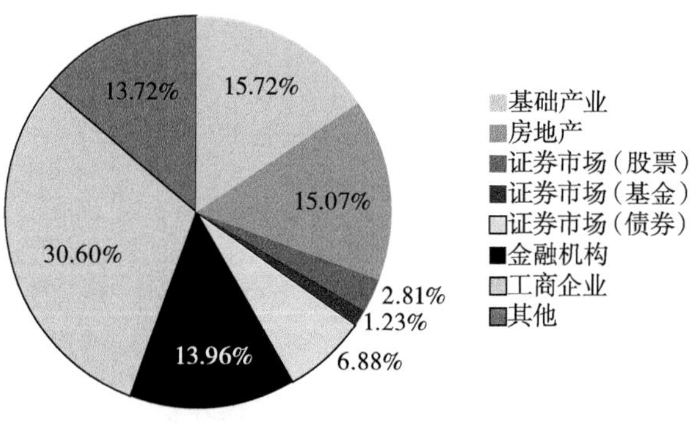


**图 10－4　2019 年资金信托投向的分布情况**

资料来源：中国信托业协会。

房地产市场受新冠肺炎疫情的影响较为直接。疫情暴发以来，房地产企业在拿地、开工、竣工、销售回款环节均出现短期停摆，大部分地区暂停了房地产销售活动，从而造成部分开发商资金链吃紧，使信托还款风险提升。此外，政信类业务也存在无法及时兑付风险。疫情期间，各级政府部门全力抗击疫情，企业延期复工、弹性工作，若此时信托公司政信项目到期，会加大政信公司的兑付压力。同时，疫情较重地区的社会经济秩序受到严重影响，可能导致该区域收入下降，影响还款能力。

## 三、信托业转型压力日益加大

监管“64 号文”推动信托机构优化业务结构。“64 号文”引导辖内信托机构根据金融服务供给侧结构性改革的需要，大力发展具有直接融资特点的资金信托，同时支持辖内信托机构积极培育以受托管理为特点的服务信托，以及体现社会责任的公益信托，推动信托在财富管理、财富传承、慈善救济、社会稳定等方面发挥积极作用，更好地服务于人民群众对美好生活的向往。

同时，信托公司融资类业务进一步收紧，信托贷款业务再次成为监管焦点。监管层认为，信托公司过度膨胀的贷款融资类业务模式混淆了直接融资与间接融资的界限，异化了信托理财性质，产生了“刚性兑付”，扰乱了市场氛围，形成了“声誉风险悖论”。信托公司在全面从严监管，“降杠杆、去通道、压融资”的大背景下，转型压力日益加大。

具体而言，站在信托高管层的角度，信托公司在转型过渡期既要背负业绩增长考核重任，还要面临员工生存和稳定问题。信托本源业务和标准化业务难以大规模转型的根本性原因是成本高，收益率低，企业在短期效益和员工稳定上承受很大的压力。

此外，信托在“非标”转标准化产品时，相较于银行、证券、基金等金融机构，明显缺乏竞争力。原因在于：其一，以传统非标业务为主的信托公司，缺少对标品信托内控制度，而且信托公司的投研能力和系统配置能力不足。第二，标准化产品没有显现出信托制度的业务功能和信托行业的优势特征，成本较高，较难得到超额收益，进而可能导致信托标准化业务陷入价格竞争、粗放式规模竞争以及标准放松竞争的困局当中，使信托转型压力进一步加大。

## 四、信托行业竞争日趋激烈

在我国现代资管行业中，信托公司起步较早，并先行取得了一定的竞争优势。但是，随着金融业改革的深化，金融市场需求差异化程度日益扩大，理财市场竞争日趋激烈，信托公司来自银行、证券、保险以及银行理财子公司等的竞争压力与日俱增，同时，在资管行业统一监管的背景和趋势下，信托行业的制度红利正在逐渐减小，如何在竞争中获得客户、获得市场求生存成为摆在信托公司面前的严峻问题。

具体分析，信托公司面临的资管行业竞争愈演愈烈，其他资管机构不断挤压和蚕食信托公司的业务空间，2019 年以后信托公司面临的最大竞争对手将是银行理财子公司。2018 年 12 月 2 日，《商业银行理财子公司管理办法》正式发布，银行理财进入“理财子公司”时代。截至 2019 年末，共有 35 家银行拟/已成立理财子公司，其中 11 家获批开业，6 家获批筹建。银行理财原本是信托、基金专户、证券资管、基金资管等的重要委托人，随着监管政策趋于一致，理财子公司作为目前唯一能同时从事公募和私募业务的机构，加上股东银行的综合优势助力，必将对资管行业格局造成一定影响。银行理财子公司的出现，可能打破信托公司与银行稳定合作的局面，使信托行业竞争加剧。

## 五、跨市场风险管理难度加大，部分金融产品交易复杂，风险管控能力需提升

如图 10－5 所示，从风险资产规模和风险项目数量的变动来看，2019 年第 4 季度末，信托行业风险资产规模为 5770. 47 亿元，较 2018 年末增加 3548. 6 亿元，增幅为 159. 71%。信托业风险项目数量为 1547 个，较 2018 年末增加 675 个。伴随风

险资产规模的增大，信托资产风险率也有较大幅度的上升。2017 年之前，信托资产风险率虽有波动，但多数维持在 0.8% 以下，2018 年小幅上升至 0.98%，2019 年末则大幅上升至 2.67%。在风险暴露充分的背景下，化解存量风险将成为信托行业一项重要的任务。

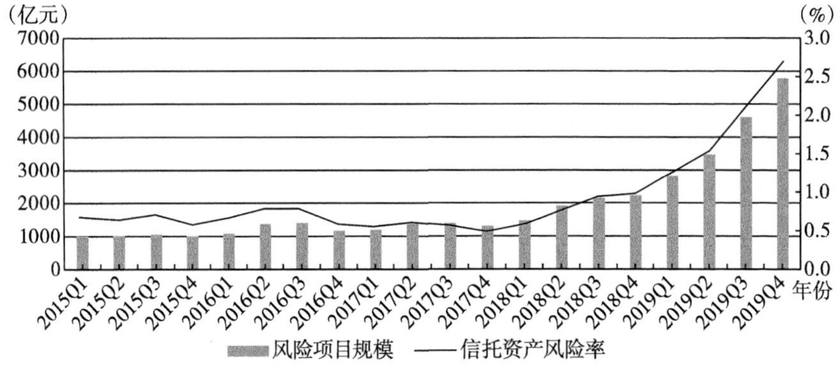


**图 10－5　2015Q1—2019Q4 信托风险资产规模与风险率**

资料来源：中国信托业协会。

近年来，信托公司逐步加强以资本市场为核心的业务转型以及固有资金投资，使市场风险管理面临更高挑战。当前，信托公司风险管理主要集中于信用风险管理体系建设，市场风险管理经验和投入都较少，在市场风险管理能力方面仍有待提升，加之我国资本市场波动性较大，市场风险仍不可低估。

此外，信托产品底层资产的非标属性，以及融资方或委托人的个性化要求，使信托产品的交易结构设计相对复杂、业务链条长，且非标业务多为场外、协商开展，无具体的信息披露要求和外部评级要求，导致信托产品存在交易结构复杂和融资主体透明度低的特点，风险管控能力需提升，交叉金融风险不容忽视。在我国分业监管背景下，金融机构为规避监管以及促进产品创新，致使信托产品复杂程度上升，各类资管产品嵌套层次增多，资金跨市场配置更为频繁，上述活动所隐含的风险更加复杂和难以监管，交叉金融风险日渐显现，也逐步成为监管部门关注的焦点。这种跨市场金融产品结构更加复杂，涉及主体增多，风险管理要求更高，容易形成系统性风险和流动性风险。目前，信托制度具有跨市场投资特点，成为很多资金的重要通道，在金融市场动荡以及各类金融风险管控压力增大的情况下，信托公司必须提高对金融交叉风险的重视。

总之，国家加大了信托行业的监管力度，逐渐出台相关监管制度并取得了一定的成效。在这种背景下，我国信托业亟须发挥自身优势，创新模式，因地施策，全方位推进业务转型，构建长效的赢利机制和稳健的业务模式，切实回归信托本源、服务实体。需要指出的是，信托行业虽受到国家政策监管和自身调整的影响，但本身仍有巨大的发展潜力，信托公司在充分利用推动信托行业发展的有利因素的同时，也不可忽视影响业务发展的不利因素。

2019 年影响信托公司发展的不利因素如表 10－2 所示。

**表 10－2　　　　2019 年影响信托公司发展的不利因素统计**

| 序号 | 不利因素 | 认同公司数量 |
|---|---|---|
| 1 | 全面从严监管升级 | 46 |
| 2 | 国外经济不确定性因素增加，我国经济面临下行压力（中美贸易摩擦、新冠肺炎疫情） | 44 |
| 3 | 信托业转型压力日益加大 | 30 |
| 4 | 信托行业竞争日趋激烈 | 21 |
| 5 | 跨市场风险管理难度加大，部分金融产品交易复杂，风险管控能力需提升 | 17 |
| 6 | 公司管理流程、风险管控和治理结构有待进一步优化 | 11 |
| 7 | 创新业务模式有待进一步探索 | 11 |
| 8 | 各类金融机构之间的业务边界趋于模糊，资产管理市场的竞争趋于白热化 | 10 |
| 9 | 宏观经济增速放缓 | 10 |
| 10 | 《资管新规》对通道业务的禁止会使公司通道业务受限，业务管理规模有所下降 | 9 |
| 11 | 传统信托业务面临较大冲击 | 9 |
| 12 | 市场违约风险增加 | 8 |
| 13 | 行业规模持续回落，资产规模下降明显 | 6 |
| 14 | “去杠杆、去通道”背景下，信托公司的资金端压力增加明显 | 6 |
| 15 | 信托传统业务难以支撑营收增长，新的增长点尚未形成，行业进入转型和创新的关键时期 | 5 |
| 16 | 宏观经济波动性加大 | 3 |
| 17 | 相关配套制度仍待进一步完善 | 3 |
| 18 | 行业发展增速持续放缓 | 3 |
| 19 | 人才建设不足 | 3 |
| 20 | 行业风险不断显现和暴露 | 3 |
| 21 | 总杠杆水平仍然偏高 | 2 |
| 22 | 资本金不足 | 2 |
| 23 | 信托市场意识不够成熟 | 2 |
| 24 | 打破刚兑 | 2 |

续表

| 序号 | 不利因素 | 认同公司数量 |
|---|---|---|
| 25 | 发达经济体货币政策调整或将对全球经济和资本流动造成冲击，全球利率中枢有上行压力 | 1 |
| 26 | 合格投资者仍需培育 | 1 |
| 27 | 自有资金主动管理能力不足 | 1 |
| 28 | 公司核心业务结构单一 | 1 |
| 29 | 资金募集能力不足 | 1 |
| 30 | 信托公司自身体制机制制约发展 | 1 |
| 31 | 核心业务模式尚未形成 | 1 |
| 32 | 行业品牌效应偏弱 | 1 |
| 33 | 信托理念有待培育 | 1 |
| 34 | 资管市场竞争激烈 | 1 |
| 35 | 营销平台建设相对滞后 | 1 |
| 36 | 品牌建设相对滞后 | 1 |
| 37 | 市场展业限制不断增多 | 1 |

# 附录　2019 年部分信托公司年报摘要

# 国通信托有限责任公司 2019年年度报告

1. 重要提示

1.1 本公司董事会及董事保证：本报告所载资料不存在任何虚假记载、误导性陈述或者重大遗漏，并对其内容的真实性、准确性和完整性承担个别及连带责任。

1.2 本公司独立董事唐建新先生、梁达文先生对年度报告内容的真实性、准确性和完整性无异议。

1.3 本公司2019年度财务报告已经中审众环会计师事务所（特殊普通合伙）根据中国注册会计师独立审计准则审计，并出具了标准无保留意见的审计报告。

1.4 本公司董事长（法定代表人）冯鹏熙先生、总裁周全锋先生、主管会计工作负责人副总裁岳建强先生、会计机构负责人计划财务部李艳桃女士、信托财务部负责人高艺女士声明：保证年度报告中财务报告的真实、完整。

1.5 《公司2019年度报告》全文同时在公司网站上公布（网址：http://www.gt-trust.com）。欲了解公司更为详细的情况，谨请登陆公司网站阅鉴。

国通信托有限责任公司董事会
2020年5月28日

2. 公司概况

2.1 公司简介

| | |
|---|---|
| 法定中文名称 | 国通信托有限责任公司 |
| 法定中文缩写名称 | 国通信托 |
| 法定英文名称 | GUOTONG Trust Co.,Ltd. |
| 法定英文缩写名称 | GUOTONG |
| 法定代表人 | 冯鹏熙 |
| 注册地址 | 武汉市江汉区新华街296号汉江国际1栋1单元32-38层 |
| 邮政编码 | 430000 |
| 国际互联网网址 | http://www.gt-trust.com |
| 电子信箱 | info@gt-trust.com |
| 信息披露事务负责人 | 岳建强 |
| 联系方式 | 联系电话：027-85567318；传真：027-85565776 |
| 选定的信息披露报纸 | 《金融时报》、《证券时报》 |
| 公司年报备置地点 | 公司董事会办公室 |
| 聘请的会计师事务所及住所 | 中审众环会计师事务所（特殊普通合伙）<br>武汉市武昌区东湖路169号众环大厦2-9层 |
| 聘请的律师事务所及住所 | 湖北得伟君尚律师事务所<br>武汉市江汉区唐家墩路32号国创大厦20楼 |

### 2.2 公司组织结构

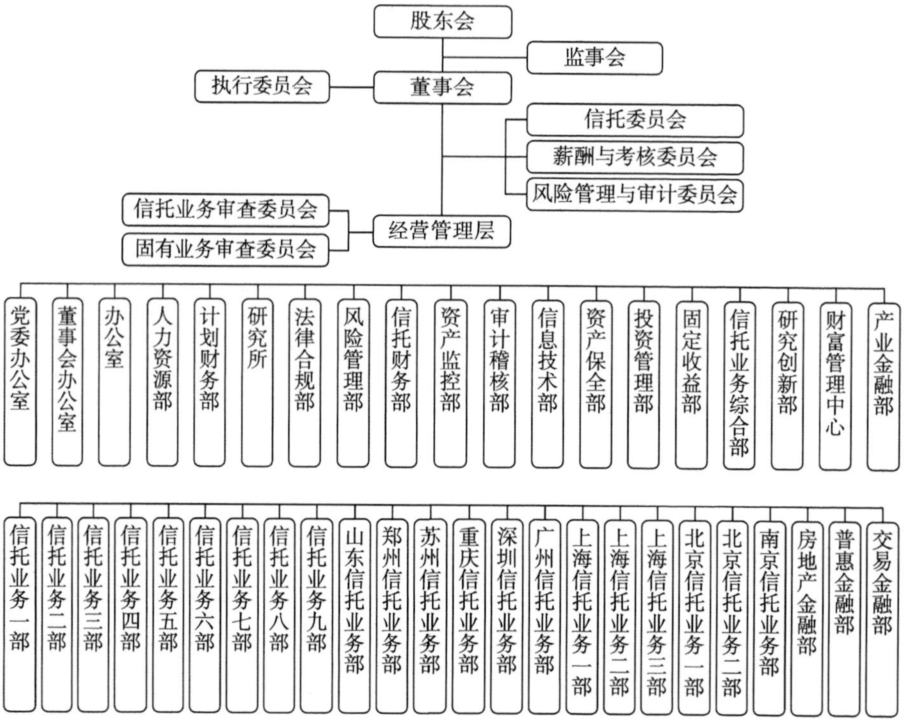


## 3. 公司治理

### 3.1 股东

报告期末股东总数为3名。股东之间不存在关联关系。

| 股东名称 | 持股比例 | 法定代表人 | 注册资本 | 注册地址 | 主要经营业务 |
|---|---|---|---|---|---|
| 武汉金融控股(集团)有限公司 | 67.51% | 谌赞雄 | 人民币40亿元 | 武汉市江汉区长江日报路77号 | 金融业股权投资及管理等业务。 |
| 东亚银行有限公司 | 19.99% | 李国宝 | 股本港币413.79亿元(截至2019年12月31日) | 香港中环德辅道中10号 | 商业银行业务。 |
| 北大方正集团有限公司 | 12.50% | 生玉海 | 人民币110252.86万元 | 北京市海淀区成府路298号 | 制造方正电子出版系统、技术开发、投资管理等业务。 |

**3.2 董事**

公司董事会成员基本情况如下：

| 姓名 | 职务 | 性别 | 年龄 | 选任日期 | 所推举的股东名称 | 该股东持股比例 | 简要履历 |
|---|---|---|---|---|---|---|---|
| 冯鹏熙 | 董事长 | 男 | 46 | 2017.1.17 | 武汉金控 | 67.51% | 博士，现任武汉金融控股（集团）有限公司副总经理。2013 年 11 月至今，任国通信托有限责任公司董事；2017 年 1 月起任国通信托有限责任公司董事长。 |
| 叶志衡 | 董事 | 男 | 45 | 2015.4.23 | 东亚银行 | 19.99% | 博士，现任东亚银行有限公司总经理兼中国业务总部主管。2015 年 4 月至今，任国通信托有限责任公司董事。 |
| 李胜利 | 董事 | 男 | 47 | 2015.10.28 | 方正集团 | 12.50% | 硕士，现任北大方正集团财务有限公司董事、总经理；2015 年 10 月至今，任国通信托有限责任公司董事，其中 2015 年 10 月至 2017 年 1 月，任国通信托有限责任公司董事长。 |
| 岳建强 | 董事 | 男 | 57 | 2017.8.8 | 武汉金控 | 67.51% | 硕士，注册会计师，现任国通信托有限责任公司副总裁。2010 年 9 月至 2017 年 7 月任国通信托有限责任公司监事。2017 年 8 月至今，任国通信托有限责任公司董事。 |
| 唐武 | 董事 | 男 | 51 | 2018.4.25 | 武汉金控 | 67.51% | 本科，现任武汉金融控股（集团）有限公司总经理助理。2018 年 4 月至今，任国通信托有限责任公司董事。 |
| 唐建新 | 独立董事 | 男 | 55 | 2017.8.8 | | | 博士，现任武汉大学经济与管理学院会计系教授、博士生导师。2017 年 8 月至今，任国通信托有限责任公司独立董事。 |
| 梁达文 | 独立董事 | 男 | 61 | 2018.6.14 | | | 硕士，现任瑞安管理（上海）有限公司资金管理总监。2018 年 6 月至今，任国通信托有限责任公司独立董事。 |

### 3.3 监事

公司监事会成员基本情况如下：

| 姓名 | 职务 | 性别 | 年龄 | 选任日期 | 所推举的股东名称 | 该股东持股比例 | 简要履历 |
|---|---|---|---|---|---|---|---|
| 郝飚 | 监事长 | 男 | 53 | 2018.4.26 | 武汉金控 | 67.51% | 硕士，2018年4月至今，任国通信托有限责任公司监事长。 |
| 贾丛笑 | 监事 | 女 | 46 | 2017.6.12 | 东亚银行 | 19.99% | 硕士，现任东亚银行（中国）有限公司行长助理兼中西区区长。2017年6月至今，任国通信托有限责任公司监事。 |
| 胡滨 | 监事 | 男 | 40 | 2017.6.12 | 方正集团 | 12.50% | 本科，特许公认会计师、特许金融分析师、注册会计师。2017年6月至今，任国通信托有限责任公司监事。 |
| 李艳桃 | 职工监事 | 女 | 47 | 2018.4.26 | | | 硕士，高级会计师，现任国通信托有限责任公司计划财务部总经理。2018年4月至今，任国通信托有限责任公司职工监事。 |
| 吴宏亮 | 职工监事 | 男 | 47 | 2018.4.26 | | | 硕士，现任国通信托有限责任公司信托业务四部总经理。2018年4月至今，任国通信托有限责任公司职工监事。 |

### 3.4 高级管理人员

| 姓名 | 职务 | 性别 | 年龄 | 选任日期 | 学历/学位 | 专业 | 金融从业年限 |
|---|---|---|---|---|---|---|---|
| 周全锋 | 总裁 | 男 | 49 | 2011.12 | 硕士 | 工商管理 | 17 |
| 岳建强 | 副总裁 | 男 | 57 | 2018.1 | 硕士 | 法学 | 12 |
| 谢从斌 | 副总裁 | 男 | 55 | 2012.7 | 硕士 | 金融学 | 32 |
| 曹阳 | 副总裁 | 男 | 49 | 2015.5 | 本科 | 金融学 | 26 |
| 黄健旋 | 副总裁、首席风险官 | 男 | 44 | 2019.2 | 博士 | 金融学 | 20 |
| 邹晓磊 | 助理总裁 | 男 | 43 | 2015.5 | 硕士 | EMBA | 13 |

### 3.5 公司员工

报告期末，公司职工人数为368人。学历分布比例为博士2.2%；硕士50.5%；本科43.5%；专科3.3%；其他0.5%。

## 4. 经营管理

### 4.1 经营目标、方针、战略规划

#### 4.1.1 经营目标

公司经营始终坚持以金融服务于实体经济发展，满足人民群众资财保值增值需要，不断创新完善信托理财服务为根本出发点，本着受益人利益最大化的经营原则和风控第一的经营理念，稳健推动公司各项业务不断发展壮大，以“实业投资银行、专业资产管理、优质财富管理”为目标，争创国内一流信托公司，为员工提供良好的发展平台，为股东创造优异的业绩回报，履行应有的社会责任，为社会经济发展努力做出更多更大的贡献。

#### 4.1.2 经营方针

公司经营本着“风控第一、客户至上”的理念，坚持“诚信、专业、高效、创新”的指导方针，以诚信树品牌，以

专业、高效拓市场，以创新促发展。公司业务经营严格遵守各级监管部门的各项监管规定，完善全面风险管理，提升公司主动管理能力和信托服务水平。以改革促进公司财富中心建设，拓宽资金渠道，降低资金成本，不断完善产品销售体系和客户服务体系。坚持制度先行，内控优先，强化人才队伍建设，加大IT信息系统投入，提高营运效率，塑造公司良好的品牌形象。通过公司前中后的协力推进，为客户提供便捷、专业、系统、高效的一揽子金融服务，不断创造优异业绩，实现公司可持续发展。

4.1.3 战略规划

根据行业特点，立足自身资源禀赋和现实状况，公司确立了实业投行、资产管理与财富管理三大业务协同推进的发展思路，遵循“诚信、专业、创新、高效”的指导方针，不断提升风险管理水平和主动管理能力，精耕细作传统业务，探索发展转型业务，积极拓展彰显本源的服务信托业务，建设“治理规范、资本充足、风控有力、经营稳健、效益良好、变革图强”的国内一流信托公司。

**4.2 所经营业务的主要内容**

经中国银保监会和公司登记机关核准，公司经营下列本外币业务：

(1)资金信托；

(2)动产信托；

(3)不动产信托；

(4)有价证券信托；

(5)其他财产或财产权信托；

(6)作为投资基金或者基金管理公司的发起人从事投资基金业务；

(7)经营企业资产的重组、购并及项目融资、公司理财、财务顾问等业务；

(8)受托经营国务院有关部门批准的证券承销业务；

(9)办理居间、咨询、资信调查等业务；

(10)代保管及保管箱业务；

(11)存放同业、拆放同业、贷款、租赁、投资方式运用固有财产；

(12)以固有财产为他人提供担保；

(13)从事同业拆借业务；

(14)中国银保监会批准的其他业务。

4.2.1 信托业务

报告期内，公司信托资产运用与分布情况见下表：

**信托资产运用与分布表**

单位：人民币万元

| 资产运用 | 金额 | 占比 | 资产分布 | 金额 | 占比 |
|---|---|---|---|---|---|
| 货币资产 | 298,058.73 | 1.44% | 基础产业 | 3,737,471.99 | 18.07% |
| 贷款 | 7,732,201.72 | 37.38% | 房地产 | 4,604,494.08 | 22.26% |
| 交易性金融资产 | 414,260.42 | 2.00% | 证券市场 | 416,833.38 | 2.02% |
| 可供出售金融资产 | 70,439.27 | 0.34% | 实业 | 6,336,549.66 | 30.63% |
| 持有至到期投资 | 7,422,377.60 | 35.89% | 金融机构 | 2,198,212.51 | 10.63% |
| 长期股权投资 | 1,281,881.84 | 6.20% | 其他 | 3,390,469.63 | 16.39% |
| 其他 | 3,464,811.67 | 16.75% | | | |
| 信托资产总计 | 20,684,031.25 | 100.00% | 信托资产总计 | 20,684,031.25 | 100.00% |

4.2.2 固有业务

报告期内，公司固有资产运用与分布情况见下表：

**固有资产运用与分布表**

单位：人民币万元

| 资产运用 | 金额 | 占比 | 资产分布 | 金额 | 占比 |
|---|---|---|---|---|---|
| 货币资产 | 24,216.28 | 2.97% | 基础产业 | | |
| 贷款及应收款 | 625,641.61 | 76.75% | 房地产业 | | |
| 交易性金融资产 | 72,585.39 | 8.90% | 证券市场 | 91,068.09 | 11.17% |
| 可供出售金融资产 | 6,962.61 | 0.85% | 实业 | | |
| 持有至到期投资 | | | 金融机构 | 557,057.30 | 68.33% |
| 长期股权投资 | | | 其他 | 167,089.76 | 20.50% |
| 其他 | 85,809.26 | 10.53% | | | |
| 资产总计 | 815,215.15 | 100.00% | 资产总计 | 815,215.15 | 100.00% |

**4.3 市场分析**

4.3.1 影响本公司业务发展的有利因素

一是2019年在世界经济增长趋缓、国内经济下行压力加大的背景下,我国经济仍保持了GDP同比6.1%的增长,这为公司业务经营提供了相对有利的宏观环境。二是供给侧结构性改革继续深化,在经济结构优化升级的过程中,蕴育着巨大的投融资需求,为信托业发展提供了广阔的空间。三是资管新规推进实施,金融监管顶层设计得以完善,为信托业转型发展指明了方向。四是社会财富快速积累,2019年我国人均国内生产总值首次突破1万美元大关,不断增大的高净值群体对包括信托理财服务在内的金融服务需求越来越大。

4.3.2 影响本公司业务发展的不利因素

一是2020年新冠肺炎疫情下,宏观经济的不确定性和复杂性加剧,国内经济持下行压力增大,公司作为总部位于武汉的信托公司,经营发展受到一定程度影响。二是金融监管形势持续趋严,监管机构调控措施频出,资管新规过渡期临近结束,对信托公司传统业务发展造成一定影响,转型创新尚处探索阶段,短期内存在一定经营压力。

**4.4 内部控制概况**

4.4.1 内部控制环境和内部控制文化

公司按照《公司法》和监管机构的要求,把加强党的领导和完善公司治理有机结合,理顺党委会、股东会、董事会、监事会和经营层之间的关系。董事会下设信托委员会、薪酬与考核委员会、风险管理与审计委员会,各机构按照规定的工作程序、议事规则运作,做到有机协调和分权制衡;公司独立董事按照《公司章程》的规定对重大事项发表独立意见;公司监事会强化对董事和经营管理层的约束和监督,推进公司治理制度的有效执行;公司根据内部控制要求和信托业务特点设置内部机构,形成了职责分离、相互监督制约的机制。

公司将内控管理理念融会在各项管理制度和业务流程中,要求员工遵守职业操守和公司规章制度,从制度层面上促进公司合规理念、合规文化的建设。公司定期组织员工开展案件风险行为排查,结合其他公司的案件信息组织员工学习总结,做到警钟长鸣,并通过开展全员合规教育、组织人员参加合规知识测试、专题培训等方式,持续向员工传达遵守法律法规和实施内部控制的重要性,引导员工树立合规意识和风险意识,规范员工职业行为,促进公司长期稳健发展。

4.4.2 内部控制措施

公司股东会、董事会、监事会、经营管理层按照《公司章程》规定的职权,实施内部控制的监督管理;公司前、中、后台职责分离,横向与纵向相互监督制约;内审部门负责组织对公司内部控制活动进行监督、检查。公司持续健全完善内部控制制度,根据监管要求、业务发展的需求以及组织机构调整,及时制定修订各项业务管理制度,不断细化工作流程。

4.4.3 监督评价与纠正

公司建立了多层次的内部控制监督评价机制。监事会负责对公司董事及高级管理人员履职情况进行监督;董事会下设的风险管理与审计委员会,依据《公司章程》及议事规则所赋予的职责权限对公司风险管理、关联交易、内部控制与内部审计制度及其实施进行监督;内审部门根据董事会批准的年度内审工作计划,对公司经营管理活动进行审计评价,并督促改进,不断推进公司制度健全,强化制度执行力。

**4.5 风险管理概况**

公司坚持"宁失效益,不失风控"的风控原则,通过建立和完善全面风险管理体系,使公司风险管理与战略目标相适应,确保公司风险始终在公司确定的承受水平之内,并在此基础上持续提高风险管理水平,促进各项业务稳健发展,实现客户价值、公司价值最大化。

4.5.1 信用风险管理概况

信用风险不仅包括交易对手和合作方的违约风险,还包括由于交易对手和合作方的信用状况和履约能力上的变化而导致公司各类资产价值发生变动所造成损失的风险。公司通过详尽的尽职调查,有效利用各类的信用评级系统和人民银行征信系统,对项目信用风险进行充分的事前评估,审慎选择交易对手;通过事中控制、事后检查持续关注交易对手的信用状况,以及抵(质)押物价值及保证人担保能力的变化,并根据具体情况采取有效的应对措施;通过实施重点客户、区域倾斜,保持一定程度的客户集中度,在依托各种信用增级手段的基础上,切实降低信用风险;通过法律条款的设定,借助外部律师的意见,提高抵御信用风险的能力。

4.5.2 市场风险管理概况

市场风险是指在对公司各类财产的经营管理中,因市场利率、汇率和股价等市场参数的波动而产生的风险。公司建立了市场风险识别、计量、监测和控制程序,以确保市场风险管理能够与业务性质、规模、复杂程度和风险特征相适应,与能够承担的总体市场风险水平相一致;公司加强对宏观经济和市场的研究,及时跟踪市场价格波动情况,对每项业务和产品中的市场风险因素进行分解和分析,以及时准确识别所有业务中市场风险的类别和性质;通过定期或不定期对房地产和证券投资等业务进行市场风险压力测试,分析业务对外部市场变化的敏感程度和可能的影响,以制定策略应对市场变化。

4.5.3 操作风险管理概况

操作风险是指由于不完善或有问题的内部程序、员工、信息科技系统或外部事件所造成损失的风险。公司明确界定各业务部门和管理部门的操作风险管理职责,确保各部门切实履职;公司根据业务特点、管理流程和复杂程度,逐步确定重点操作风险,通过运用操作风险因素清单、关键风险指标、风险与控制自我评估等工具,定期监测并报告操作风险状况和重大损失情况;公司针对潜在损失不断增大的风险,建立了早期的操作风险预警机制，以便及时采取措施控制、降低风险，降低损失事件的发生频率及损失程度；公司还将履约风险作为重大操作风险，实施专项管理，按照信托合同和其他有关法律文件的规定和要求，勤勉尽职履行受托人管理义务，避免因操作不当导致风险事件的发生。

4.5.4 合规风险管理概况

合规风险是指因没有遵循法律法规、监管要求、市场规则、行业准则或内部行为准则，可能遭受法律制裁、监管处罚、重大财务损失和声誉损失的风险。公司董事会、监事会及经营管理层的工作职责包括合规管理职能，并按照相应的权限进行决策、监督、执行和考核；公司设立了满足业务发展需要的法律合规部，法律合规部具有独立的职责权限，负责对日常经营管理和业务操作进行合规审查，发现和纠正违规现象，保障公司各项业务发展遵循法律法规、监管要求、市场规则、行业准则或内部行为准则执行，避免由此所导致的财产损失和声誉损失；公司保持与监管机构日常的工作联系，跟踪和评估监管意见和监管要求的落实情况；公司建立了有效的合规问责制度，严格对违规行为的责任认定与追究，及时改进经营管理流程，适时修订相关制度、程序；公司要求新产品和新业务的开发必须经过合规性审核的测试，识别和评估新业务的拓展方式、新客户关系的建立以及客户关系的性质发生重大变化等所产生的合规风险。

4.5.5 其他风险管理概况

其他风险包括政策风险、法律风险、流动性风险、员工道德风险等。公司通过加强对国家政策分析和研究，提高对政策的理解能力，加强与监管部门及同业间的沟通，以提高对政策的理解度和执行力，保持资金投向与宏观调控方向的一致性，从而防范政策风险；公司内设法律合规部，对于重大项目聘请外部律师提供专业意见或法律咨询，尤其是对创新产品强化法律方面的风险管理；公司建立与业务性质、规模、复杂程度和风险特征相适应的流动性风险管理体系，建立科学合理的流动性管理指标，将固有业务、信托业务均纳入流动性风险监测范围，对各项指标进行定期监控、报告，提前制定流动性整体管理对策；公司主要通过制度规范、业务及职业道德培训、内部审计人员的监督与检查来防范员工道德风险。

**4.6 消费者权益保护**

2019年我司全面落实金融消费者权益保护相关监管政策要求，按照公司董事会的总体工作部署，继续升级消费者权益保护体系，不断提高员工的消费者权益保护意识，将消费者保护工作融入业务实践全流程，努力提升客户服务质量，以诚信合规、专业高效的服务保障金融消费者的各项合法权益。报告期内，公司对消费者权益保护各职能部门职责及其权责进行了科学界定，并制定或修订了相关公司制度。公司定期召开消费者权益保护工作委员会会议。

**4.7 企业社会责任**

报告期内，本公司重视发挥企业社会价值，履行社会责任。一是积极响应国家政策，继续加大实体经济支持力度，成立纾困基金，新增拓展慈善信托、服务信托，进一步拓展普惠金融、资产证券化等信托本源业务，引导资金优先投向实体经济。二是始终秉持持续为客户创造价值的理念，切实履行"受人之托，代人理财"的受托责任，为合格投资者提供丰富多样的信托产品和个性化定制式的财富管理服务。三是积极参与公益慈善事业，设立湖北省首单慈善信托——国通信托·"关爱·成长"第一期慈善信托计划，资助咸宁华家村大病家庭及其贫困学生，践行社会责任担当。四是高度重视员工培养，将人才视为企业最有价值的财富，组织丰富的活动和培训。

**5. 报告期末会计报表及上一年度末的比较式会计报表**

**5.1 固有资产**

5.1.1 会计师事务所审计意见全文

审 计 报 告

众环审字(2020)011958号

国通信托有限责任公司全体股东：

一、审计意见

我们审计了国通信托有限责任公司（以下简称"国通信托"）财务报表，包括2019年12月31日的资产负债表，2019年度的利润表、现金流量表、所有者权益变动表，以及财务报表附注。

我们认为，后附的财务报表在所有重大方面按照企业会计准则的规定编制，公允反映了国通信托2019年12月31日的财务状况以及2019年度的经营成果和现金流量。

二、形成审计意见的基础

我们按照中国注册会计师审计准则的规定执行了审计工作。审计报告的"注册会计师对财务报表审计的责任"部分进一步阐述了我们在这些准则下的责任。按照中国注册会计师职业道德守则，我们独立于国通信托，并履行了职业道德方面的其他责任。我们相信，我们获取的审计证据是充分、适当的，为发表审计意见提供了基础。

三、其他信息

国通信托公司管理层对其他信息负责。其他信息包括2019年度报告中涵盖的信息，但不包括财务报表和我们的审计报告。

我们对财务报表发表的审计意见不涵盖其他信息，我们也不对其他信息发表任何形式的鉴证结论。

结合我们对财务报表的审计，我们的责任是阅读其他信息，在此过程中，考虑其他信息是否与财务报表或我们在审计过程中了解到的情况存在重大不一致或者似乎存在重大错报。

基于我们已执行的工作，如果我们确定其他信息存在重大错报，我们应当报告该事实。在这方面，我们无任何事项需要报告。

四、管理层和治理层对财务报表的责任

国通信托公司管理层（以下简称"管理层"）负责按

照企业会计准则的规定编制财务报表，使其实现公允反映，并设计、执行和维护必要的内部控制，以使财务报表不存在由于舞弊或错误导致的重大错报。

在编制财务报表时，管理层负责评估国通信托公司的持续经营能力，披露与持续经营相关的事项（如适用），并运用持续经营假设，除非管理层计划清算国通信托公司、终止运营或别无其他现实的选择。治理层负责监督国通信托公司的财务报告过程。

五、注册会计师对财务报表审计的责任

我们的目标是对财务报表整体是否不存在由于舞弊或错误导致的重大错报获取合理保证，并出具包含审计意见的审计报告。合理保证是高水平的保证，但并不能保证按照审计准则执行的审计在某一重大错报存在时总能发现。错报可能由于舞弊或错误导致，如果合理预期错报单独或汇总起来可能影响财务报表使用者依据财务报表作出的经济决策，则通常认为错报是重大的。

在按照审计准则执行审计工作的过程中，我们运用职业判断，并保持职业怀疑。同时，我们也执行以下工作：

（一）识别和评估由于舞弊或错误导致的财务报表重大错报风险，设计和实施审计程序以应对这些风险，并获取充分、适当的审计证据，作为发表审计意见的基础。由于舞弊可能涉及串通、伪造、故意遗漏、虚假陈述或凌驾于内部控制之上，未能发现由于舞弊导致的重大错报的风险高于未能发现由于错误导致的重大错报的风险。

（二）了解与审计相关的内部控制，以设计恰当的审计程序，但目的并非对内部控制的有效性发表意见。

（三）评价管理层选用会计政策的恰当性和作出会计估计及相关披露的合理性。

（四）对管理层使用持续经营假设的恰当性得出结论。同时，根据获取的审计证据，就可能导致对国通信托公司持续经营能力产生重大疑虑的事项或情况是否存在重大不确定性得出结论。如果我们得出结论认为存在重大不确定性，审计准则要求我们在审计报告中提请报表使用者注意财务报表中的相关披露；如果披露不充分，我们应当发表非无保留意见。我们的结论基于截至审计报告日可获得的信息。然而，未来的事项或情况可能导致国通信托公司不能持续经营。

（五）评价财务报表的总体列报、结构和内容，并评价财务报表是否公允反映相关交易和事项。

我们与治理层就计划的审计范围、时间安排和重大审计发现等事项进行沟通，包括沟通我们在审计中识别出的值得关注的内部控制缺陷。

中审众环会计师事务所（特殊普通合伙）

中国注册会计师　朱烨

中国注册会计师　李莎

中国 武汉　　2020年5月22日

### 5.1.2 资产负债表

单位：人民币元

| 资产 | 2019年12月31日 | 2018年12月31日 | 负债和所有者权益 | 2019年12月31日 | 2018年12月31日 |
|---|---|---|---|---|---|
| 资产： | | | 负债： | | |
| 货币资金 | 242,162,849.45 | 130,913,569.03 | 向中央银行借款 | | |
| 存放同业款项 | | | 同业及其他金融机构存放款项 | | |
| 贵金属 | | | 拆入资金 | | |
| 拆出资金 | | | 交易性金融负债 | | |
| 交易性金融资产 | 725,853,922.80 | 943,826,346.31 | 衍生金融负债 | | |
| 衍生金融资产 | | | 卖出回购金融资产款 | | |
| 买入返售金融资产 | 115,200,900.00 | 722,475,000.00 | 吸收存款 | | |
| 应收利息 | 106,481,963.16 | 71,889,260.39 | 应付职工薪酬 | 131,331,240.79 | 151,358,273.39 |
| 发放贷款及垫款 | 3,824,846.64 | | 应交税费 | 143,868,701.09 | 317,538,808.29 |
| 可供出售金融资产 | 69,626,079.96 | 62,402,859.96 | 应付利息 | 5,650,000.01 | 6,984,444.44 |

续表

| 资产 | 2019年12月31日 | 2018年12月31日 | 负债和所有者权益 | 2019年12月31日 | 2018年12月31日 |
|---|---|---|---|---|---|
| 持有至到期投资 | | | 预计负债 | | |
| 应收款项类投资 | 5,328,410,163.90 | 4,515,774,151.51 | 应付债券 | | |
| 长期股权投资 | | | 递延所得税负债 | 1,980,491.42 | 595,789.99 |
| 投资性房地产 | | | 其他负债 | 1,813,628,210.93 | 2,270,863,789.54 |
| 固定资产 | 193,851,303.22 | 206,249,536.31 | 负债合计 | 2,096,458,644.24 | 2,747,341,105.65 |
| 在建工程 | | | 股东权益： | | |
| 无形资产 | 24,060,629.57 | 17,406,622.18 | 实收资本 | 3,200,000,000.00 | 3,200,000,000.00 |
| 递延所得税资产 | 156,415,361.51 | 133,419,667.35 | 资本公积 | 25,997,150.00 | 25,997,150.00 |
| 其他资产 | 1,186,263,507.48 | 1,494,064,511.73 | 减：库存股 | | |
| | | | 其他综合收益 | 5,941,474.25 | 1,787,369.97 |
| | | | 盈余公积 | 504,975,140.91 | 454,929,304.91 |
| | | | 一般风险准备 | 617,098,510.82 | 552,298,152.65 |
| | | | 未分配利润 | 1,701,680,607.47 | 1,316,068,441.59 |
| | | | 外币报表折算差额 | | |
| | | | 归属于母公司的股东权益合计 | 6,055,692,883.45 | 5,551,080,419.12 |
| | | | 少数股东权益 | | |
| | | | 股东权益合计 | 6,055,692,883.45 | 5,551,080,419.12 |
| 资产总计 | 8,152,151,527.69 | 8,298,421,524.77 | 负债和股东权益总计 | 8,152,151,527.69 | 8,298,421,524.77 |

5.1.3　利润表

单位：人民币元

| 项　目 | 2019年度 | 2018年度 |
|---|---|---|
| 一、营业收入 | 1,165,438,545.55 | 1,290,668,519.65 |
| 利息净收入 | -151,919,246.67 | -56,511,450.97 |
| 利息收入 | 23,493,281.11 | 7,326,304.63 |
| 利息支出 | 175,412,527.78 | 63,837,755.60 |
| 手续费及佣金净收入 | 979,073,722.61 | 1,184,836,893.47 |
| 投资收益（损失以"-"号填列） | 331,618,933.73 | 176,347,723.94 |
| 公允价值变动净收益（损失以"-"号填列） | 4,813,404.02 | -23,949,291.22 |
| 汇兑收益（损失以"-"号填列） | 1,867,205.74 | 6,056,725.32 |
| 资产处理收益 | -15,473.88 | |
| 其他收益 | | 3,887,919.11 |

续表

| 项　目 | 2019 年度 | 2018 年度 |
|---|---|---|
| 二、营业支出 | 501,473,581.17 | 415,162,029.03 |
| 营业税金及附加 | 9,653,860.30 | 10,057,408.52 |
| 业务及管理费 | 390,191,539.24 | 364,518,792.16 |
| 资产减值损失 | 101,628,181.63 | 40,585,828.35 |
| 其他业务成本 | | |
| 三、营业利润(亏损以"-"号填列) | 663,964,964.38 | 875,506,490.62 |
| 加:营业外收入 | 6,814,660.90 | |
| 减:营业外支出 | | 728,850.24 |
| 四、利润总额(亏损总额以"-"号填列) | 670,779,625.28 | 874,777,640.38 |
| 减:所得税费用 | 170,321,265.23 | 222,987,759.08 |
| 五、净利润(净亏损以"-"号填列) | 500,458,360.05 | 651,789,881.30 |
| 六、每股收益: | | |
| (一)基本每股收益(元) | | |
| (二)稀释每股收益(元) | | |
| 七、其他综合收益 | 4,154,104.28 | -3,874,407.02 |
| 八、综合收益总额 | 504,612,464.33 | 647,915,474.28 |

### 5.1.4 所有者权益变动表

单位：人民币元

| 项 目 | 2019 年度 | | | | | | |
|---|---|---|---|---|---|---|---|
| | 实收资本 | 资本公积 | 其他综合收益 | 盈余公积 | 一般风险准备 | 未分配利润 | 所有者权益合计 |
| 一、上年末余额 | 3,200,000,000.00 | 25,997,150.00 | 1,787,369.97 | 454,929,304.91 | 552,298,152.65 | 1,316,068,441.59 | 5,551,080,419.12 |
| 加：会计政策变更 | | | | | | | |
| 前期差错更正 | | | | | | | |
| 其他 | | | | | | | |
| 二、本年初余额 | 3,200,000,000.00 | 25,997,150.00 | 1,787,369.97 | 454,929,304.91 | 552,298,152.65 | 1,316,068,441.59 | 5,551,080,419.12 |
| 三、本期增减变动金额（减少以“－”填列） | — | — | 4,154,104.28 | 50,045,836.00 | 64,800,358.17 | 385,612,165.88 | 504,612,464.33 |
| （一）综合收益总额 | | | 4,154,104.28 | | | 500,458,360.05 | 504,612,464.33 |
| （二）所有者投入和减少资本 | | | | | | | |
| 1. 所有者投入资本 | | | | | | | |
| 2. 其他权益工具持有者投入的资本 | | | | | | | |
| 3. 股份支付计入所有者权益的金额 | | | | | | | |
| 4. 其他 | | | | | | | |
| （三）专项储备提取和使用 | | | | | | | |
| 1. 提取专项储备 | | | | | | | |
| 2. 使用专项储备 | | | | | | | |
| （四）利润分配 | — | — | — | 50,045,836.00 | 64,800,358.17 | －114,846,194.17 | |
| 1. 提取盈余公积 | | | | 50,045,836.00 | | －50,045,836.00 | |
| 2. 提取一般风险准备 | | | | | 64,800,358.17 | －64,800,358.17 | |
| 3. 对所有者的分配 | | | | | | | |
| 4. 其他 | | | | | | | |

续表

| 项　目 | 2019 年度 | | | | | | |
|---|---|---|---|---|---|---|---|
| | 实收资本 | 资本公积 | 其他综合收益 | 盈余公积 | 一般风险准备 | 未分配利润 | 所有者权益合计 |
| (五)所有者权益内部结转 | | | | | | | |
| 1. 资本公积转增资本 | | | | | | | |
| 2. 盈余公积转增资本 | | | | | | | |
| 3. 盈余公积弥补亏损 | | | | | | | |
| 4. 未分配利润转增资本 | | | | | | | |
| 四、本年年末余额 | 3,200,000,000.00 | 25,997,150.00 | 5,941,474.25 | 504,975,140.91 | 617,098,510.82 | 1,701,680,607.47 | 6,055,692,883.45 |

所有者权益变动表(续)

单位:人民币元

| 项　目 | 2018 年度 | | | | | | |
|---|---|---|---|---|---|---|---|
| | 实收资本 | 资本公积 | 其他综合收益 | 盈余公积 | 一般风险准备 | 未分配利润 | 所有者权益合计 |
| 一、上年末余额 | 3,200,000,000.00 | 25,997,150.00 | 5,661,776.99 | 389,750,316.78 | 612,927,022.88 | 668,828,678.19 | 4,903,164,944.84 |
| 加:会计政策变更 | | | | | | | |
| 前期差错更正 | | | | | | | |
| 其他 | | | | | | | |
| 二、本年初余额 | 3,200,000,000.00 | 25,997,150.00 | 5,661,776.99 | 389,750,316.78 | 612,927,022.88 | 668,828,678.19 | 4,903,164,944.84 |
| 三、本期增减变动金额(减少以“－”填列) | | | -3,874,407.02 | 65,178,988.13 | -60,628,870.23 | 647,239,763.40 | 647,915,474.28 |
| (一)综合收益总额 | | | -3,874,407.02 | | | 651,789,881.30 | 647,915,474.28 |
| (二)所有者投入和减少资本 | | | | | | | |
| 1. 所有者投入资本 | | | | | | | |
| 2. 其他权益工具持有者投入的资本 | | | | | | | |
| 3. 股份支付计入所有者权益的金额 | | | | | | | |
| 4. 其他 | | | | | | | |
| (三)专项储备提取和使用 | | | | | | | |
| 1. 提取专项储备 | | | | | | | |
| 2. 使用专项储备 | | | | | | | |
| (四)利润分配 | | | | 65,178,988.13 | -60,628,870.23 | -4,550,117.90 | |
| 1. 提取盈余公积 | | | | 65,178,988.13 | | -65,178,988.13 | |
| 2. 提取一般风险准备 | | | | | -60,628,870.23 | 60,628,870.23 | |
| 3. 对所有者的分配 | | | | | | | |
| 4. 其他 | | | | | | | |

续表

| 项　目 | 2018 年度 | | | | | | |
|---|---|---|---|---|---|---|---|
| | 实收资本 | 资本公积 | 其他综合收益 | 盈余公积 | 一般风险准备 | 未分配利润 | 所有者权益合计 |
| （五）所有者权益内部结转 | | | | | | | |
| 1. 资本公积转增资本 | | | | | | | |
| 2. 盈余公积转增资本 | | | | | | | |
| 3. 盈余公积弥补亏损 | | | | | | | |
| 4. 其他 | | | | | | | |
| 四、本年年末余额 | 3,200,000,000.00 | 25,997,150.00 | 1,787,369.97 | 454,929,304.91 | 552,298,152.65 | 1,316,068,441.59 | 5,551,080,419.12 |

**5.2 信托资产**

5.2.1 信托项目资产负债汇总表

单位:人民币万元

| 序号 | 项目 | 期末余额 | 年初余额 |
|---|---|---|---|
| 1 | 信托资产: | | |
| 2 | 1. 货币资金 | 298,058.73 | 746,991.57 |
| 3 | 2. 拆出资金 | | |
| 4 | 3. 存出保证金 | | |
| 5 | 4. 交易性金融资产 | 414,260.42 | 546,274.54 |
| 6 | 5. 衍生金融资产 | | |
| 7 | 6. 买入返售金融资产 | | 70.00 |
| 8 | 其中:6.1 买入返售证券 | | 70.00 |
| 9 | 6.2 买入返售信贷资产 | | |
| 10 | 7. 应收款项 | 424,575.35 | 768,733.15 |
| 11 | 8. 发放贷款 | 7,732,201.72 | 9,375,495.48 |
| 12 | 其中:8.1 基础产业 | 1,877,053.83 | 2,372,404.48 |
| 13 | 8.2 房地产 | 2,258,130.82 | 2,592,758.92 |
| 14 | 9. 可供出售金融资产 | 70,439.27 | 41,030.00 |
| 15 | 10. 持有至到期投资 | 7,422,377.60 | 9,254,989.21 |
| 16 | 11. 长期应收款 | 410,913.88 | 387,445.10 |
| 17 | 12. 长期股权投资 | 1,281,881.84 | 1,318,530.76 |
| 18 | 其中:12.1 基础产业 | 34,120.00 | 34,000.00 |
| 19 | 12.2 房地产 | 292,672.40 | 327,267.40 |
| 20 | 13. 投资性房地产 | 87,980.74 | 34,341.62 |
| 21 | 14. 固定资产 | | |
| 22 | 15. 无形资产 | | |
| 23 | 16. 长期待摊费用 | | |
| 24 | 17. 其他资产 | 2,541,341.70 | 2,370,350.19 |
| 25 | 18. 信托资产总计 | 20,684,031.25 | 24,844,251.62 |
| 26 | 19. 各项资产减值准备 | | |
| 27 | 信托负债 | | |
| 28 | 20. 交易性金融负债 | | |
| 29 | 21. 衍生金融负债 | | |
| 30 | 22. 应付受托人报酬 | 17,220.28 | 18,413.67 |
| 31 | 23. 应付托管费 | 3,794.88 | 3,755.23 |
| 32 | 24. 应付受益人收益 | 121,113.22 | 139,738.33 |
| 33 | 25. 应交税费 | 11,398.04 | 1,564.24 |

续表

| 序号 | 项目 | 期末余额 | 年初余额 |
|---|---|---|---|
| 34 | 26. 应付销售服务费 | 124.69 | 1,345.08 |
| 35 | 27. 其他应付款项 | 222,115.09 | 605,394.45 |
| 36 | 28. 其他负债 | | |
| 37 | 29. 信托负债合计 | 375,766.20 | 770,211.00 |
| 38 | 信托权益: | | |
| 39 | 30. 实收信托 | 20,633,543.48 | 24,249,469.60 |
| 40 | 30.1 资金信托 | 18,633,648.41 | 22,324,663.63 |
| 41 | 30.1.1 集合 | 8,882,946.38 | 10,415,826.92 |
| 42 | 30.1.2 单一 | 9,750,702.03 | 11,908,836.71 |
| 43 | 30.2 财产信托 | 1,999,895.07 | 1,924,805.97 |
| 44 | 30.2.1 信贷资产证券化 | 302,436.98 | 381,910.00 |
| 45 | 30.2.2 其他资产(准)证券化 | 3,046.67 | |
| 46 | 31. 资本公积 | | |
| 47 | 32. 外币报表折算差额 | | |
| 48 | 33. 未分配利润 | -325,278.43 | -175,428.98 |
| 49 | 34. 信托权益合计 | 20,308,265.05 | 24,074,040.62 |
| 50 | 35. 信托负债和信托权益总计 | 20,684,031.25 | 24,844,251.62 |

5.2.2 信托项目利润及利润分配汇总表

单位:人民币万元

| 序号 | 项目 | 2019 年度 | 2018 年度 |
|---|---|---|---|
| 1 | 1. 营业收入 | 1,422,596.03 | 1,096,436.03 |
| 2 | 1.1 利息收入 | 654,509.16 | 614,109.34 |
| 3 | 1.2 投资收益(损失以"-"号填列) | 673,412.95 | 735,537.62 |
| 4 | 1.2.1 其中:对联营企业和合营企业的投资收益 | | |
| 5 | 1.3 公允价值变动收益(损失以"-"号填列) | 91,797.44 | -300,308.43 |
| 6 | 1.4 租赁收入 | 589.08 | 2,555.64 |
| 7 | 1.5 汇兑损益(损失以"-"号填列) | | |
| 8 | 1.6 其他收入 | 2,287.40 | 44,541.86 |
| 9 | 2. 支出 | 169,806.93 | 156,632.67 |
| 10 | 2.1 营业税金及附加 | 3,958.40 | 3,471.71 |
| 11 | 2.2 受托人报酬 | 102,931.08 | 94,288.38 |
| 12 | 2.3 托管费 | 8,180.57 | 10,214.66 |
| 13 | 2.4 投资管理费 | 1,120.00 | |
| 14 | 2.5 销售服务费 | 15,096.25 | 4,571.08 |
| 15 | 2.6 交易费用 | 564.40 | 2,064.84 |

续表

| 序号 | 项目 | 2019 年度 | 2018 年度 |
|---|---|---|---|
| 16 | 2.7 资产减值损失 | | |
| 17 | 2.8 其他费用 | 37,956.23 | 42,022.00 |
| 18 | 3. 信托净利润(净亏损以“-”号填列) | 1,252,789.10 | 939,803.36 |
| 19 | 4. 其他综合收益 | | |
| 20 | 5. 综合收益 | 1,252,789.10 | 939,803.36 |
| 21 | 6. 加:期初未分配信托利润 | -175,428.98 | 46,441.18 |
| 22 | 7. 可供分配的信托利润 | 1,077,360.12 | 986,244.54 |
| 23 | 8. 减:本期已分配信托利润 | 1,402,638.55 | 1,161,673.52 |
| 24 | 9. 期末未分配信托利润 | -325,278.43 | -175,428.98 |

**6. 会计报表附注**

**6.1 会计报表编制基准不符合会计核算基本前提的说明**

本公司执行财政部颁布的《企业会计准则》,会计报表编制无不符合会计核算基本前提事项。

**6.2 或有事项说明**

本公司在报告期内无需要披露的承诺事项及或有事项。

**6.3 重要资产转让及其出售的说明**

报告期无重要资产转让或出售。

**6.4 会计报表中重要项目的明细资料**

6.4.1 披露固有资产经营情况

6.4.1.1 按信用风险五级分类结果披露信用风险资产的期初数、期末数

单位:人民币万元

| 信用风险资产五级分类 | 正常类 | 关注类 | 次级类 | 可疑类 | 损失类 | 信用风险资产合计 | 不良资产合计 | 不良率(%) |
|---|---|---|---|---|---|---|---|---|
| 期初数 | 750,028.27 | | | | | 750,028.27 | | |
| 期末数 | 824,583.86 | 77,962.81 | 20,108.71 | 26,793.3 | | 949,448.68 | 46,902.01 | 4.94% |

注:不良资产合计=次级类+可疑类+损失类。

6.4.1.2 各项资产减值损失准备

单位:人民币万元

| 项目 | 期初数 | 本期计提 | 本期转回 | 本期核销 | 期末数 |
|---|---|---|---|---|---|
| 贷款损失准备 | | 5.82 | | | 5.82 |
| 一般准备 | | 5.82 | | | 5.82 |
| 专项准备 | | | | | |
| 其他资产减值准备 | 48,749.11 | 10,157.00 | | | 58,906.11 |
| 可供出售金融资产减值准备 | | | | | |
| 持有至到期投资减值准备 | | | | | |
| 长期股权投资减值准备 | | | | | |
| 坏账准备 | 48,749.11 | 10,157.00 | | | 58,906.11 |
| 投资性房地产减值准备 | | | | | |

6.4.1.3　固有业务投资品种明细

单位：人民币万元

| 项目 | 固有股票 | 基金 | 债券 | 长期股权投资 | 其他投资 | 合计 |
|---|---|---|---|---|---|---|
| 期初数 | 14,590.70 | 6,001.97 | 156,658.19 | | 494,664.44 | 671,915.30 |
| 期末数 | 25,255.54 | 6,962.61 | 58,849.94 | | 532,841.01 | 623,909.10 |

6.4.1.4　前五名固有长期股权投资企业情况

报告期内公司无长期股权投资。

6.4.1.5　前五名固有贷款企业情况

单位：人民币万元

| 企业名称 | 贷款金融 | 占贷款总额的比例 | 还款情况 |
|---|---|---|---|
| 消费金融贷 | 382.48 | 100% | 正常 |

6.4.1.6　表外业务情况

报告期内公司无表外业务。

6.4.1.7　公司当年的收入结构

单位：人民币万元

| 收入结构 | 金额 | 占比 |
|---|---|---|
| 手续费及佣金净收入 | 97,907.37 | 84.01% |
| 其中：信托手续费收入 | 97,907.37 | 84.01% |
| 投资银行业务收入 | | |
| 利息净收入 | -15,191.92 | -13.04% |
| 其他业务收入 | | |
| 其中：计入信托业务收入部分 | | |
| 投资收益 | 33,161.89 | 28.45% |
| 其中：股权投资收益 | | |
| 证券投资收益 | 6,977.77 | |
| 其他投资收益 | 26,184.12 | |
| 公允价值变动损益 | 481.34 | 0.41% |
| 汇兑损益 | 186.72 | 0.16% |
| 资产处置收益 | -1.55 | 0.00% |
| 收入合计 | 116,543.85 | 100.00% |

6.4.2　信托财产管理情况

6.4.2.1　信托资产的期初数、期末数

单位：人民币万元

| 信托资产 | 期初数 | 期末数 |
|---|---|---|
| 集合 | 10,535,034.68 | 8,926,207.65 |
| 单一 | 12,214,926.83 | 9,686,362.51 |

续表

| 信托资产 | 期初数 | 期末数 |
|---|---|---|
| 财产权 | 2,094,290.11 | 2,071,461.09 |
| 合计 | 24,844,251.62 | 20,684,031.25 |

6.4.2.1.1　主动管理型信托业务的信托资产期初数、期末数

单位:人民币万元

| 主动管理型信托资产 | 期初数 | 期末数 |
|---|---|---|
| 证券投资类 | 50,240.79 | 25,997.87 |
| 股权投资类 | 287,928.26 | 644,277.54 |
| 其他投资类 | 2,555,134.69 | 1,987,078.34 |
| 融资类 | 2,738,536.65 | 4,091,619.93 |
| 事务管理类 | 2,044,531.51 | 147,242.41 |
| 合计 | 7,676,371.90 | 6,896,216.09 |

6.4.2.1.2　被动管理型信托业务的信托资产期初数、期末数

单位:人民币万元

| 被动管理型信托资产 | 期初数 | 期末数 |
|---|---|---|
| 证券投资类 | 251,882.87 | 393,429.55 |
| 股权投资类 | | 112,665.92 |
| 其他投资类 | 811,131.98 | 929,142.53 |
| 融资类 | | 161,694.39 |
| 事务管理类 | 16,104,864.87 | 12,190,882.77 |
| 合计 | 17,167,879.72 | 13,787,815.16 |

6.4.2.2　本年度已清算结束的信托项目

6.4.2.2.1 本年度已清算结束的集合类,单一类资金信托项目和财产管理类信托项目情况

单位:人民币万元

| 已清算结束信托项目 | 项目个数 | 实收信托合计金额 | 加权平均实际年化收益率 |
|---|---|---|---|
| 集合类 | 112 | 5,367,875.44 | 7.09% |
| 单一类 | 76 | 5,802,366.93 | 5.50% |
| 财产管理类 | 9 | 1,317,096.79 | 2.52% |

6.4.2.2.2　本年度已清算结束的主动管理型信托项目情况

单位:人民币万元

| 已清算结束信托项目 | 项目个数 | 实收信托合计金额 | 加权平均实际年化信托报酬率 | 加权平均实际年化收益率 |
|---|---|---|---|---|
| 证券投资类 | 6 | 107,652.00 | 0.30% | -11.36% |

续表

| 已清算结束信托项目 | 项目个数 | 实收信托合计金额 | 加权平均实际年化信托报酬率 | 加权平均实际年化收益率 |
|---|---|---|---|---|
| 股权投资类 | 4 | 271,260.00 | 0.63% | 6.17% |
| 其他投资类 | 23 | 456,366.44 | 1.26% | 7.80% |
| 融资类 | 53 | 1,622,555.00 | 1.18% | 7.41% |
| 事务管理类 | 6 | 882,836.00 | 0.29% | 8.67% |

6.4.2.2.3 本年度已清算结束的被动管理型信托项目情况

单位：人民币万元

| 已清算结束信托项目 | 项目个数 | 实收信托合计金额 | 加权平均实际年化信托报酬率 | 加权平均实际年化收益率 |
|---|---|---|---|---|
| 证券投资类 | 12 | 438,171.00 | 0.16% | 16.00% |
| 股权投资类 | 7 | 185,050.00 | 1.06% | 6.16% |
| 融资类 | | | | |
| 事务管理类 | 86 | 8,523,448.72 | 0.15% | 4.86% |

6.4.2.3 本年度新增信托项目情况

单位：人民币万元

| 新增信托项目 | 项目个数 | 合计金额 |
|---|---|---|
| 集合类 | 90 | 6,463,469.00 |
| 单一类 | 50 | 2,948,220.52 |
| 财产管理类 | 12 | 749,703.24 |
| 新增合计 | 152 | 10,161,392.77 |
| 其中：主动管理型 | 82 | 5,705,658.47 |
| 被动管理型 | 70 | 4,455,734.30 |

6.4.2.4 公司履行受托人义务情况及因公司自身责任而导致的信托财产损失情况

公司严格按照信托相关法律法规规章的规定以及信托文件的约定管理、运用及处分信托财产，恪尽职守，履行诚实、信用、谨慎、有效管理的义务，维护受益人的最大利益。

本年度无因公司自身责任而导致的信托资产损失情况。

6.4.2.5 信托赔偿准备金的提取、使用和管理情况

本年度公司提取信托赔偿准备金2,502.29万元，截至2019年12月31日，信托赔偿准备金余额25,248.76万元。报告期内，未使用信托赔偿准备金。

**6.5 关联方关系及其交易的披露**

6.5.1 关联交易方的数量、关联交易的总金额及关联交易的定价政策等

单位：人民币万元

| 项目 | 关联交易方的数量 | 关联交易总金额 | 定价原则 |
|---|---|---|---|
| 合计 | 1家 | 90000 | 按市场价格交易，或按公允原则，以不优于对非关联方同类交易的条件定价。 |

6.5.2　关联交易方情况

| 关联性质 | 关联方名称 | 法定代表人 | 注册地址 | 注册资本(人民币) | 主营业务 |
|---|---|---|---|---|---|
| 控股股东 | 武汉金融控股(集团)有限公司 | 谌赞雄 | 武汉江汉区长江日报路77号 | 400,000万元 | 金融业股权投资及管理等业务。 |

6.5.3　公司与关联方的重大交易事项

6.5.3.1　固有资产与关联方关联交易

无。

6.5.3.2　信托财产与关联方关联交易

信托财产与关联方关联交易　　单位:人民币万元

| | 期初数 | 借方发生额 | 贷方发生额 | 期末数 |
|---|---|---|---|---|
| 贷款 | 190,000.00 | 90,000.00 | 190,000.00 | 90,000.00 |
| 投资 | | | | |
| 租赁 | | | | |
| 担保 | | | | |
| 应收账款 | | | | |
| 其他 | | | | |
| 合计 | 190,000.00 | 90,000.00 | 190,000.00 | 90,000.00 |

6.5.3.3　信托公司固有资金运用于自己管理的信托项目(固信交易)、信托公司管理的信托项目之间的相互(信信交易)交易金额,包括余额和本报告年度的发生额

6.5.3.3.1　固有与信托财产相互交易情况

固有财产与信托财产相互交易　　单位:人民币万元

| | 期初数 | 本期发生额 | 期末数 |
|---|---|---|---|
| 合计 | 451,189.44 | 87,530.46 | 538,719.90 |

6.5.3.3.2　信托资产与信托财产相互交易情况

信托资产与信托财产相互交易　　单位:人民币万元

| | 期初数 | 本年借方发生额 | 本年贷方发生额 | 期末数 |
|---|---|---|---|---|
| 合计 | 617,665.00 | 129,581.39 | 188,370.84 | 676,454.45 |

6.5.4　逐笔披露关联方逾期未偿还本公司资金的详细情况以及本公司为关联方担保发生或即将发生垫款的详细情况

报告期内无关联方逾期未偿还本公司资金的情况以及公司为关联方担保发生或即将发生垫款的情况。

**6.6　会计制度的披露**

公司固有业务和信托业务执行的是财政部颁布的《企业会计准则》。

**7. 财务情况说明书**

**7.1 利润实现和分配情况**

单位：人民币万元

| 项目 | 本年数 | 上年数 |
|---|---|---|
| 本年净利润 | 50,045.84 | 65,178.99 |
| 加：年初未分配利润 | 131,606.84 | 66,882.87 |
| 其他转入 | | |
| 可供分配的利润 | 181,652.68 | 132,061.86 |
| 减：提取法定盈余公积 | 5,004.58 | 6,517.90 |
| 提取法定公益金 | | |
| 提取信托赔偿准备金 | 2,502.29 | 3,258.95 |
| 提取一般准备金 | 3,977.75 | -9,321.84 |
| 提取职工奖励及福利基金 | | |
| 提取储备基金 | | |
| 提取企业发展基金 | | |
| 利润归还投资 | | |
| 可供投资者分配的利润 | 170,168.06 | 131,606.84 |
| 减：应付优先股股利 | | |
| 提取任意盈余公积 | | |
| 股利分配 | | |
| 转作股本的普通股股利 | | |
| 年末未分配利润 | 170,168.06 | 131,606.84 |

**7.2 主要财务指标**

| 指标名称 | 指标值 |
|---|---|
| 资本利润率 | 8.62% |
| 加权年化信托报酬率 | 0.49% |
| 人均净利润（万元/人） | 137.68 |

**7.3 对本公司财务状况、经营成果有重大影响的其他事项**

报告期内没有发生对本公司财务状况、经营成果有重大影响的其他事项。

**8. 特别事项揭示**

**8.1 前五名股东报告期内变动情况及原因**

无。

**8.2 董事、监事及高级管理人员变动情况及原因**

2019年2月21日，中国银保监会湖北监管局核准黄健旋先生担任公司副总裁、首席风险官的任职资格（鄂银监复〔2019〕200号）。

**8.3 变更注册资本、变更注册地或公司名称、公司分立合并事项**

无。

**8.4 公司的重大诉讼事项**

8.4.1 重大未决诉讼事项

公司诉北京邦文当代艺术投资有限公司、黄宇杰、李红合同纠纷一案，已于2014年12月19日与北京邦文、黄宇杰、李红等在湖北省高级人民法院主持下达成了《民事调解书》，公司据《民事调解书》向法院申请司法强制执行。

根据公司与债务人常州华光房地产开发有限公司、常州阳光银河湾置业有限公司、江苏华光银河湾房地产开发有限公司、钱菊生等办理的具有强制执行效力的公证债权文书，公司已申请江苏省高级人民法院强制执行。

根据公司与债务人华门控股有限公司、浙江浙大网新实业发展有限公司、天津安吉拉房地产开发有限公司、南京瑞柏贸易有限公司、南京嘉坤工贸实业有限公司、南京山水置业有限公司、徐群等办理的具有强制执行效力的公证债权文书，公司向人民法院申请强制执行。

根据公司与债务人中广建设集团有限公司、杭州环东置业有限公司、丁亚平等办理的具有强制执行效力的公证债权文书，公司已向杭州市中级人民法院申请强制执行。

公司起诉江苏赤山湖生态产业有限公司、南京建工产业集团有限公司、南京建工集团有限公司、句容市赤山湖管理委员会、句容市财政局合同纠纷一案，已于2019年9月19日由江苏省南京市中级人民法院受理。

8.4.2 以前年度发生，于本报告期内终结的诉讼事项

委托人斯太尔动力股份有限公司（以下简称“斯太尔公司”）于2018年5月对我司及北京天晟同创创业投资中心（有限合伙）提起诉讼，要求解除信托合同及投资顾问合同、返还信托资金。该案经湖北省高级人民法院审理，省高院一审判决我司解除与斯太尔公司的信托合同，驳回斯太尔公司其他诉讼请求。斯太尔公司不服一审判决提起上诉，最高人民法院于2019年11月作出“驳回上诉，维持原判”的终审判决。该案所涉信托计划系事务管理类信托，该诉讼对我司财产状况无影响。

8.4.3 本报告年度发生，于本报告期内终结的诉讼事项

无。

**8.5 公司及其董事、监事和高级管理人员受到处罚的情况**

无。

**8.6 中国银保监会及其派出机构对公司的整改意见及公司整改情况**

报告期内，公司高度重视并认真落实监管部门的监管意见要求，及时向湖北银保监局反馈公司在全面风险排查及房地产业务规模管控、压缩通道业务、加强投后管理等方面的工作措施及成效，切实提升了公司发展质量和风险防控能力。

**8.7 公司重大事项临时报告的简要内容、披露时间、所披露的媒体及版面**

无。

**8.8 中国银保监会及其派出机构认定的其他有必要让客户及相关利益人了解的重要信息**

无。

**9. 净资本管理情况**

报告期内，本公司按照中国银监会《信托公司净资本管理办法》，积极贯彻落实监管要求，优化净资本相关绩效考核指标，引导经营部门加强净资本和风险资本管理意识，加强业务转型和结构调整，提高资本使用效率，各项净资本指标均符合监管要求：截止2019年12月31日，本公司净资产60.56亿元，净资本48.90亿元（监管要求≥2亿元），各项业务风险资本之和为38.16亿元，净资本/各项业务风险资本之和为128.15%（监管要求≥100%），净资本/净资产为80.76%（监管要求≥40%）。

**10. 监事会意见**

报告期内，公司决策程序符合《公司法》《信托法》《信托公司管理办法》和《公司章程》的规定，内部控制制度较为完善，公司董事、高级管理人员认真履行职责，未发生违法行为和损害公司利益的行为。公司2019年度财务报告经中审众环会计师事务所（特殊普通合伙）审计，真实反映了公司财务状况和经营成果。

# 杭州工商信托股份有限公司 2019 年年度报告

**1 重要提示**

**1.1 本报告根据中国银行保险监督管理委员会的有关规定编制。本公司董事会及董事保证本报告所载资料不存在任何虚假记载、误导性陈述或者重大遗漏，并对其内容的真实性、准确性和完整性承担个别及连带责任。本年度报告摘要摘自年度报告全文，客户及相关利益人欲了解详细内容，应阅读年度报告全文。**

**1.2 独立董事金雪军先生、梅建平先生、竺福江先生认为本年度报告内容是真实、准确、完整的。**

**1.3 公司总裁江龙先生、主管会计工作负责人康波女士及会计主管人员吴庆元先生声明：保证年度报告中财务报告的真实、完整。**

**2 公司概况**

**2.1 公司简介**

2.1.1 公司法定中文名称：杭州工商信托股份有限公司

公司法定英文名称：HangzhouIndustrial & Commercial TrustCo. ,Ltd.

2.1.2 法定代表人：虞利明

2.1.3 注册地址：浙江省杭州市江干区迪凯国际中心 3801 室、4101 室、裙房 4 楼

2.1.4 邮政编码：310016

2.1.5 公司国际互联网网址：www. hztrust. com

2.1.6 电子信箱：hztrust@ hztrust. com

2.1.7 信息披露事务负责人：张锐

联系电话/传真：0571 - 87213936

电子信箱：zhangrui@ hztrust. com

2.1.8 公司选定的信息披露报纸名称：《证券时报》《上海证券报》

2.1.9 公司年度报告备置地点：浙江省杭州市江干区迪凯国际中心 38、41、42 层及裙房 4 楼。

2.1.10 公司聘请的会计师事务所名称：德勤华永会计师事务所（特殊普通合伙）

住所：上海市延安东路 222 号外滩中心 30 楼

2.1.11 公司聘请的律师事务所名称：浙江天册律师事务所

住所：浙江省杭州市杭大路 1 号黄龙世纪广场 A 座 11 楼

**2.2 组织结构**

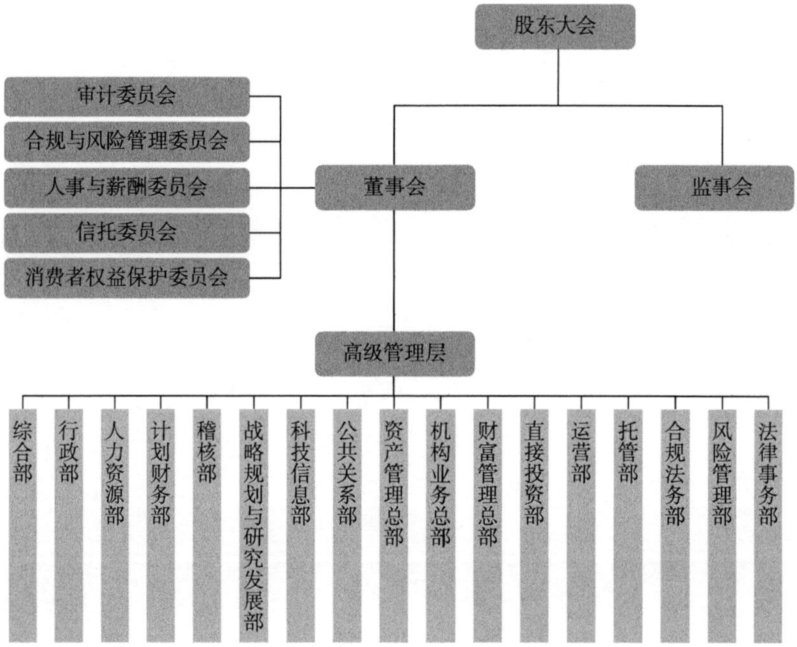


**图 2.2**

### 3 公司治理结构

#### 3.1 股东

3.1.1 公司报告期末股东总数为9家,报告期间股权无变动情况。

报告期末股东持股情况如下:

表3.1.1

| 股东名称 | 股份数量 | 持股比例 |
|---|---|---|
| 杭州市金融投资集团有限公司 | 869,880,001.46 | 57.992% |
| 绿地金融投资控股集团有限公司 | 298,500,000.00 | 19.9% |
| 百大集团股份有限公司 | 93,937,500.00 | 6.2625% |
| 浙江大学控股集团有限公司 | 66,515,625.00 | 4.434375% |
| 西子电梯集团有限公司 | 66,515,625.00 | 4.434375% |
| 浙江省东联集团有限责任公司 | 38,135,623.54 | 2.542375% |
| 浙江物产元通汽车集团有限公司 | 28,380,001.48 | 1.892% |
| 浙江省冶金物资有限公司 | 19,067,811.76 | 1.2711875% |
| 浙江省盐业集团有限公司 | 19,067,811.76 | 1.2711875% |
| 总计 | 1,500,000,000 | 100% |

3.1.2 公司前三位股东情况:

表3.1.2

| 股东名称 | 持股比例(%) | 法人代表 | 注册资本 | 注册地址 | 主要经营业务及主要财务情况 |
|---|---|---|---|---|---|
| 杭州市金融投资集团有限公司 | 57.992 | 张锦铭 | 人民币50亿元 | 杭州市上城区庆春路155号中财发展大夏12楼 | 市政府授权范围内的国有资产经营,市政府及有关部门委托经营的资产;矿产品、建材及化工厂产品、机械设备、五金产品及电子产品的批发;其他无需报经审批的一切合法项目。2019年末净资产201.49亿元,净利润17.91亿元。(合并口径) |
| 绿地金融投资控股集团有限公司 | 19.9 | 耿靖 | 人民币90亿元 | 上海市崇明县潘园公路1800号2号楼888室(上海泰和经济开发区) | 金融资产投资,资产管理,投资管理,商务咨询与服务。2019年末净资产185.28亿元,净利润30.60亿元。(合并口径) |
| 百大集团股份有限公司 | 6.2625 | 陈夏鑫 | 人民币76240316元 | 杭州市下城区延安路546号 | 百货批发零售。2019年末净资产19.00亿元,净利润2.05亿元。(合并口径) |

3.1.3 报告期末主要股东及其控股股东、实际控制人、关联方、一致行动人、最终受益人情况:

表3.1.3

| 主要股东名称 | 该股东的控股股东 | 该股东的实际控制人 | 一致行动人 | 最终受益人 |
|---|---|---|---|---|
| 杭州市金融投资集团有限公司 | 杭州市人民政府 | 杭州市人民政府 | 无 | 杭州市人民政府、浙江省财政厅 |

续表

| 主要股东名称 | 该股东的控股股东 | 该股东的实际控制人 | 一致行动人 | 最终受益人 |
|---|---|---|---|---|
| 绿地金融投资控股集团有限公司 | 绿地控股集团有限公司 | 无实际控制人 | 无 | 绿地控股集团股份有限公司 |
| 百大集团股份有限公司 | 西子国际控股有限公司 | 陈桂花及其配偶王水福 | 无 | 陈桂花及其配偶王水福 |
| 西子电梯集团有限公司 | 王水福 | 王水福 | 陈桂花 | 王水福、陈夏鑫 |

3.1.4 报告期末主要股东关联方名单：

**表3.1.4**

| 主要股东名称 | 关联方名单 |
|---|---|
| 杭州市金融投资集团有限公司 | 杭州工商信托股份有限公司、杭州市民卡有限公司、杭州金投资本管理有限公司、杭州市财开投资集团有限公司、杭州金投企业集团有限公司等，详见公开挂网的《杭州市金融投资集团有限公司2019年年度报告》。 |
| 绿地金融投资控股集团有限公司 | 绿地控股集团有限公司、绿地创新投资有限责任公司、绿地永续财富投资管理有限公司、贵州省绿地金融资产交易有限公司、黑龙江省金融资产交易中心有限公司、大连绿地文化产权交易中心有限公司、绿地融资租赁有限公司、华臻国际商业保理有限公司、上海绿地股权投资管理有限公司、上海绿地欣业资产管理有限公司、上海绿联资本管理有限公司、上海绿地创极投资管理有限公司、上海绿臻资产管理有限公司、上海绿堃资产管理有限公司、上海绿珩投资管理有限公司、苏州绿创创联投资管理中心（有限合伙）、苏州绿创产投投资合伙企业（有限合伙）、上海绿鹍信息科技有限公司、绿地联行信息科技有限责任公司、山东省电子商务综合运营管理有限公司、深圳前海联奇在线信息技术服务有限公司、上海绿地吉客智能科技有限公司、深圳市绿信科技集团有限公司、上海易涟信息技术有限公司、上海廪溢投资合伙企业（有限合伙）、北京绿锦投资有限公司、上海奉贤绿地小额贷款股份有限公司、重庆保税港区绿地小额贷款有限公司、宁波江北区绿地小额贷款有限责任公司、青岛绿地申花小额贷款有限公司、广州市绿地吉客小额贷款有限责任公司、绿地教育产业投资集团有限公司、绿学产业投资有限公司、绿学资产管理有限公司、上海绿优培训学校有限公司、上海徐汇绿优托育有限公司、上海绿地金谷股权投资基金管理有限公司、上海绿地交信投资管理有限责任公司、绿地金融海外投资集团有限公司、绿地国际资本有限公司、绿地资产管理有限公司、GREENLAND（SINGAPORE）TRUST MANAGEMENTPTE. LTD.、绿地海外集团投资有限公司、绿地联合金融投资有限公司、绿地虚拟金融股份有限公司、绿地（亚洲）证券有限公司、绿地金融财务有限公司、绿地财富（澳门）投资一人有限公司、宁波绿瑊投资管理有限公司、上海绿投磐徵商务服务有限公司、上海绿地弘途投资发展有限公司、上海绿地融资担保有限公司、上海绿地典当有限公司、宿州绿登商务信息咨询有限公司、上海加财投资管理有限公司、上海廪岳股权投资合伙企业（有限合伙）、上海廪荟股权投资合伙企业（有限合伙）、上海珑樽投资管理有限公司、上海廪辉股权投资合伙企业（有限合伙）、上海廪君股权投资管理合伙企业（有限合伙）、上海廪臻投资合伙企业（有限合伙）、上海彤翼资产管理有限公司、上海茁蕴投资管理合伙企业（有限合伙）、上海绿艾投资合伙企业（有限合伙）、上海茁蓄投资管理合伙企业（有限合伙）、上海绿廪创舸投资合伙企业（有限合伙）、上海绿开投资合伙企业（有限合伙）、OASIS BUNON LIMITED、湖州廪信股权投资合伙企业（有限合伙）、GMT Holding、上海碧昶企业管理合伙企业（有限合伙）、上海绿昶企业管理合伙企业（有限合伙）、宁波绿琎投资管理有限公司、绿安创兴有限公司、GEM Holding、上海绿槐企业管理合伙企业（有限合伙）、宁波廪峰投资管理合伙企业（有限合伙）、GPT Holding、苏州绿缜创业投资合伙企业（有限合伙）、上海绿穗信息科技有限责任公司、上海廪蔚企业管理合伙企业（有限合伙）、上海廪泓企业管理合伙企业（有限合伙）、宿州绿玖企业管理有限公司、上海绿蓁企业管理合伙企业（有限合伙）、Greentech Tianhong Investment Holding Limited、上海廪骏企业管理合伙企业（有限合伙）、上海绿佰企业管理合伙企业（有限合伙）、宿州绿联恒阳股权投资合伙企业（有限合伙）、宿州绿杲企业管理有限公司、哈尔滨樽升投资有限公司、上 |

续表

| 主要股东名称 | 关联方名单 |
| --- | --- |
| 绿地金融投资控股集团有限公司 | 海奉翊实业发展有限公司、上海鹏塔网络科技有限公司、杭州工商信托股份有限公司、中金瑞德（上海）股权投资管理有限公司、中国绿地博大绿泽集团有限公司、雅居乐雅生活服务股份有限公司、上海绿地建设（集团）有限公司、绿地集团南京宝地置业有限公司、绿地集团合肥紫峰置业有限公司、河南绿地新城置业有限公司、河南绿地御湖置业有限公司、河南绿地广场置业发展有限公司、河南广海房地产开发有限公司、上海恺泰房地产开发有限公司、沈阳辰宇建设集团有限责任公司、沈阳顺天建设集团有限公司、本溪高新技术产业开发区绿地置业有限公司、上海绿地优鲜超市有限公司、绿地集团四川申宏置业有限公司、上海市锦绿实业发展有限公司、上海绿地集团绿化工程有限公司、上海绿地建筑工程有限公司、上海卢湾绿地商业管理有限公司、上海绿地集团森茂园林有限公司、昆山联合商业发展有限公司、上海市锦绿建筑工程有限公司、上海康宸房地产开发有限公司、绿地地产集团有限公司、上海绿地海珀置业有限公司、上海徐汇绿地商业管理有限公司、上海翱禹资产管理有限公司、上海绿地汽车服务（集团）有限公司、上海绿地仓储物流有限公司、绿地香港投资集团有限公司、上海绿鼎置业有限公司。 |
| 百大集团股份有限公司 | 西子电梯集团有限公司、西子国际控股有限公司、浙江百大置业有限公司、浙江百大酒店管理有限公司、浙江百大资产管理有限公司等，详见公开挂网的《百大集团股份有限公司 2019 年年度报告》。 |
| 西子电梯集团有限公司 | 西子联合控股有限公司、浙江西子节能服务有限公司、杭州西子富沃德电器有限公司、宁波西子海港资产管理有限公司、浙江西子商业经营管理有限公司、浙江西子重工钢构有限公司、杭州必锐经贸有限公司、浙江西子重工机械有限公司、浙江三农物流有限公司、天津西子联合有限公司、浙江方向投资有限公司、宁波西子资产管理有限公司、浙江西子电梯部件有限公司、杭州锅炉集团股份有限公司、杭州西子孚信科技有限公司、浙江西子势必锐航空工业有限公司、浙江西子工业质量技术研究院有限公司、浙江西航企业管理有限公司、杭州素春斋餐饮管理有限公司、浙江蒲惠智造科技有限公司、浙江方向融资租赁有限公司、杭州西子典当有限责任公司、浙江西子飞机部件有限公司、沈阳西子航空产业有限公司、浙江西子航空紧固件有限公司、杭州杭锅钢构有限公司、杭州起重机械有限公司、浙江西子别墅电梯制造有限公司、杭州西子农业开发有限公司、杭州市优质农产品展示展销中心有限公司、杭州临安清凉峰旅游开发有限公司、杭州新世纪设备租赁有限公司、杭州杭锅江南能源有限公司、浙江国新股权投资有限公司、杭州锅炉检测技术有限公司、杭州锅炉厂工程物资有限公司、浙江杭锅江南国际贸易有限公司、杭州杭锅电气科技有限公司、浙江西子联合工程有限公司、杭州杭锅工业锅炉有限公司、杭州西子星月产业园经营管理有限公司、杭州新世纪能源环保工程股份有限公司、浙江杭锅能源投资管理有限公司、杭州杭锅通用设备有限公司、江西乐浩综合利用电业有限公司、杭州西子机电技术学校、杭锅国际实业有限公司、浙江西子联合设备成套有限公司、浙江杭胜锅炉有限公司、杭州莱德锅炉辅机有限公司、杭州杭锅设备成套工程有限公司、杭州国祯伊泰克工程技术有限公司、杭州临安绿能环保发电有限公司、深圳市迪博能源科技有限公司、厦门西子原卉能源投资有限公司、杭州西子轨道交通设备有限公司、杭州西子智能停车股份有限公司、杭州西子停车产业有限公司、杭州西子智能工程有限公司、杭州泊锦科技有限公司、重庆西子停车场管理有限公司、北京西子停车管理有限公司、安徽省西子蓝鸟停车产业有限公司、杭州尚诚西子停车场管理有限公司、上海西子停车管理有限公司、西子联合控股有限公司澳大利亚发中心有限公司、奥的斯机电电梯有限公司、奥的斯机电电梯（重庆）有限公司、奥的斯机电电梯（上海）有限公司、浙江大学创新技术研究院有限公司、上海西子联合投资有限公司、上海西子投资控股有限公司、杭州西奥投资控股有限公司、西子国际控股有限公司、宁波铸英投资合伙企业（有限合伙）、杭州西子投资担保有限公司、上海西子联合实业有限公司、新华园房产集团有限公司、浙江绿西物业管理有限公司、浙江西子富沃德电机有限公司、杭州优迈科技有限公司、宁波铸石投资管理有限公司、莱茵达（桐庐）体育发展有限公司、上海莘伦投资有限公司、杭州经济技术开发区邻里商贸有限公司、杭州御园置业有限公司、杭州绿城墅园置业有限公司、浙江西子绿城房地产集团有限公司、杭州大奇山郡实业有限公司、浙 |

续表

| 主要股东名称 | 关联方名单 |
|---|---|
| 西子电梯集团有限公司 | 江绿西房地产集团有限公司、杭州笕桥商会实业有限公司、杭州临安西子房地产开发有限公司、杭州沁都置业有限公司、杭州紫元绿西房地产有限公司、上海绿西物业管理有限公司、南通金管家物业管理有限公司、宁波绿新物业管理有限公司、成都西子孚信科技有限公司、杭州余杭西子置业有限公司、桐庐大奇山郡置业有限公司、桐庐大奇山郡旅游开发有限公司、桐庐大奇山郡运动休闲有限公司、桐庐大奇山郡酒店有限公司、杭州大奇山教育管理咨询有限公司、浙江绿城新兴置业有限公司、杭州临安西园酒店管理有限公司、杭州西子富沃德精密机械有限公司、杭州江悦郡置业有限公司、浙江新西奥资产管理有限公司、上海西子电梯有限公司、杭州临宜房地产开发有限公司、新西奥电梯集团有限公司、宁波西子太平洋置业有限公司、西子电梯科技有限公司、速捷电梯有限公司、杭州西子电梯工程有限公司、杭州西奥电梯安装服务有限公司、杭州西奥电梯有限公司、西安航源盛置业有限公司、浙江新西奥典当有限公司、宁波西子太平洋商业管理有限公司、宁海西子国际大酒店有限公司、杭州斯沃德电梯有限公司、广州西奥电梯安装工程有限公司、杭州西奥电梯现代化更新有限公司、宁波西子太平洋百货有限公司、杭州昂璨机电设备有限公司、郑州西奥电梯现代化更新有限公司、九江市跨贸小镇建设有限公司、杭州守峰建设管理有限公司、诸暨祥生景辉置业有限公司、百大集团股份有限公司、浙江百大置业有限公司、浙江百大酒店管理有限公司、百大物服(杭州)物业服务有限责任公司、浙江百大资产管理有限公司、杭州百大置业有限公司、杭州全程商业零售有限公司、恒都国际有限公司、孚信(澳洲)有限公司、杭州艺高景观工程有限公司、浙江华瑞航空制造有限公司。 |

报告期内,公司股东无出资公司股权情况。

### 3.2 董事

**表3.2-1 (董事长、董事)**

| 姓名 | 职务 | 性别 | 年龄 | 选任日期 | 所推举的股东名称 | 该股东持股比例(%) | 简要履历 |
|---|---|---|---|---|---|---|---|
| 虞利明 | 董事长 | 男 | 53 | 2017.10(换届连任) | 杭州市金融投资集团有限公司 | 57.992 | 曾任交通银行杭州分行党委委员、副行长,杭州市投资控股有限公司董事长、总经理,现任杭州市金融投资集团有限公司副董事长、总经理。 |
| 徐云鹤 | 董事 | 男 | 56 | 2017.10(换届连任) | 杭州市金融投资集团有限公司 | 57.992 | 曾任杭州市投资控股有限公司投资发展部经理,董事、副总经理,现任杭州市金融投资集团有限公司副总经理。 |

续表

| 姓名 | 职务 | 性别 | 年龄 | 选任日期 | 所推举的股东名称 | 该股东持股比例(%) | 简要履历 |
|---|---|---|---|---|---|---|---|
| 丁建萍 | 董事 | 男 | 54 | 2017.10(换届连任) | 杭州市金融投资集团有限公司 | 57.992 | 曾任海南万通集团有限公司咨讯事业部总经理,新加坡大洋企业有限公司副总经理,杭州市投资控股有限公司投资发展部经理,杭州工商信托股份有限公司执行总经理和总裁,现任聚光科技(杭州)股份有限公司董事长、杭州前岩企业管理咨询有限公司总经理、杭州工商信托股份有限公司首席顾问。 |
| 江龙 | 董事 | 男 | 45 | 2018.10(股东大会选举)2018.12(监管机构核准) | 杭州市金融投资集团有限公司 | 57.992 | 曾任杭州工商信托股份有限公司证券营业部电脑部、科技部主管,投资银行部信托经理,市场开发部客户经理,金融信托部副总经理,结构融资部负责人,结构融资部总经理,资产管理总监,副总裁,现任杭州工商信托股份有限公司总裁。 |
| 朱虹 | 董事 | 女 | 52 | 2017.10(换届连任) | 绿地金融投资控股集团有限公司 | 19.9 | 曾任职于中国人民银行上海分行金融机构管理处和稽核处,里昂证券上海办事处首席代表,汉宇资本(亚洲)有限公司董事总经理,蓝涛亚洲及上海蓝涛投资咨询有限公司董事总经理,现任绿地金融投资控股集团有限公司执行副总裁。 |
| 施征宇 | 董事 | 男 | 47 | 2017.10(换届选举)2018.2(监管机构核准) | 绿地金融投资控股集团有限公司 | 19.9 | 曾任中国农业银行上海市分行房地产金融部总经理,现任绿地金融投资控股集团有限公司副总经理。 |

表3.2-2 （独立董事）

| 姓名 | 所在单位及职务 | 性别 | 年龄 | 选任日期 | 所推举的股东名称 | 该股东持股比例（%） | 简要履历 |
| --- | --- | --- | --- | --- | --- | --- | --- |
| 金雪军 | 浙江大学教授 | 男 | 61 | 2017.10（换届连任） | 各股东协商提名 | 100 | 曾任浙江大学金融研究所所长，浙大外经贸学院副院长兼经济与金融系主任，浙大经济学院副院长兼金融系主任，金融学院院长，现任浙江省特级专家、浙大求是特聘教授、国务院政府特殊津贴专家、金融学博导、浙大资产管理研究中心主任、浙江（浙大）工程师学院互联网金融分院院长、省高校财政金融学教指委主任、省政府咨询委员、中国金融学会常务理事、省监查委特约监查员、浙大金融研究院学术委员会主任等。 |
| 梅建平 | 长江商学院副院长、教授 | 男 | 59 | 2017.10（换届选举）2017.12（监管机构核准） | 各股东协商提名 | 100 | 曾任纽约大学金融学副教授、芝加哥大学访问副教授、清华大学特聘教授。现任长江商学院副院长、金融学教授、长江房地产研究中心主任。 |
| 竺福江 | 杭州民生医药控股集团董事长、总裁；杭州民生药业党委书记、董事长；浙江浙商健投资产管理有限公司董事长 | 男 | 63 | 2017.10（换届选举）2018.2（监管机构核准） | 各股东协商提名 | 100 | 曾任杭州民生药厂车间副主任、厂工会主席、党委副书记、书记、副董事长；杭州民生药业集团公司董事长、总经理、党委书记；杭州赛诺菲圣德拉堡民生制药有限公司董事长；杭州民生药业集团有限公司董事长、总裁、党委书记；杭州民生集团有限公司董事长、总裁；现任杭州民生医药控股集团董事长、总裁；杭州民生药业党委书记、董事长；浙江浙商健投资产管理有限公司董事长。 |

### 3.3 监事

表3.3 （监事会成员）

| 姓名 | 职务 | 性别 | 年龄 | 选任日期 | 所推举的股东名称 | 该股东持股比例（%） | 简要履历 |
| --- | --- | --- | --- | --- | --- | --- | --- |
| 董振东 | 监事会主席 | 男 | 44 | 2017.10（换届选举） | 各股东协商提名 | 100 | 曾先后供职于中国银行江苏省分行、新利软件股份有限公司、浙江国信创业投资有限公司、杭州锅炉集团股份有限公司、西子电梯集团有限公司、百大集团股份有限公司，现任百大集团股份有限公司执行副总经理、董事，兼任宁波铸石投资管理有限公司执行董事、杭州西子智能停车股份有限公司董事、浙江红土创业投资有限公司董事。 |
| 沈卫勤 | 监事 | 女 | 49 | 2017.10（换届选举） | 各股东协商提名 | 100 | 曾先后供职于杭州市财税局、浙江东方会计事务所、杭州市财开投资集团、杭州市金融投资集团有限公司、杭州金投融资租赁有限公司，现任杭州市金融投资集团有限公司财务管理部（资金管理部）总经理。 |
| 石峰 | 监事 | 男 | 41 | 2017.10（换届连任） | 职工监事 | — | 曾先后供职于浙江天名律师事务所、浙江浙元律师事务所、杭州工商信托股份有限公司合规与风险管理部，现任杭州工商信托股份有限公司法律事务部副总经理（主持工作）。 |

### 3.4 高级管理人员

表3.4

| 姓名 | 职务 | 性别 | 年龄 | 选任日期 | 金融从业年限 | 学历 | 专业 | 简要履历 |
| --- | --- | --- | --- | --- | --- | --- | --- | --- |
| 江龙 | 总裁 | 男 | 45 | 2018.9（资产管理总监，代行总裁职权）2018.12（副总裁，代行总裁职权）2019.3（总裁） | 25 | 硕士 | 金融学；工商管理 | 曾任杭州工商信托股份有限公司证券营业部电脑部、科技部主管、投资银行部信托经理、市场开发部客户经理、金融信托部副总经理、结构融资部负责人、结构融资部总经理、资产管理总监，现任杭州工商信托股份有限公司副总裁（代行总裁职权）。 |

续表

| 姓名 | 职务 | 性别 | 年龄 | 选任日期 | 金融从业年限 | 学历 | 专业 | 简要履历 |
| --- | --- | --- | --- | --- | --- | --- | --- | --- |
| 张锐 | 副总裁 | 男 | 58 | 2017.11（行政总监，换届连任）2018.12（副总裁） | 39 | 本科 | 经济管理 | 曾任杭州工商信托股份有限公司信托业务部经理、投资业务部经理、办公室主任、总经理助理、行政总监，现任杭州工商信托股份有限公司副总裁。 |
| 汪勇 | 副总裁 | 男 | 47 | 2017.11（投资运营总监，换届连任）2018.12（副总裁） | 24 | 本科 | 会计学 | 曾任杭州工商信托股份有限公司投资银行部副经理、市场开发部经理、金融信托部经理、总经理助理、投资运营总监，现任杭州工商信托股份有限公司副总裁。 |
| 马晓涛 | 副总裁 | 男 | 50 | 2017.11（风险管理总监，换届连任）2018.12（副总裁） | 32 | 硕士 | 工商管理 | 曾任华宝信托投资有限公司证券营业部副总经理、富成证券有限责任公司证券营业部副总经理，杭州工商信托股份有限公司合规与风险管理部负责人、风险管理总监，现任杭州工商信托股份有限公司副总裁。 |
| 康波 | 副总裁 | 女 | 55 | 2017.11（财务总监，换届连任）2018.12（副总裁） | 36 | 本科 | 经济管理 | 曾任杭州工商信托股份有限公司信托业务部业务经理、稽核部经理、计划财务部负责人、财务总监，现任杭州工商信托股份有限公司副总裁。 |

### 3.5 公司员工

报告期内，职工人数：200人；平均年龄：34.96岁。

**表3.5 学历分布比率**

| 学历 | 人数 | 学历分布比例（%） |
| --- | --- | --- |
| 博士 | 0 | 0 |
| 硕士 | 96 | 48.0 |
| 本科 | 94 | 47.0 |
| 专科 | 7 | 3.5 |
| 其他 | 3 | 1.5 |

## 4 经营管理

### 4.1 经营目标、方针、战略规划

4.1.1 经营目标

充分发挥和利用信托的制度与功能优势，打造优秀的资产管理团队，为客户提供持续的个性化的资产管理产品和金融服务，打造国内领先的、具有鲜明专业特色的信托资产管理机构。

4.1.2 经营方针

公司将坚持“有所为、有所不为”的发展思路和“投资化、中长期化、基金化、产品化”的业务战略，关注经济增长的新领域，加大对传统产业转型升级、新兴产业发展空间的业务开发力度，实施以分散投资为核心的基金化策略和

私募金融工具为目标资产的投资策略，着重拓展资产管理、私募投行、财富管理三大业务领域，完善内控体系建设，推进业务转型，创新服务模式，优化客户结构，构建扁平化的高效内部管理体系，实现合规经营、稳健发展。

4.1.3 战略规划

建立以账户管理为核心的内部管理体系，不断完善内控体系与资产管理框架，提高公司核心竞争力和风险管理能力，提升公司整体价值，合规经营，稳健发展。

**4.2 所经营业务的主要内容**

4.2.1 经营业务、品种

4.2.1.1 公司业务主要分为信托业务和固有财产管理两大类

公司目前的信托业务主要包括：

(1)以组合投资管理为主要特征的资产管理业务，包括房地产投资信托等私募投资管理业务。

(2)以项目或企业融资为主的信托投行业务。

(3)事务管理类信托业务。

4.2.1.2 公司目前信托业务品种主要有单一资金信托、集合资金信托、财产权信托。按运用方式分有投资类信托、融资类信托、组合投资管理类信托。

4.2.2 资产组合与分布

**表4.2.2-1 自营资产运用与分布表** 单位：万元

| 资产运用 | 金额 | 占比(%) | 资产分布 | 金额 | 占比(%) |
|---|---|---|---|---|---|
| 货币资产 | 1,863 | 0.37 | 基础产业 | 0 | 0 |
| 贷款及应收款 | 83,878 | 16.78 | 房地产业 | 56,700 | 11.34 |
| 交易性金融资产投资 | 0 | 0.00 | 证券市场 | 251 | 0.05 |
| 可供出售金融资产投资 | 371,957 | 74.40 | 实业 | 16,250 | 3.25 |
| 持有至到期投资 | 0 | 0.00 | 金融机构 | 344,458 | 68.90 |
| 长期股权投资 | 5,000 | 1.00 | 其他 | 82,308 | 16.46 |
| 其他 | 37,269 | 7.45 | | | |
| 资产总计 | 499,967 | 100.00 | 资产总计 | 499,967 | 100.00 |

**表4.2.2-2 信托资产运用与分布表** 单位：万元

| 资产运用 | 金额 | 占比(%) | 资产分布 | 金额 | 占比(%) |
|---|---|---|---|---|---|
| 货币资产 | 153,152 | 3.06 | 基础产业 | 65,100 | 1.30 |
| 贷款 | 1,333,001 | 26.63 | 房地产 | 3,803,195 | 75.98 |
| 交易性金融资产投资 | 0 | 0 | 证券市场 | 114,752 | 2.29 |
| 可供出售金融资产投资 | 338,418 | 6.76 | 实业 | 185,245 | 3.70 |
| 持有至到期投资 | 0 | 0 | 金融机构 | 243,824 | 4.87 |
| 长期股权投资 | 409,722 | 8.19 | 其他 | 593,619 | 11.86 |
| 其他 | 2,771,442 | 55.36 | | | |
| 信托资产总计 | 5,005,735 | 100.00 | 信托资产总计 | 5,005,735 | 100.00 |

**4.3 市场分析**

4.3.1 有利因素

随着我国由高速发展向高质量发展转型进程不断推进，金融供给侧改革进一步深化，市场化机制日趋健全。多项监管政策文件的出台体现了严监管、精细化监管思路的延续，行业监管体系逐渐完善，为信托公司转型指明了方向。近几年来，信托业加速回归本源、切实服务实体经济，在稳增长、调结构、促转型等方面发挥了积极的作用，信托业在全社会的认可度和受关注度持续增长。居民财富的积累带来了日益增长的财富管理与财富增值需求，培养投资能力、发展服务信托将成为信托公司与金融同业展开差异化竞争的新兴领域。

公司长期坚持“投资化、中长期化、基金化、产品化”的战略方向和“专业、精致、恒久”的经营理念，形成了以主动管理为主导的业务特色。2019年公司加速转型，深入开展股权投资业务与基金化信托业务，不断探索纾困基金、不良资产处置信托、基础设施类信托、绿色信托、慈善信托、员工持股信托、家族信托等服务信托等业务领域，在资产管理、财富管理和专业化的受托服务等领域培养和打造核心竞争力。公司历年来稳健经营，积极履行社会责任，市场形象良好。

4.3.2　不利因素

中美贸易摩擦、英国脱欧等国际政治经济不稳定因素导致国内金融市场波动性加剧。国内经济转型过程仍在进行中，新旧动能转换尚未完成，宏观经济下行压力增大，房地产调控力度加大，房地产信托业务规模受限，信托行业监管趋严。信托公司面临经营环境变化和经营模式转型的挑战，需顺应监管导向，结合自身特色和比较优势进行精准定位，注重可持续发展的内生性动力，追求发展质量，谋求合规转型、稳健发展。

**4.4　内部控制概况**

公司建立了完善的内部治理架构，清晰的内部控制目标和原则，经营管理层牢固树立了内控优先的风险管理理念，公司前、中、后台职责明确，操作独立、运行顺畅。公司根据《中华人民共和国信托法》《信托公司管理办法》等相关法律法规的要求，建立了一整套顺应公司业务发展、符合监管政策的内部控制制度体系，公司现行内控制度渗透到公司的各项业务过程和各个操作环节，基本覆盖所有的部门和岗位，基本形成对风险进行事前防范、事中控制、事后监督和纠正的内控机制，体现了较好的完整性、合理性和有效性，在控制金融风险方面起到了积极的作用，并根据监管要求和经营管理发展需要，适时新增或修订内部控制制度。公司建立了上传下达、下情上达的充分、合理的信息沟通制度，通过多种渠道获取各类信息。公司内部监督分为日常监督和专项监督，合规管理部、风险管理部和稽核部职能分离、职责分明、协同合作，成为公司合规风险的前后道防线，并能组织落实公司的合规风险评估，整个控制活动措施到位，帮助公司降低和规避各类风险，通过后续纠正和改进达到合规和降低风险的目的。

**4.5　风险管理概况**

公司在经营活动中所面临的风险主要包括：信用风险、市场风险、操作风险及其他各类风险。针对不同类型的风险，公司在确保尽职调查工作质量的基础上进一步提高对交易对手和项目的选择标准，有效控制集中度，强化项目管理和风险预警以防范信用风险；加强对宏观经济形势和行业特征的研究，通过适时调整策略和优化升级业务结构以防范市场风险；严格执行并不断补充和完善各项经营管理制度，通过问责和考核机制提高制度执行力和有效性，优化和提升系统支持功能，以防范操作风险；认真研究国家政策，聘请专业法律顾问机构，完善合规制度体系和合规管理工作机制，以防范政策风险、法律合规风险以及其他风险。

报告期内，公司深入贯彻执行国家政策、法规以及监管要求，持续强化公司风险管理体系建设，建立健全风险管理长效机制，加强制度建设提高制度执行力，不断完善合规风险管理，通过风险排查、定期检查等方式落实项目后期管理以及各项风险控制措施。目前公司经营正常，报告期内所有信托计划（项目）均正常存续，到期项目均正常完成信托财产的清算（分配）工作。

**5　报告期末及上一年度末的比较式会计报表**

**5.1　自营资产**

5.1.1　会计师事务所审计结论

德勤华永会计师事务所（特殊普通合伙）出具了标准无保留审计意见。

5.1.2　资产负债表（母公司）

**会01表　资产负债表**

**（2019年12月31日）**

编制单位：杭州工商信托股份有限公司　　　　单位：万元

| 资　产 | 期末余额 | 年初余额 | 负债和股东权益（或股东权益） | 期末余额 | 年初余额 |
|---|---|---|---|---|---|
| 资产： | | | 负债： | | |
| 现金及存放中央银行款项 | 1 | 0 | 向中央银行借款 | 0 | 0 |
| 存放同业款项 | 1,862 | 8,950 | 同业及其他金融机构存放款项 | 0 | 0 |
| 贵金属 | 0 | 0 | 拆入资产 | 0 | 0 |
| 拆出资金 | 0 | 0 | 交易性金融负债 | 0 | 0 |
| 交易性金融资产 | 0 | 0 | 衍生金融负债 | 0 | 0 |
| 衍生金融资产 | 0 | 0 | 卖出回购金融资产款 | 0 | 0 |

续表

| 资　产 | 期末余额 | 年初余额 | 负债和股东权益（或股东权益） | 期末余额 | 年初余额 |
|---|---|---|---|---|---|
| 买入返售金融资产 | 0 | 0 | 吸收存款 | 0 | 0 |
| 应收利息 | 1,806 | 685 | 应付职工薪酬 | 3,130 | 3,407 |
| 发放贷款和垫款 | 83,878 | 47,000 | 应交税费 | 20,804 | 16,870 |
| 可供出售金融资产 | 371,957 | 406,771 | 应付利息 | 0 | 0 |
| 持有至到期投资 | 0 | 14,746 | 预计负债 | 0 | 0 |
| 长期股权投资 | 5,000 | 5,000 | 应付债券 | 0 | 0 |
| 投资性房地产 | 1,097 | 1,196 | 递延所得税负债 | 0 | 0 |
| 固定资产 | 295 | 338 | 其他负债 | 47,565 | 103,330 |
| 无形资产 | 1,251 | 419 | 负债合计 | 71,499 | 123,607 |
| 递延所得税资产 | 7,617 | 6,479 | 股东权益： | | |
| 其他资产 | 25,203 | 28,993 | 股本 | 150,000 | 150,000 |
| | | | 资本公积 | 334 | 334 |
| | | | 减：库存股 | 0 | 0 |
| | | | 其他综合收益 | 5,170 | 4,971 |
| | | | 盈余公积 | 43,791 | 37,811 |
| | | | 一般风险准备 | 30,145 | 26,950 |
| | | | 未分配利润 | 199,028 | 176,904 |
| | | | 股东权益 | 428,468 | 396,970 |
| 资产总计 | 499,967 | 520,577 | 负债和股东权益总计 | 499,967 | 520,577 |

企业负责人：虞利明　　财务负责人：康波　　制表：陈翔宇

**利润表(合并报表)**

**会01表　资产负债表**

**(2019年12月31日)**

编制单位：杭州工商信托股份有限公司　　单位：万元

| 资　产 | 期末余额 | 年初余额 | 负债和股东权益（或股东权益） | 期末余额 | 年初余额 |
|---|---|---|---|---|---|
| 资产： | | | 负债： | | |
| 现金及存放中央银行款项 | 1 | 0 | 向中央银行借款 | 0 | 0 |
| 存放同业款项 | 1,888 | 9,002 | 同业及其他金融机构存放款项 | 0 | 0 |
| 贵金属 | 0 | 0 | 拆入资产 | 0 | 0 |
| 拆出资金 | 0 | 0 | 交易性金融负债 | 0 | 0 |
| 交易性金融资产 | 0 | 0 | 衍生金融负债 | 0 | 0 |
| 衍生金融资产 | 0 | 0 | 卖出回购金融资产款 | 0 | 0 |

续表

| 资　产 | 期末余额 | 年初余额 | 负债和股东权益（或股东权益） | 期末余额 | 年初余额 |
|---|---|---|---|---|---|
| 买入返售金融资产 | 0 | 0 | 吸收存款 | 0 | 0 |
| 应收利息 | 1,806 | 685 | 应付职工薪酬 | 3,135 | 3,411 |
| 发放贷款和垫款 | 83,878 | 47,000 | 应交税费 | 20,912 | 16,995 |
| 可供出售金融资产 | 394,598 | 427,784 | 应付利息 | 0 | 0 |
| 持有至到期投资 | 0 | 14,746 | 预计负债 | 0 | 0 |
| 长期股权投资 | 1,209 | 1,029 | 应付债券 | 0 | 0 |
| 投资性房地产 | 1,097 | 1,196 | 递延所得税负债 | 126 | 120 |
| 固定资产 | 296 | 340 | 其他负债 | 51,924 | 107,318 |
| 无形资产 | 1,251 | 419 | 负债合计 | 76,097 | 127,844 |
| 递延所得税资产 | 7,617 | 6,479 | 股东权益： | | |
| 其他资产 | 25,497 | 26,656 | 股本 | 150,000 | 150,000 |
| | | | 资本公积 | 334 | 334 |
| | | | 减：库存股 | 0 | 0 |
| | | | 其他综合收益 | 5,547 | 5,330 |
| | | | 盈余公积 | 43,791 | 37,811 |
| | | | 一般风险准备 | 30,145 | 26,950 |
| | | | 未分配利润 | 213,224 | 187,067 |
| | | | 股东权益 | 443,041 | 407,492 |
| 资产总计 | 519,138 | 535,336 | 负债和股东权益总计 | 519,138 | 535,336 |

企业负责人：虞利明　　财务负责人：康波　　制表：陈翔宇

5.1.3　利润表（母公司）

**会02表　利润表**

**（2019年度）**

编制单位：杭州工商信托股份有限公司　　单位：万元

| 项　目 | 本期累计金额 | 上期累计金额 |
|---|---|---|
| 一、营业收入 | 107,793 | 100,574 |
| 利息净收入 | 7,756 | 7,525 |
| 利息收入 | 8,824 | 8,137 |
| 利息支出 | 1,068 | 612 |
| 手续费及佣金净收入 | 72,577 | 73,693 |
| 手续费及佣金收入 | 72,577 | 73,693 |
| 手续费及佣金支出 | 0 | 0 |
| 投资收益（损失以“－”号填列） | 27,254 | 18,430 |
| 其中：对联营企业和合营企业的投资收益 | 0 | 0 |
| 公允价值变动收益（损失以“－”号填列） | 0 | 0 |

续表

| 项　目 | 本期累计金额 | 上期累计金额 |
|---|---|---|
| 汇兑收益(损失以"－"号填列) | 0 | 0 |
| 其他业务收入 | 183 | 779 |
| 资产处置收益 | 10 | 0 |
| 其他收益 | 13 | 147 |
| 二、营业支出 | 28,268 | 27,565 |
| 税金及附加 | 592 | 768 |
| 业务及管理费 | 26,845 | 26,698 |
| 资产减值损失 | 732 | 0 |
| 其他业务成本 | 99 | 99 |
| 三、营业利润(亏损以"－"号填列) | 79,525 | 73,009 |
| 加:营业外收入 | 0 | 0 |
| 减:营业外支出 | 83 | 101 |
| 四、利润总额(亏损总额以"－"号填列) | 79,442 | 72,908 |
| 减:所得税费用 | 19,644 | 18,285 |
| 五、净利润(净亏损以"－"填列) | 59,798 | 54,623 |
| 六、每股收益: | | |
| (一)基本每股收益 | 0.40 | 0.36 |
| (二)稀释每股收益 | 0.40 | 0.36 |

企业负责人:虞利明　　财务负责人:康波　　制表:陈翔宇

**利润表(合并报表)**

**会02表　利润表**

**(2019年度)**

编制单位:杭州工商信托股份有限公司　　单位:万元

| 项　目 | 本期累计金额 | 上期累计金额 |
|---|---|---|
| 一、营业收入 | 113,329 | 113,197 |
| 利息净收入 | 7,756 | 7,525 |
| 利息收入 | 8,824 | 8,137 |
| 利息支出 | 1,068 | 612 |
| 手续费及佣金净收入 | 72,939 | 74,118 |
| 手续费及佣金收入 | 72,939 | 74,118 |
| 手续费及佣金支出 | 0 | 0 |
| 投资收益(损失以"－"号填列) | 32,343 | 30,533 |
| 其中:对联营企业和合营企业的投资收益 | 328 | 192 |
| 公允价值变动收益(损失以"－"号填列) | 0 | 0 |
| 汇兑收益(损失以"－"号填列) | 0 | 0 |
| 其他业务收入 | 268 | 873 |
| 资产处置收益 | 10 | 0 |

续表

| 项　目 | 本期累计金额 | 上期累计金额 |
|---|---|---|
| 其他收益 | 13 | 148 |
| 二、营业支出 | 28,738 | 28,058 |
| 税金及附加 | 597 | 778 |
| 业务及管理费 | 27,299 | 27,181 |
| 资产减值损失 | 743 | 0 |
| 其他业务成本 | 99 | 99 |
| 三、营业利润(亏损以"-"号填列) | 84,591 | 85,139 |
| 加:营业外收入 | 201 | 7 |
| 减:营业外支出 | 82 | 100 |
| 四、利润总额(亏损总额以"-"号填列) | 84,710 | 85,046 |
| 减:所得税费用 | 20,879 | 21,277 |
| 五、净利润(净亏损以"-"填列) | 63,831 | 63,769 |
| 六、每股收益: | | |
| (一)基本每股收益 | 0.43 | 0.43 |
| (二)稀释每股收益 | 0.43 | 0.43 |

企业负责人:虞利明　　财务负责人:康波　　制表:陈翔宇

5.1.4　股东权益变动表(母公司)

**股东权益变动表**

**(2019年12月31日止年度)**

| | 股本 | 资本公积 | 其他综合收益 | 盈余公积 | 一般风险准备 | 信托赔偿准备 | 未分配利润 | 股东权益 |
|---|---|---|---|---|---|---|---|---|
| | 人民币万元 | 人民币万元 | 人民币万元 | 人民币万元 | 人民币万元 | 人民币万元 | 人民币万元 | 人民币万元 |
| 一、2018年12月31日 | 150,000 | 334 | 4,970 | 37,811 | 7,554 | 19,397 | 176,904 | 396,970 |
| 二、2019年1月1日余额 | 150,000 | 334 | 4,970 | 37,811 | 7,554 | 19,397 | 176,904 | 396,970 |
| 三、本年增减变动金额 | | | | | | | | |
| (一)净利润 | | | | | | | 59,798 | 59,798 |
| (二)其他综合收益 | | | 200 | | | | | 200 |
| (一)和(二)小计 | | | 200 | | | | 59,798 | 59,998 |
| (三)股东投入和减少资本 | | | | | | | | |
| (四)利润分配 | | | | | | | | |
| 1. 提取盈余公积 | | | | 5,980 | | | -5,980 | |
| 2. 提取一般风险准备 | | | | | 204 | | -204 | |
| 3. 提取信托赔偿准备 | | | | | | 2,990 | -2,990 | |
| 4. 对股东的分配 | | | | | | | -28,500 | -28,500 |
| (五)股东权益内部结转 | | | | | | | | |
| 四、2019年12月31日余额 | 150,000 | 334 | 5,170 | 43,791 | 7,758 | 22,387 | 199,028 | 428,468 |

股东权益变动表－续

（2018年12月31日止年度）

| | 股本 | 资本公积 | 其他综合收益 | 盈余公积 | 一般风险准备 | 信托赔偿准备 | 未分配利润 | 股东权益 |
|---|---|---|---|---|---|---|---|---|
| | 人民币万元 | 人民币万元 | 人民币万元 | 人民币万元 | 人民币万元 | 人民币万元 | 人民币万元 | |
| 一、2017年12月31日 | 150,000 | 334 | 3,929 | 32,349 | 7,227 | 16,666 | 157,800 | 368,305 |
| 二、2018年1月1日余额 | 150,000 | 334 | 3,929 | 32,349 | 7,227 | 16,666 | 157,800 | 368,305 |
| 三、本年增减变动金额 | | | | | | | | |
| （一）净利润 | | | | | | | 54,624 | 54,624 |
| （二）其他综合收益 | | | 1,041 | | | | | 1,041 |
| （一）和（二）小计 | | | 1,041 | | | | 54,624 | 55,665 |
| （三）股东投入和减少资本 | | | | | | | | |
| （四）利润分配 | | | | | | | | |
| 1. 提取盈余公积 | | | | 5,462 | | | -5,462 | |
| 2. 提取一般风险准备 | | | | | 327 | | -327 | |
| 3. 提取信托赔偿准备 | | | | | | 2,731 | -2,731 | |
| 4. 对股东的分配 | | | | | | | -27,000 | -27,000 |
| （五）股东权益内部结转 | | | | | | | | |
| 四、2018年12月31日余额 | 150,000 | 334 | 4,970 | 37,811 | 7,554 | 19,397 | 176,904 | 396,970 |

**股东权益变动表（合并报表）**

股东权益变动表

（2019年12月31日止年度）

| | 归属于母公司股东权益 | | | | | | | 少数股东权益 | 股东权益合计 |
|---|---|---|---|---|---|---|---|---|---|
| | 股本 | 资本公积 | 其他综合收益 | 盈余公积 | 一般风险准备 | 信托赔偿准备 | 未分配利润 | | |
| | 人民币万元 | 人民币万元 | 人民币万元 | 人民币万元 | 人民币万元 | 人民币万元 | 人民币万元 | | 人民币万元 |
| 一、2018年2月31日 | 150,000 | 334 | 5,329 | 37,811 | 7,554 | 19,397 | 187,067 | | 407,492 |
| 二、2019年1月1日余额 | 150,000 | 334 | 5,329 | 37,811 | 7,554 | 19,397 | 187,067 | | 407,492 |
| 三、本年增减变动金额 | | | | | | | | | |
| （一）净利润 | | | | | | | 63,831 | | 63,831 |
| （二）其他综合收益 | | | 218 | | | | | | 218 |
| （一）和（二）小计 | | | 218 | | | | 63,831 | | 64,049 |
| （三）股东投入和减少资本 | | | | | | | | | |
| （四）利润分配 | | | | | | | | | |
| 1. 提取盈余公积 | | | | 5,980 | | | -5,980 | | |

续表

| | 归属于母公司股东权益 | | | | | | | 少数股东权益 | 股东权益合计 |
|---|---|---|---|---|---|---|---|---|---|
| | 股本 | 资本公积 | 其他综合收益 | 盈余公积 | 一般风险准备 | 信托赔偿准备 | 未分配利润 | | |
| | 人民币万元 | 人民币万元 | 人民币万元 | 人民币万元 | 人民币万元 | 人民币万元 | 人民币万元 | | 人民币万元 |
| 2. 提取一般风险准备 | | | | | 204 | | -204 | | |
| 3. 提取信托赔偿准备 | | | | | | 2,990 | -2,990 | | |
| 4. 对股东的分配 | | | | | | | -28,500 | | -28,500 |
| (五)股东权益内部结转 | | | | | | | | | |
| 四、2019年12月31日余额 | 150,000 | 334 | 5,547 | 43,791 | 7,758 | 22,387 | 213,224 | | 443,041 |

**股东权益变动表-续**

**(2018年12月31日止年度)**

| | 归属于母公司股东权益 | | | | | | | 少数股东权益 | 股东权益合计 |
|---|---|---|---|---|---|---|---|---|---|
| | 股本 | 资本公积 | 其他综合收益 | 盈余公积 | 一般风险准备 | 信托赔偿准备 | 未分配利润 | | |
| | 人民币万元 | 人民币万元 | 人民币万元 | 人民币万元 | 人民币万元 | 人民币万元 | 人民币万元 | | 人民币万元 |
| 一、2017年12月31日 | 150,000 | 334 | 3,971 | 32,349 | 7,228 | 16,666 | 158,817 | | 369,365 |
| 二、2018年1月1日余额 | 150,000 | 334 | 3,971 | 32,349 | 7,228 | 16,666 | 158,817 | | 369,365 |
| 三、本年增减变动金额 | | | | | | | | | |
| (一)净利润 | | | | | | | 63,769 | | 63,769 |
| (二)其他综合收益 | | | 1,358 | | | | | | 1,358 |
| (一)和(二)小计 | | | 1,358 | | | | 63,769 | | 65,127 |
| (三)股东投入和减少资本 | | | | | | | | | |
| (四)利润分配 | | | | | | | | | |
| 1. 提取盈余公积 | | | | 5,462 | | | -5,462 | | |
| 2. 提取一般风险准备 | | | | | 326 | | -326 | | |
| 3. 提取信托赔偿准备 | | | | | | 2,731 | -2,731 | | |
| 4. 对股东的分配 | | | | | | | -27,000 | | -27,000 |
| (五)股东权益内部结转 | | | | | | | | | |
| 四、2018年12月31日余额 | 150,000 | 334 | 5,329 | 37,811 | 7,554 | 19,397 | 187,067 | | 407,492 |

**5.2 信托资产**

5.2.1 信托项目资产负债汇总表

**信托项目资产负债表(汇总表)**

编制单位:杭州工商信托股份有限公司 单位:万元

| 信托资产 | 期初数 | 期末数 | 信托负债和信托权益 | 期初数 | 期末数 |
|---|---|---|---|---|---|
| 信托资产: | | | 信托负债: | | |
| 货币资金 | 36,013 | 153,152 | 交易性金融负债 | 0.00 | 0.00 |
| 拆出资金 | 0.00 | 0.00 | 衍生金融负债 | 0.00 | 0.00 |
| 存出保证金 | 0.00 | 0.00 | 应付受托人报酬 | 42,973 | 37,927 |
| 以公允价值计量且其变动计入当前损益的金融资产 | 0.00 | 0.00 | 应付托管费 | 17 | 13 |
| 衍生金融资产 | 0.00 | 0.00 | 应付受益人收益 | 283 | 689 |
| 买入返售金融资产 | 0.00 | 52,792 | 应交税费 | 76 | 528 |
| 应收款项 | 27,253 | 8,955 | 应付销售服务费 | 0.00 | 0.00 |
| 发放贷款 | 1,288,922 | 1,333,001 | 其他应付款项 | 55,127 | 128,598 |
| 可供出售金融资产 | 684,841 | 338,418 | 其他负债 | 0.00 | 0.00 |
| 持有至到期投资 | 0.00 | 0.00 | 信托负债合计 | 98,476 | 167,755 |
| 长期应收款 | 0.00 | 0.00 | | 0 | 0 |
| 长期股权投资 | 463,400 | 409,722 | 信托权益: | 0 | 0 |
| 投资性房地产 | 0.00 | 0.00 | 实收信托 | 5,082,603 | 4,761,163 |
| 固定资产 | 0.00 | 0.00 | 资本公积 | 0 | 0 |
| 无形资产 | 0.00 | 0.00 | 外币报表折算差额 | 0 | 0 |
| 长期待摊费用 | 0.00 | 0.00 | 未分配利润 | 60,693 | 76,817 |
| 其他资产 | 2,741,343 | 2,709,695 | 信托权益合计 | 5,143,296 | 4,837,980 |
| 信托资产总计 | 5,241,772 | 5,005,735 | 信托负债和信托权益总计 | 5,241,772 | 5,005,735 |

企业负责人:虞利明 财务负责人:康波 制表:陈俏敏

5.2.2 信托项目利润及利润分配汇总表

**信托项目利润及利润分配表(汇总表)**

编制单位:杭州工商信托股份有限公司 单位:万元

| 项　目 | 本年累计数 | 上年累计数 |
|---|---|---|
| 一、营业收入 | 492,147 | 442,211 |
| 利息收入 | 381,067 | 338,547 |
| 投资收益 | 105,209 | 96,622 |
| 公允价值变动收益 | 24 | -24 |
| 财务顾问收入 | 0 | 0 |
| 租赁收入 | 0 | 0 |

续表

| 项　目 | 本年累计数 | 上年累计数 |
|---|---|---|
| 汇兑损益 | 0 | 0 |
| 其他收入 | 5,847 | 7,066 |
| 二、支出 | 78,334 | 90,014 |
| 营业税金及附加 | 1,838 | 1,363 |
| 受托人报酬 | 74,207 | 85,919 |
| 保管费 | 0 | 0 |
| 投资管理费 | 0 | 0 |
| 销售服务费 | 0 | 0 |
| 交易费用 | 0 | 0 |
| 资产减值损失 | 0 | 0 |
| 其他费用 | 2,289 | 2,732 |
| 三、信托净利润 | 413,813 | 352,197 |
| 四、其他综合收益 | 0 | 0 |
| 五、综合收益 | 413,813 | 352,197 |
| 加:期初未分配信托利润 | 60,692 | 65,746 |
| 六、可供分配的信托利润 | 474,505 | 417,943 |
| 减:本期已分配信托利润 | 397,688 | 357,251 |
| 七、期末未分配信托利润 | 76,817 | 60,692 |

企业负责人:虞利明　　财务负责人:康波　　制表:陈俏敏

## 6　会计报表附注

### 6.1　简要说明报告年度会计报表编制基准、会计政策、会计估计和核算方法发生的变化。

无。

### 6.2　或有事项说明

截至报告日,本公司不存在需要披露的重大或有事项。

### 6.3　重要资产转让及其出售的说明

无。

### 6.4　会计报表中重要项目的明细资料

6.4.1　披露自营资产经营情况

6.4.1.1　按信用风险五级分类结果披露信用风险资产的期初数、期末数。

**表 6.4.1.1**

| 信用风险资产五级分类 | 正常类 | 关注类 | 次级类 | 可疑类 | 损失类 | 信用风险资产合计 | 不良合计 | 不良率(%) |
|---|---|---|---|---|---|---|---|---|
| 期初数 | 506,982 | 0 | 0 | 0 | 0 | 506,982 | 0 | 0 |
| 期末数 | 452,854 | 36,610 | 0 | 0 | 0 | 489,464 | 0 | 0 |

注:不良资产合计 = 次级类 + 可疑类 + 损失类

6.4.1.2　各项资产减值损失准备的期初、本期计提、本期转回、本期核销、期末数;贷款的一般准备、专项准备和其他资产减值准备应分别披露。

表 6.4.1.2 单位:万元

| | 期初数 | 本期计提 | 本期转回 | 本期核销 | 期末数 |
|---|---|---|---|---|---|
| 贷款损失准备 | 0 | 772 | 40 | 0 | 732 |
| 一般准备 | 0 | 0 | 0 | 0 | 0 |
| 专项准备 | 0 | 772 | 40 | 0 | 732 |
| 其他资产减值准备 | 95 | 0 | 0 | 0 | 95 |
| 可供出售金融资产减值准备 | 0 | 0 | 0 | 0 | 0 |
| 持有至到期投资减值准备 | 0 | 0 | 0 | 0 | 0 |
| 长期股权投资减值准备 | 0 | 0 | 0 | 0 | 0 |
| 坏账准备 | 0 | 0 | 0 | 0 | 0 |
| 投资性房地产减值准备 | 0 | 0 | 0 | 0 | 0 |
| 其他资产减值准备 | 95 | 0 | 0 | 0 | 95 |

6.4.1.3 自营股票投资、基金投资、债券投资、股权投资等投资业务的期初数、期末数。

表 6.4.1.3 单位:万元

| | 自营股票 | 基金 | 债券 | 股权投资 | 其他投资 | 合计 |
|---|---|---|---|---|---|---|
| 期初数 | 222 | 0 | 14,746 | 28,603 | 382,946 | 426,517 |
| 期末数 | 251 | 0 | 0 | 29,610 | 347,095 | 376,956 |

6.4.1.4 按投资入股金额排序,前五名的自营长期股权投资的企业名称、占被投资企业权益的比例、主要经营活动及投资收益情况等。(从大到小顺序排列)

表 6.4.1.4 单位:万元

| 企业名称 | 占被投资企业权益的比例(%) | 主要经营活动 | 投资损益(万元) |
|---|---|---|---|
| 浙江蓝桂资产管理有限公司 | 100.00 | 资产管理,投资管理,企业管理,商务咨询,实业投资 | 0 |

注:投资损益是指按照企业会计准则规定,核算股权投资确认损益并计入披露年报利润表的金额。

6.4.1.5 前五名的自营贷款的企业名称、占贷款总额的比例和还款情况。(从大到小顺序排列)

| 企业名称 | 贷款金额 | 占贷款总额比例(%) | 还款情况 |
|---|---|---|---|
| 1. 惠州市启旸房地产开发有限公司 | 22,000 万元 | 26.00 | 正常收息,未到期 |
| 2. 银江科技集团有限公司 | 21,610 万元 | 25.54 | 正常收息,未到期 |
| 3. 徐州德翼置业有限公司 | 20,000 万元 | 23.64 | 正常收息,未到期 |
| 4. 远洲池州有限公司 | 15,000 万元 | 17.73 | 正常收息,未到期 |
| 5. 上海伊禾食品国际贸易有限公司 | 6,000 万元 | 7.09 | 正常收息,未到期 |
| 合计 | 84,610 万元 | 100 | |

6.4.1.6 表外业务的期初数、期末数;按照代理业务、担保业务和其他类型表外业务分别披露。

**表 6.4.1.6**

单位：万元

| 表外业务 | 期初数 | 期末数 |
| --- | --- | --- |
| 担保业务 | 0 | 0 |
| 代理业务（委托业务） | 4,211 | 4,211 |
| 其他 | 0 | 0 |
| 合计 | 4,211 | 4,211 |

注：代理业务主要反映因客观原因应规范而尚未完成规范的历史遗留委托业务，包括委托贷款和委托投资。

6.4.1.7 公司当年的收入结构（母公司口径、并表口径同时披露）。

**表 6.4.1.7**

单位：万元

| 收入结构 | 母公司口径 | | 合并口径 | |
| --- | --- | --- | --- | --- |
| | 金额 | 占比（%） | 金额 | 占比（%） |
| 手续费及佣金收入 | 72,577 | 66.67 | 72,939 | 63.65 |
| 其中：信托手续费收入 | 72,577 | 66.67 | 72,577 | 63.33 |
| 投资银行业务收入 | 0 | 0 | 0 | 0 |
| 利息收入 | 8,824 | 8.11 | 8,824 | 7.70 |
| 其他业务收入 | 183 | 0.17 | 268 | 0.23 |
| 其中：计入信托业务收入部分 | 0 | 0 | 0 | 0 |
| 投资收益 | 27,254 | 25.03 | 32,343 | 28.22 |
| 其中：股权投资收益 | 1,508 | 1.38 | 1,836 | 1.60 |
| 证券投资收益 | 10 | 0.01 | 10 | 0.01 |
| 其他投资收益 | 25,736 | 23.64 | 30,497 | 26.61 |
| 资产处置收益 | 13 | 0.01 | 13 | 0.01 |
| 其他收益 | 10 | 0.01 | 10 | 0.01 |
| 营业外收入 | 0 | 0 | 201 | 0.18 |
| 收入合计 | 108,861 | 100.00 | 114,598 | 100.00 |

注：手续费及佣金收入、利息收入、其他业务收入、投资收益、营业外收入均应为损益表中的一级科目，其中手续费及佣金收入、利息收入、营业外收入为未抵减掉相应支出的全年累计实现收入数。

6.4.2 披露信托资产管理情况

6.4.2.1 信托资产的期初数、期末数。

**表 6.4.2.1**

单位：万元

| 信托资产 | 期初数 | 期末数 |
| --- | --- | --- |
| 集合 | 4,887,899 | 4,655,867 |
| 单一 | 253,873 | 229,868 |
| 财产权 | 100,000 | 120,000 |
| 合计 | 5,241,772 | 5,005,735 |

6.4.2.1.1 主动管理型信托业务的信托资产期初数、期末数。分证券投资、股权投资、融资、事务管理类分别披露。

表 6.4.2.1.1

单位：万元

| 主动管理型信托资产 | 期初数 | 期末数 |
|---|---|---|
| 证券投资类 | 0 | 0 |
| 股权投资类 | 2,021,749 | 1,838,727 |
| 组合投资类 | 1,513,902 | 1,560,138 |
| 融资类 | 1,444,740 | 1,224,516 |
| 事务管理类 | 0 | 62 |
| 其他投资 | 0 | 0 |
| 合计 | 4,980,391 | 4,623,443 |

6.4.2.1.2　被动管理型信托业务的信托资产期初数、期末数。分证券投资、股权投资、融资、事务管理类分别披露。

表 6.4.2.1.2

单位：万元

| 被动管理型信托资产 | 期初数 | 期末数 |
|---|---|---|
| 证券投资类 | 0 | 0 |
| 股权投资类 | 0 | 0 |
| 融资类 | 0 | 0 |
| 事务管理类 | 261,381 | 382,292 |
| 合计 | 261,381 | 382,292 |

6.4.2.2　本年度已清算结束的信托项目个数、实收信托合计金额、加权平均实际年化收益率。

6.4.2.2.1　本年度已清算结束的集合类、单一类资金信托项目和财产管理类信托项目个数、实收信托金额、加权平均实际年化收益率。

表 6.4.2.2.1

| 已清算结束信托项目 | 项目个数 | 实收信托合计金额(万元) | 加权平均实际年化收益率 |
|---|---|---|---|
| 集合类 | 32 | 1,493,932.03 | 8.93% |
| 单一类 | 6 | 72,502.74 | 11.77% |
| 财产管理类 | 0 | 0 | 0.00% |

注：收益率是指信托项目清算后，给受益人赚取的实际收益水平。加权平均实际年化收益率 =(信托项目 1 的实际年化收益率 × 信托项目 1 的实收信托 + 信托项目 2 的实际年化收益率 × 信托项目 2 的实收信托 + …信托项目 n 的实际年化收益率 × 信托项目 n 的实收信托)/(信托项目 1 的实收信托 + 信托项目 2 的实收信托 + …信托项目 n 的实收信托) ×100%

6.4.2.2.2　本年度已清算结束的主动管理型信托项目个数、实收信托合计金额、加权平均实际年化收益率。分证券投资、股权投资、融资、事务管理类分别披露。

表 6.4.2.2.2

| 已清算结束信托项目 | 项目个数 | 实收信托合计金额(万元) | 加权平均实际年化信托报酬率 | 加权平均实际年化收益率 |
|---|---|---|---|---|
| 证券投资类 | 0 | 0 | 0 | 0 |
| 股权投资类 | 16 | 758,332.74 | 1.78% | 8.48% |
| 组合投资类 | 3 | 60,062.03 | 3.54% | 10.07% |

续表

| 已清算结束信托项目 | 项目个数 | 实收信托合计金额（万元） | 加权平均实际年化信托报酬率 | 加权平均实际年化收益率 |
|---|---|---|---|---|
| 融资类 | 16 | 739,640.00 | 2.13% | 7.66% |
| 事务管理类 | 0 | 0 | 0 | 0 |

6.4.2.2.3　本年度已清算结束的被动管理型信托项目个数、实收信托合计金额、加权平均实际年化收益率。分证券投资、股权投资、融资、事务管理类分别披露。

**表 6.4.2.2.3**

| 已清算结束信托项目 | 项目个数 | 合计金额（万元） | 加权平均实际年化信托报酬率 | 加权平均实际年化收益率 |
|---|---|---|---|---|
| 证券投资类 | 0 | 0 | 0 | 0 |
| 股权投资类 | 0 | 0 | 0 | 0 |
| 融资类 | 0 | 0 | 0 | 0 |
| 事务管理类 | 3.00 | 8,400.00 | 6.55% | 20.93% |

6.4.2.3　本年度新增的集合类、单一类和财产管理类信托项目个数、实收信托合计金额。

**表 6.5.2.3**

| 新增信托项目 | 项目个数 | 合计金额（万元） |
|---|---|---|
| 集合类 | 38 | 1,994,244 |
| 单一类 | 5 | 107,665 |
| 财产管理类 | 0 | 0 |
| 新增合计 | 43 | 2,101,909 |

注：仅为新发行项目规模，不包括以前年度成立项目在本年度后续发行的规模。

6.4.2.4　信托业务创新成果和特色业务有关情况。（此部分为可选项，即公司可自主决定是否披露、部分披露或全部披露）

公司坚持“投资化、中长期化、基金化、产品化”的业务战略，推动资产管理业务稳步发展；明确提出将财富管理业务作为战略业务板块，加快财富管理业务转型。公司加大在家族财富管理业务上的投入力度，积极引进专业人才、搭建家族信托办公室，2019年家族信托业务实现零突破，成立了首单“嘉和汇家族信托”。公司于2019年设立房地产研究院，发挥自身在房地产信托领域长期积累的业务优势与专业能力，提升行业能力与金融能力的融合度。公司继续推进投资化和基金化业务实践，推出多个投资项目、3个“飞鹰”系列房地产信托基金，以及基于战略房企集团客户的专项主题基金，其中飞鹰20号信托计划荣获第十二届“诚信托”评选中“诚信托·最佳房地产信托产品奖”及第十二届中国优秀信托公司评选中“2019年度优秀房地产信托计划”两项大奖。公司积极践行绿色金融，多次参加行业绿色信托专题研讨；推出绿色信托“杭工信·鸿利10号集合资金信托计划”。

社会责任履行情况：

在加速业务转型、持续开拓业务新领域的同时，公司积极承担社会责任，开展了多项慈善公益活动和消费者权益保护活动。（1）积极参与公益活动，提供人力与资金帮助。公司多年积极参与“春风行动”“联乡结村”“三服务”“百千万”和助学捐赠等活动，2019年捐赠资金超过80万元，员工志愿者服务时长近150小时。（2）持续开展爱心助学活动。6月，公司开展“六一微心愿”活动，党政工团代表把根据学生们填写的心愿单采购的礼物送往遂昌湖山乡中心小学，该项目荣获杭州市金融系统优秀公益项目提名奖。9月，公司为湖山乡中心小学13名贫困生捐赠每人1000元的爱心助学金，为江山市廿八都中心小学3名贫困生捐赠每人500元的爱心助学金。（3）公司持续关注弱势群体，在2019年推出3单慈善信托。“杭工信·阳光2号母亲微笑行动慈善信托”为贫困家庭唇腭裂及面部畸形患儿提供免费医疗救治，该慈善信托荣获杭州市金融系统优秀公益项目奖；“杭工信·阳光3号联乡结村慈善信托”用于扶持浙江省建德市洋尾片四村种植吴茱萸的低收入农户；为促进青少年教育事业的全面发展,帮助孩子实现艺术梦,成立“杭工信·阳光5号教育助学慈善信托”,首批慈善资金用于采购山区学校音乐器材等教具。(4)多次组织下乡慰问。公司组织党员赴富阳场口镇华丰村、青江村开展“百千万”集中总结提高阶段回访工作、赠送慰问品,为村民新春送健康;开展“走亲连心三服务”蹲点调研、送金融服务下乡。(5)加强消费者权益保护工作。6月,公司组织开展“普及金融知识,守住‘钱袋子’活动”宣传服务月,为消费者普及金融知识,强化消费者的风险意识和责任意识。(6)公司积极参与中国信托业协会组织开展的绿色信托研究,2019年作为小组成员参与《绿色信托指引》制定等相关工作专题研讨,为推动绿色信托发展,推广绿色金融理念贡献力量。2019年,公司荣获“浙江省创建和谐劳动关系暨双爱活动先进企业”称号;被评为杭州市2018年“春风行动”先进单位;在《证券时报》主办的第十二届中国优秀信托公司评选中获“2019年度优秀风控信托公司”奖项;在《浙商》杂志、世界浙商网主办的评选中获评“2019(第十届)浙商最信赖金融机构”。

6.4.2.5 本公司履行受托人义务情况及因本公司自身责任而导致的信托资产损失情况(合计金额、原因等)。

无。

### 6.5 关联方关系及其交易的披露

6.5.1 关联交易方的数量、关联交易的总金额及关联交易的定价政策等。

表6.5.1

| | 关联交易方数量 | 关联交易金额(万元) | 定价政策 |
|---|---|---|---|
| 合计 | 3 | 266 | 市场公允价格 |

注:“关联交易”定义应以《公司法》和《企业会计准则第36号-关联方披露》有关规定为准。

6.5.2 关联交易方与本公司的关系性质、关联交易方的名称、法定代表人、注册地址、注册资本及主营业务等。

表6.5.2

| 关系性质 | 关联方名称 | 法定代表人 | 注册地址 | 注册资本(万元) | 主营业务 |
|---|---|---|---|---|---|
| 受同一母公司控制 | 杭州国际机场大厦开发有限公司 | 姚建惠 | 浙江省杭州市江干区庆春东路2-6号102室 | 16000 | 杭州国际机场大厦开发(凭资质证书经营),自有房屋租赁。 |
| 受同一母公司控制 | 杭州惠金资产管理有限公司 | 岑君仙 | 浙江省杭州市娄江路217号2号楼13层1301室 | 5000 | 服务:接受企业委托从事资产管理,投资管理,投资咨询(除证券、期货),财务管理咨询(除代理记账),企业管理咨询,股权投资,经济信息咨询,计算机软件的技术开发,接受金融机构委托从事金融信息技术外包,接受金融机构委托从事金融业务流程外包。(未经金融等监管部门批准,不得从事向公众融资存款、融资担保、代客户理财等金融服务)(依法须经批准的项目,经相关部门批准后方可开展经营活动)。 |
| 受同一母公司控制 | 杭州金锤资产管理有限公司 | 郑齐定 | 浙江省杭州市上城区崔家巷4号2幢108室 | 15000 | 服务:受托企业资产管理、实业投资、投资管理、投资咨询(未经金融等监管部门批准,不得从事向公众融资存款、融资担保、代客理财等金融服务);批发、零售:百货。 |

6.5.3 本公司与关联方的重大交易事项

6.5.3.1 固有与关联方交易情况：贷款、投资、租赁、应收账款担保、其他方式等期初汇总数、本期借方和贷方发生额汇总数、期末汇总数。

**表 6.5.3.1 固有与关联方关联交易** 单位：万元

| | 期初数 | 借方发生额 | 贷方发生额 | 期末数 |
|---|---|---|---|---|
| 贷款 | 0 | 0 | 0 | 0 |
| 投资 | 0 | 258 | 258 | 0 |
| 租赁 | 0 | 8 | 8 | 0 |
| 担保 | 0 | 0 | 0 | 0 |
| 应收账款 | 0 | 0 | 0 | 0 |
| 其他 | 0 | 0 | 0 | 0 |
| 合计 | 0 | 266 | 266 | 0 |

6.5.3.2 信托资产与关联方：贷款、投资、租赁、应收账款、担保、其他方式等期初汇总数、本期发生额汇总数、期末汇总数。

**表 6.5.3.2 信托与关联方关联交易** 单位：万元

| | 期初数 | 借方发生额 | 贷方发生额 | 期末数 |
|---|---|---|---|---|
| 贷款 | 0 | 0 | 0 | 0 |
| 投资 | 0 | 0 | 0 | 0 |
| 租赁 | 0 | 0 | 0 | 0 |
| 担保 | 0 | 0 | 0 | 0 |
| 应收账款 | 0 | 0 | 0 | 0 |
| 其他 | 0 | 0 | 0 | 0 |
| 合计 | 0 | 0 | 0 | 0 |

6.5.3.3 信托公司自有资金运用于自己管理的信托项目（固信交易）、信托公司管理的信托项目之间的相互（信信交易）交易金额，包括余额和本报告年度的发生额。

6.5.3.3.1 固有财产与信托财产之间的交易金额期初汇总数、本期发生额汇总数、期末汇总数。

**表 6.5.3.3.1 固有财产与信托财产相互交易** 单位：万元

| | 期初数 | 本期发生额 | 期末数 |
|---|---|---|---|
| 合计 | 340,485 | -4,789 | 335,696 |

注：以固有资金投资公司自己管理的信托项目受益权，或购买自己管理的信托项目的信托资产均应纳入统计披露范围。

6.5.3.3.2 信托项目之间的交易金额期初汇总数、本期发生额汇总数、期末汇总数。

**表 6.5.3.3.2 信托资产与信托财产相互交易** 单位：万元

| | 期初数 | 本期发生额 | 期末数 |
|---|---|---|---|
| 合计 | 354,815 | -131,149 | 223,666 |

注：以公司受托管理的一个信托项目的资金购买自己管理的另一个信托项目的受益权或信托项下资产均应纳入统计披露范围。

6.5.4 逐笔披露关联方逾期未偿还本公司资金的　详细情况以及本公司为关联方担保发生或即将发生垫款

的详细情况。

无。

**6.6 会计制度的披露**

固有业务(自营业务)、信托业务:本公司执行财政部颁布的企业会计准则(包括于2014 年新颁布的新的和修订的企业会计准则)及相关规定。

**7 财务情况说明书**

**7.1 利润实现和分配情况(母公司口径和并表口径同时披露)**

7.1.1 母公司口径:本年度实现利润总额 79,442 万元,所得税费用 19,644 万元(其中当期所得税 20,849 万元、递延所得税 - 1,205 万元),净利润 59,798 万元,年初未分配利润 176,904 万元,年末未分配利润 199,028 万元。

并表口径:本年度实现利润总额 84,710 万元,所得税费用 20,879 万元(其中当期所得税 22,084 万元、递延所得税 - 1,205 万元),净利润 63,831 万元,年初未分配利润 187,067 万元,年末未分配利润 213,224 万元。

7.1.2 母公司口径:按 10% 提取法定盈余公积 5,980万元。

并表口径:按 10% 提取法定盈余公积5,980万元。

7.1.3 母公司口径:按 5% 提取信托赔偿准备金 2,990万元。

并表口径:按 5% 提取信托赔偿准备金 2,990 万元。

7.1.4 母公司口径:按风险资产余额的 1.5% 计提一般风险准备金 204 万元。

并表口径:按风险资产余额的 1.5% 计提一般风险准备金 204 万元。

7.1.5 母公司口径:年末可供分配的利润为 199,028万元。

并表口径:年末可供分配的利润为 213,224 万元。

**7.2 主要财务指标(母公司口径和并表口径同时披露)**

表 7.2

| 指标名称 | 指标值 | |
|---|---|---|
| | 母公司口径 | 合并口径 |
| 资本利润率 | 14.70% | 15.22% |
| 加权年化信托报酬率 | 2.51% | 2.51% |
| 人均净利润 | 299 万元 | 307 万元 |

注:资本利润率 = 净利润/股东权益平均余额 ×100%

股东权益平均余额采取年初及各季末余额移动算术平均法。

公式为:a(平均) = (a0/2 + a1 + a2 + a3 + a4/2)/4

加权年化信托报酬率 = (信托项目 1 的实际年化信托报酬率 * 信托项目 1 的实收信托 + 信托项目 2 的实际年化信托报酬率 * 信托项目 2 的实收信托 + …信托项目 n 的实际年化信托报酬率 * 信托项目 n 的实收信托)/(信托项目 1 的实收信托 + 信托项目 2 的实收信托 + …信托项目 n 的实收信托) * 100%

人均净利润 = 净利润/年平均人数

平均人数采取年初、年末余额简单平均法。

公式为:a(平均) = (年初数 + 年末数)/2

**7.3 对本公司财务状况、经营成果有重大影响的其他事项**

无。

**8 特别事项简要揭示**

**8.1 前五名股东报告期内变动情况及原因**

无。

**8.2 董事、监事及高级管理人员变动情况及原因**

2018 年 9 月 27 日,第八届董事会第三次会议同意公司原总裁丁建萍先生因个人原因辞去总裁等职务,由江龙先生代为行使总裁职权。2019 年 3 月 11 日,按照公司《章程》相关规定,由相关股东提名,公司第八届董事会第六次会议审议通过《关于聘任公司总裁的议案》。2019 年 3 月 27 日,中国银保监会浙江监管局出具《关于江龙任职资格的批复》(浙银保监复〔2019〕387 号),公司聘任江龙先生为公司总裁,任期至公司第八届董事会届满之日止。

**8.3 公司的重大诉讼事项**

无。

**8.4 对会计师事务所出具的有保留意见、否定意见或无法表示意见的审计报告的,公司董事会应就所涉及事项做出说明**

无。

**8.5 公司及其董事、监事和高级管理人员受到处罚的情况**

无。

**8.6 银保监会及其派出机构对公司检查后提出整改意见的,应简单说明整改情况**

2019 年 5 月,中国银保监会浙江监管局下发《中国银保监会浙江监管局关于杭州工商信托股份有限公司2018年度监管的意见》(浙银保监发〔2019〕80号),评价公司2018年积极探索资产管理和组合投资业务模式,受托管理资产规模稳步上升,资产管理能力和金融服务水平进一步提升,各项风险可控,盈利状况良好,经营总体稳定。同时,指出公司存在部分领域合规管理不到位、面临一定风险防控压力等问题,针对存在的问题提出了相应的监管要求。公司高度重视监管意见,由风险管理部牵头各相关部门,针对监管提出的问题进行梳理,逐一对照并制定了相应的整改方案。截至目前,监管意见所指出的问题均已整改完毕,同时,公司亦通过"进一步完善合规管理体系""持续加强信用风险防控""强化流动性风险管理""夯实操作风险防控基础""切实防范交叉金融风险"等措施,切实提升合规管理水平,并持续做好风险防控工作。

**8.7 本年度重大事项临时报告的简要内容、披露时间、所披露的媒体及其版面。**

经公司第八届董事会第六次会议审议通过,中国银保监会浙江监管局资格核准(浙银保监复〔2019〕387号),公司聘任江龙先生为公司总裁,任期至公司第八届董事会届满之日止。上述内容于2019年4月22日在《证券时报》B019版披露。

经第七届董事会第十次会议决议,公司的办公场所由杭州市江干区迪凯国际中心41层变更为杭州市江干区迪凯国际中心3801室、4101室、裙房4楼,该变更已经浙江银保监局批复同意(浙银保监复〔2019〕430号)。根据《公司法》、工商行政管理部门要求及公司实际,经公司2018年度股东大会决议,对公司《章程》进行了相关修订,修订后的《章程》已经浙江银保监局批复同意(浙银保监复〔2019〕1028号)。上述事项均已于日前完成工商变更登记备案。上述内容于2019年9月28日在《证券时报》B001版披露。

**8.8 本年度净资本管理情况**

**表8.8 净资本管理风险控制指标表**

| 项　目 | 期末余额 | 监管标准 |
|---|---|---|
| 净资本 | 334,815万元 | ≥20,000万元 |
| 净资本/各项业务风险资本之和 | 171.78% | ≥100% |
| 净资本/净资产 | 78.14% | ≥40% |

**8.9 中国银保监会及其省级派出机构认定的其他有必要让客户及相关利益人了解的重要信息。**

无。

**9 公司监事会意见**

监事会认为,本报告期内,公司决策程序合法,内部控制制度较为完善,没有发现公司董事、总裁和其他高级管理人员在执行公司职务时有违法违纪或有损公司及股东利益的行为。公司财务报告真实地反映了公司的财务状况和经营成果。

2020NIAN
ZHONGGUO XINTUO GONGSI
JINGYING LANPISHU

# 2020年
# 中国信托公司经营蓝皮书

责任编辑：严 莉（010-57512602）
hubeiadele2000@sina.com

書裝 BOOK DESIGN STUDIO
E-mail:hfye@263.net 设计咨询：010-88122196
北京·任燕飞装帧设计工作室

体验更多精彩阅读
尽在中国经济出版社微信平台
请扫描二维码或查找zgjjcbs

上架建议 信托报告

ISBN 978-7-5136-6196-6
9 787513 661966 >
定价：198.00元